规划研究中的理论

Theory in Planning Research

［英］伊冯娜·赖丁　著

刘合林　罗　梅　唐永伟　译

中国建筑工业出版社

著作权合同登记图字：01-2025-0314 号

图书在版编目（CIP）数据

规划研究中的理论 / （英）伊冯娜·赖丁著；刘合林，罗梅，唐永伟译 . -- 北京：中国建筑工业出版社，2025. 9. --ISBN 978-7-112-31520-8

Ⅰ. TU984

中国国家版本馆 CIP 数据核字第 20258FL692 号

First published in English under the title
Theory in Planning Research, edition: 1
by Yvonne Rydin
Copyright © Yvonne Rydin, 2021
Translation copyright ©2025 China Architecture & Building Press
This edition has been translated and published under licence from
Springer Nature Singapore Pte Ltd.

责任编辑：姚丹宁
书籍设计：锋尚设计
责任校对：芦欣甜

规划研究中的理论

Theory in Planning Research

［英］伊冯娜·赖丁　著

刘合林　罗　梅　唐永伟　译

*

中国建筑工业出版社出版、发行（北京海淀三里河路9号）

各地新华书店、建筑书店经销

北京锋尚制版有限公司制版

北京君升印刷有限公司印刷

*

开本：787毫米×1092毫米　1/16　印张：16¼　字数：296千字

2025年9月第一版　　2025年9月第一次印刷

定价：**68.00**元

ISBN 978-7-112-31520-8

（45293）

序

我的本科课程没有要求我写论文或做研究项目，并且我又错过了攻读硕士学位的机会。因此，对我来说，我的第一次研究经历来自于对伦敦一个有趣地区——白教堂区的布里克巷（Brick Lane，Whitechapel）的业余调查。这个地区经历了多次难民和移民潮，同时，这里也经历过几轮由我所工作的调查公司承担的非常有限的咨询。正是这次调查激发了我的好奇心，促使我踏上了攻读博士学位的征途。我虽然得到了周到而细心的指导，但缺乏系统的研究培训。因此，整个过程很大程度上是在实践过程中边做边学。初涉教学领域时，我同样面临诸多未知，那些经验更丰富的同龄人的建议对我来说非常宝贵。在担任讲师不久后，我被要求独立担任攻读硕士和博士学位的研究生的导师。

自那时起（我说的是 20 世纪八九十年代），将原创性研究融入学位论文已成为本科生和研究生教育的标准要求。无论是专业认证还是咨询公司的招聘标准，都愈发重视具备研究经历的毕业生。与此同时，更多的人正在追求博士学位来深化他们的教育或促进他们的职业生涯发展。针对此类研究活动的各种级别的培训水平已大大提高，但其中大部分仍集中在如下常规内容的培训：程序合规性（如伦理审批和数据保护）、管理研究项目和撰写长篇文件等软技能，以及研究中可能使用的定量和定性方法技术。相比之下，关于如何将研究项目建立在坚实的理论基础之上的研究或培训则很少。

本书的目标就是探讨各种理论著作与研究过程本身之间的对接问题。在这里，理论著作主要是指有关于规划体系如何运行的相关理论作品。因此，处于各个层次（本科、授课式研究生、研究型学位）从事规划研究的人，当然也包括规划专业高等教育和规划咨询的从业者，应该都会对这本书感兴趣。借着这本书，我认为建立起研究与理论著作之间清晰的关系，将使研究更具严谨性，更具一般适用性，更具趣味性。这本书包含了各种相关规划理论的简要阐述，以及已发表的同行评议研究作品，这些都能够帮助读者探索规划理论、规划研究要点和研究方法之间的关系。无论是将本书作为正式的课程教材还是非正式的课程教辅，书中所选的这些学术论文均可作为一套指导性阅读材料。

　　我强烈建议读者首先阅读引言部分。在引言部分，我首先讨论了规划、研究和理论等关键概念。之后，您可能希望跳到您最感兴趣的章节。当您的研究进展到一定程度后，您可以根据需要回溯其他章节，以判断其理论框架对您是否更富成效。当然，您也可以从头到尾通读整本书，从而更全面地了解规划研究的理论前景。本书写作过程中特别重视公开发表的研究成果，这就意味着本书的内容还将为您提供关于世界各地的规划体系、规划机构、规划过程和规划实践的颇具启发性的研究成果。不管怎样，我个人还是建议每位读者在适当时候——无论早晚——阅读本书的最后一章。在很大程度上，最后一章实际上是一个研究指南，我希望它是一个有用的指南。

　　我将这本书献给我曾经有幸指导过其研究论文和学位论文的众多学生。他们教会了我很多，我希望这本书能给未来的同行带来一些启示。

伊冯娜·赖丁

于英国伦敦

译者序

几乎每一个城市都有城市规划展览馆，几乎每一个城市规划展览馆都会有该城市（核心区/建成区）的三维模型，学习规划专业的学生在专业启蒙阶段都会被学校的老师带着去参观所在城市的规划展览馆，驻足观摩该城市（核心区/建成区）的三维模型，并通过专业讲解员的引导，深入了解该城市的规划方案。讲解的内容通常都较为程式化，比如会给学生们介绍该城市的自然地理条件、区位、交通、功能与性质、用地规模、空间结构和生态格局等。

对于处于规划启蒙阶段的学生而言，这种精致而宏大的模型、振奋人心的叙事无不让人深感震撼和触动，一种关于规划技术的想象就此萌生。在这样一种场景和语境的触动下，一个处于启蒙阶段的规划专业的学生可能思考的最直接问题就是：如何才能规划设计出如此复杂而周密的规划方案？尤其是如何才能做到让如此之多的空间要素实现高效协调？在当前我国城乡规划专业的培养模式下，通过一段时间的专业学习和训练，学生们可能很快就会找到答案。在国土空间规划体系改革之前，学生可能给出的初步答案是：遵照《城市规划编制办法》所确定的程序和方法，就可以编制出预想的规划方案。而现在，学生可能给出的初步答案是：遵照《市级国土空间总体规划编制指南（试行）》所确定的程序和方法，就可以编制出预想的规划方案。但无论是遵照《城市规划编制办法》开展规划编制，还是遵照《市级国土空间总体规划编制指南（试行）》开展规划编制，这两者都有一个共同的特点，即认为规划就是按照预先设定的一套科学程序来实现政府确立的规划目标和愿景。这里有一个基本预设，就是认为政府的行为是一种理性主导的行为，政府确立的目标代表了最广泛的公共利益的目标。以这样一种方式来理解规划的方法，从理论上讲我们可以称之为理性的公共管理（rational public administration）理论，在此理论指导下，对规划的改进的关键在于找到更好的政府模式（governmental model）。

从上面这种基本认识中，我们可以提出两个问题：第一，政府确立的目标是否一定能够代表最广泛的公共利益？是否有其他办法让规划代表最广泛的社会群体的利益？第二，既然规划就是按照预先设定的一套科学程序来进行操作，那么为何这种科学程序会从《城市规划编制办法》转向《市级国土空间总体规划编制指南（试行）》，其改变的动因在哪里？对第一个问题进行反思的结果，就是理性选择视角（rational choice perspective）的规划理论，也即认为每一个利益个体、群体或者机构都是理性的，其在规划实践中都以个人利益作为个体行为决策的依据，规划最终确立的目标是这种多主体利益博弈的综合结果。基于这样一种逻辑，改进规划的关键则在于清晰产权的确立和基于产权交易市场的建立。

对第二个问题的反思，则产生了新制度主义（new institutionalism）的规划理论，其核心是充分认识到文化对规划制度和实践的塑造作用。一方面，在某个成熟的规划体系之下，必定有与之对应的一套被普遍认可并广泛应用的规划操作程序，并且其在相当长的一段时间内几乎不会有大的变动，比如自 2006 年4 月 1 日起施行的《城市规划编制办法》，在国土空间规划体系建立之前，一直是规划领域的标准参照而被广泛应用。这样的一种特征，则被称为规划制度的路径依赖（path dependency），这种路径依赖形成的机制就是所谓的适当性逻辑（logic of appropriateness），也即在规划行业之内，新手总会参照经验丰富的同行规划老手来指导自己的工作而确保自己行为的适当性。然而，这是否预示着规划的制度就会一成不变呢？是否会有一种力量能够打破这种路径依赖？按照新制度主义的观点，这种突破的力量来自文化，既包括来自规划群体之外的文化，也包括来自规划群体内部的文化。这种规划群体之外的文化构成一种比照与刺激，往往引起较大的变革，而这种群体之内的文化则会带来社会学习（social learning）与反思，通常产生渐进式变革。因此，对规划的改善，需要充分重视并运用文化的手段来实现。

然而，在规划实践中，这种方式往往难以及时奏效，因为改变一个文化群体的意识形态和认知往往需要很长的时间。面对规划实践中具体的问题和瞬息万变的市场变动，规划如何能够及时有效协调并响应多方利益主体的诉求成为讨论的焦点。针对这样的问题，有三种不同的理解框架。第一种是基于治理理论（governance theory）的理解框架。该框架既接受了公共管理理论所强调的观点，也即认为规划是一种为共同的价值目标而服务的规范性（normative）政府行为，同时也吸收了理性选择理论的看法，也即规划需要认可并协调不同利益主体的权益诉求。因此，规划的核心就是要为各利益主体找到其共同认可的价值目标并提供实现这些共同目标的途径。基于这样一种认识，协作规划的理论与实践方法应运而生。

但是，不同利益群体之间是否可以实现充分的相互理解进而形成统一的价值目标？不同的利益群体在相互协作过程中是否能够进行平等的对话？谁有权作出最终的规划决策？在协作式规划实践中，诸如此类问题不断挑战治理理论和协作规划理论的根基。这种反思的结果便是基于城市政治学的理解框架，也即第二种理解框架。该框架更加强调冲突和对抗，而不是治理理论所强调的和谐的共同价值目标。因此，为了在对抗中取得胜利，为了在具体的规划实践中获得预期权益，社会群体可能会组成某种团体，并且发起某种社会运动（social movement），而城市政府和开发商可能为了某种发展目标会形成增长联盟（growht coalition），在更广泛的范围内甚至可能会形成所谓的城市政体（urban regime），一种非正式但具有一定稳定性的制度系统，他们能够以最大限度获得各种基于体制机制的优势资源。由此，公平性、冲突与权力分配构成了城市政治学理论讨论的核心议题。规划就是要在冲突中秉持争胜主义（agonism）进而解决这些问题。

第三种理解框架是基于政治经济学的理解框架。该框架将焦点放在了如何理解城市开发过程中的资本积累过程，以及作为工薪阶层的城市居民如何才能有效降低在此过程中的权益损失。在政治经济学看来，为了应对资本积累过程中的经济危机，必须要将某些形式的资本进行贬值，使得资本流向具有更高收益的领域。许多城市建成环境或建设项目，作为资本的一种蓄水池，在面对经济危机时则面临被唱衰和被抛弃的风险，资本的外撤（可能撤离至其他工业领域或者其他地段、地区或国家的城市建设之中）必将大大降低此类空间的价值，这为下一轮资本进入该地区进行有利可图的更新和再开发提供了基本前提。这一过程往往涉及巨大的金融力量的介入和系统化运作，因此城市开发的金融化（finacialisation）成为该理论框架下的重要议题。由于规划是对空间资源的一种再配置，因此在政治经济学的理论框架下，部分较为悲观的学者认为规划是维持资本主义制度的工具，由此造成弱势群体进一步被剥夺。但部分持乐观态度的学者则认为既然规划是一种国家行为，那么国家就有义务也有能力来协调这种矛盾。基于这样一种思考，国家或城市政府在运用规划工具的过程中，需要秉持企业家精神（entrepreneurialism），一方面要为资本创造利益，但同时也需要维护好各社会群体的权益，例如提供更好的医疗、教育和住房等。从这里可以看到，基于政治经济学的规划理论具有突出的价值导向性特征，也即规范性特征。

上述规划理论讨论的议题关涉到规划程序、规划价值目标、规划利益配置、规划与资本主义制度的关系等问题。受福柯思想的影响，20世纪90年代后期，部分规划学者运用福柯的思想对规划中习以为常的各类理论和研究进行了彻底的反思，并认为规划的本质属性是一套话语（discourse）体系。基于这一基本认识，规划中的技术、语言、标准等知识都被看作是这一话语体系的构成要素。此外，规划知识也被看作是一种社会建构的产物，这种社会建构直接塑造了社会权力关系及其运行方式。因此，针对规划中所谓的利益分配和政治冲突问题，其解决方案在于话语的叙事（narative）及其传播方式，也即采用福柯所谓的治理术（governmentality）来解决规划的实际问题，这种治理术将有助于在政府管理的框架下消解利益矛盾和政治冲突，这就为规划实践中的去政治化（depoliticise）和新自由主义（neo-liberalism）解决方案提供了新空间。而相应的规划研究则聚焦于话语模式（discourse pattern）的分析，其通常采用的方法则是话语分析（discourse analysis）、叙事分析（narrative analysis）和拟剧分析（dramaturgy analysis）。

可以看到，基于上述理论的规划研究内含了一种稳定的因果关系（causal relationship）的预设。然而，受到后现代主义哲学家吉尔·德勒兹（Gilles Deleuze）等人思想的影响，许多学者开始重视规划过程中的不确定性（uncertainty）问题，认为结果与原因之间并不存在清晰的锁定关系，塑造结果的力量来自于由多个要素构成的关系网络，由此基于关系进路（relational approach）和装配理论（assemblage theory）的规划理解应运而生。在这种关系网络中，各主体的影响力无法预先确定，而是由其所在网络的属性所塑造的，但此网络的属性处于快速的变化之中，正是这种快速变化造成了规划的不确定性。因此，无法按照传统理论，可以针对某个时点识别出来的规划问题给出一个确定的规划方案，我们能够做的就是要提高城镇/社区应对这种变化的适应性（adaptability），由此韧性规划（resilient planning）变得尤为重要。同时，这种不确定性也造就了规划的复杂性（complexity），由此，规划的研究必须引入复杂性理论，重视规划过程的自组织（self-organisation）现象，并运用计算实验（computational experimentation）的方法开展规划的多情景研究以支持规划。此外，在关系进路的总体框架下，拉图尔（Latour）等人提出了行动者网络理论（Actor-Network Theory）以理解规划中的知识、权力和规划实践的关系。需要注意的是，在行动者网络理论中，其所谓的网络是对各种要素（权力、知识、语言、群体等）之间形成的显性、隐性关联的一种隐喻式表述，和基于图论的社会网络分析（Social Network Analysis）所谓的网络具有本质上的差别。同时，拉图尔等人还强调了行动者网络中"物"与"人"的对等性，强调规划过程中的物质对象（自然环境、建筑物、规划图纸、沙盘模型等）对网络中规划权力关系和规划实践结果的塑造，并使用"行动体"（acant）的概念代替"行动者"（actor）的概念，而这一转变也就是所谓的规划研究中的物质转向（material turn）。

通过上述回顾分析和梳理，我们可以看到规划理论对规划研究，尤其是对有关规划实践研究的重要建构作用。在面对规划展览馆的规划三维模型时，理性公共管理的研究框架将促使我们思考该方案所遵循的规范性和法定性标准、技术和程序等问题；而在理性选择的视角下，我们则会将关注的重点转向模型背后所隐含的利益和资源配置问题，关注在模型上看不到的各类社会群体的利益诉求和理性决策行为及其博弈结果。而当我们开始思考到底是什么力量形成了大家统一认可的规划标准、程序和技术时，我们也许就会运用到新制度主义理论。既然空间的安排就是一个资源配置和利益再分配的过程，那么，在面对许多利益群体发生利益冲突时，我们将如何应对？治理理论开出的"药方"可能是寻求共同价值和共同目标；城市政治学可能就是鼓励斗争和社会运动；政治经济学则会认为这只是金融化的一个环节，国家和城市需要采取企业家主义来最大限度提高资本收益和降低剩余价值剥削；持福柯思想的规划师则可能会提倡治理术的运用和发挥话语的重要作用，从而消解冲突；基于关系进路的规划应对措施可能就是强调多尺度、多领域的要素重组形成权力网络，并由此改变利益冲突中的强弱态势以实现既定诉求。这样一种思想实验，也让我忽然明白，本书的作者赖丁教授何以使用一张上海市黄浦江两岸的陆家嘴和外滩部分的三维模型照片作为她的著作封面。这里是水与陆、新与旧、本地与外来、守正与创新的交汇之地，其提供的话题、素材和场景足以支持我们运用该书所提到的任何一个理论来开展深入的研究。

理论往往晦涩难懂，需要静下心来细嚼慢咽、仔细揣摩。然而，我们处在一个快速发展的时代，处在一个互联网资讯发达的时代，处在一个快餐式文化盛行的时代，处在一个学术绩效考核普遍运用的时代，费时难懂的规划理论难以促使最广泛的规划研究人员花大量时间精力沉浸其中，而规划专业的学生深入学习规划理论的热情和动力更是不足。同时，即使让学生全面了解并掌握了规划理论，但是如何运用这些理论来指导具体的规划研究依然是一个新问题。也就是说，我们在掌握规划理论的基础上，还需要建立起连接规划理论和规划研究的桥梁，这个桥梁就是基于规划理论启示的规划研究方法。从这个意义上来看，这本《规划研究中的理论》堪称一部伟大的作品，因为它为读者建立起了这样一座桥梁。

《规划研究中的理论》涵盖了多种理论框架、观点和方法，有我们非常熟悉的理性规划理论和规划治理理论，也有我们较为陌生的话语理论和关系理论。

要将源于西方文化语境中的理论话语翻译成符合我国语言特征和规划语境的理论话语不是一件容易的事情。这一翻译过程可以认为是一场跨越文化和语言的对话，也是一个深度探索知识和交流思想的契机。翻译并非简单的文字语言转换。文字是文化和思想的载体，原著中字、词、句的组合搭配，都承载着作者的思想理念和写作意图。与之相对应，翻译的所有字词、术语、语句的选择也反映着中文的表达韵律和译者的知识挖掘与思考。面对文化背景的差异和语言逻辑的差异，在翻译过程中注重复杂语义的辨析、术语的精确匹配和思想观点的准确传达，努力做到保留原著精髓并使其在中文语境中自然流畅地进行学术化表达。例如，考虑到西方语境下的"实证研究"和"经验研究"存在认识论上的根本差异，在本书翻译过程中，仍然把"empirical study"翻译成"经验研究"而非"实证研究"，因严格来讲实证研究的英文应该是 positivist study。此外，由于该著作除了规划领域外，还涉及政治、经济、环境、管理等多个学科领域的术语和概念，因此在翻译过程中采用已经被普遍接受的中文翻译术语。例如，将福柯思想中经常用到的两个术语"discourse"和"governmentality"分别翻译成"话语"和"治理术"；将"planning system"翻译成"规划体系"，而不是按照字面意思翻译成"规划系统"；将"actor-network theory"翻译成"行动者网络理论"；将"urban regime"翻译成"城市政体"；在特定语境下将"approach"翻译成"进路"而不是"方法"等。为翻译的信、达、雅而努力，以方便读者清晰理解原著所诠释的内容。

我翻译的第一本赖丁教授的著作是《规划的未来》，于 2017 年由武汉出版社出版，其核心论题在于如何让规划超越增长依赖，虽然过去了 7 年，但在当前发展条件和语境下，该论题的答案依然具有巨大的时代价值。赖丁教授具有丰富的规划教学经验、规划实践经验和规划研究写作经验，其著作具有高度的可读性，这本《规划研究中的理论》也不例外。这种高度可读性能够很大程度上降低学者和学生的阅读难度，提升阅读的愉悦。首先，该书遵循严格的逻辑和结构原则，各章节在组织结构上基本遵循统一的布局和模式，整体架构具有一致性和对称性，以平行并列的方式清晰展现了规划的不同理论框架及其匹配的研究方法，方便对比阅读、理解与学习。其次，该书研究理论深厚，案例丰富。书中对每个理论的演进过程和哲学基础都进行了深入浅出的介绍，并以已经发表的高水平研究论文为例对其应用场景和具体的应用方式进行了详细阐述，为国内学者与规划师们提供了一个看待规划人员、规划对象、规划程序、规划价值导向、规划权力、规划知识和规划话语等问题的全新视角。

从具体内容来看，该书介绍的诸多理论实际上对于当前我国大多数的规划从业者、研究者而言仍是较为鲜见的，甚至是陌生的。例如，规划过程中的政治分析问题、资本积累与金融化问题、话语体系及规划叙事对权力关系的塑造问题、关系进路及规划的"物质转向"问题、复杂性及其计算实验技术问题等。这为我们开展更广泛、更深刻的规划研究提供了新的视野。

本书也可以看作是由我主持翻译的《规划理论》（原著第三版）的姊妹篇。正如我在《规划理论》（原著第三版）中的译者序里面所提到的那样，翻译并引介本书的目的是希望有更多的学者关心和关注中国规划理论的发展，从浩瀚的经验研究中提炼总结，一方面构建具有常青生命力的中国规划理论，另一方面建立可与西方开展对话的规划理论话语基础。我相信，本书将有助于中国读者"沉浸式"地理解规划理论的时代价值，形成研究自觉和行业自觉，不断扩展和深化规划研究和规划实践。

本书翻译工作由刘合林、罗梅和唐永伟共同完成，具体分工如下：序（刘合林），第一章（刘合林），第二章（罗梅、刘合林），第三章（罗梅、刘合林），第四章（唐永伟、刘合林），第五章（刘合林），第六章（唐永伟、刘合林），第七章（刘合林），第八章（刘合林），第九章（刘合林），第十章（刘合林），索引（刘合林）。最终翻译稿件由刘合林统一校核。

本书是在中国建筑工业出版社姚丹宁编辑的鼓励和支持下出版的我的第二本译著，在此对她的认真热情和辛勤劳动表示感谢。同时，对为此书的顺利出版而在各个环节默默用心投入的每一位工作人员表示感谢，他们的严谨务实是本书能够及时出版的保障。受知识所限，本书中可能的翻译错误应该归因于译者团队，欢迎广大读者反馈意见，促进相互交流。

2024 年 8 月 10 日于武汉

目录

图片清单

表格清单

第一章
引言：理论与规划研究

本书概览

所谓研究，就是找到对世界的理解。研究是有趣的、令人兴奋的，但又是困难重重的。可以说，研究是规划活动不可或缺的一部分。在19世纪末和20世纪初，城市规划发展的关键历史人物，如西班牙的伊尔德方索·塞尔达·苏内尔（Ildefonso Cerdáy Suñer）以及苏格兰的帕特里克·盖迪斯（Patick Geddes），强调了在编制规划之前通过"调查"进行研究的重要性。但是，这本书不是讨论研究如何融入专业规划人员的工作，而是讨论有关学术的工作。本书特别针对本科生和研究生，包括正在上需要完成研究论文的授课式课程以及研究型硕士（MPhil）和博士（PhD）课程的学生。同时，也包括由大学和研究机构的学者和研究人员组成的更广泛的规划研究界。它的目的是为他们提供有用的洞见，来说明理论（theories）和理论化（theorising）何以是规划研究的核心特征。

以规划研究的名义开展的研究有许许多多，这也是规划研究领域得以闻名的一个重要原因。在规划研究领域内，有大量不同的研究课题、不同的问题和不同的理论。这往往会让规划研究的新手感到困惑。在许多科学的学科（scientific disciplines）中，对支撑研究活动的理论框架似乎有更广泛的共识。"学科"一词并非随意为之，学科意味着对特定学术活动领域的工作的塑造和约束。这里的一个关键例了是经济学学科，其微观和宏观经济理论的强大理论框架主导着正在进行的各类经济学研究。相比之下，只有在某些特定的研究和教学场合下，行为经济学、制度经济学或马克思主义经济学等"替代"框架才容易被推广。然而，相比之下，任何一所规划院校所进行的研究在其所使用的理论参考上，可能都各不相同。

因此，规划研究人员在开展研究时，总会面临许多不同的理论，需要在这些理论版本之间进行选择。如何作出选择？有什么利害关系？在这本书中，我将研究如何利用理论来指导和构建研究，我将详细阐述选择一种理论框架而不是另一种理论框架在研究问题、研究方法、研究类型、研究呈现方式以及研究结果性质方面的意义。这就必然涉及对理论是什么以及理论如何融入研究的某些特定看法（稍后讨论）。在每一章中，都会概述一种特定的理论视角——通常是同源理论群——然后考察一些已发表的研究实例，为讨论提供依据，并为读者提供可以跟进的实例。

第一，需要说明的是，本书所能涵盖的范围是有限的。这不是一本关于规划理论的书。从广义上讲，规划理论是研究规划应该（should）如何开展这一规范性问题（normative problem）的一系列观点。这里的重点更多地放在理论框架上，这些框架有助于我们理解（understand）规划过程是如何运行的。这里涵盖的理论与规划理论教科书中的理论有一些重叠，但规范性（normative）进路和分析性（analytical）进路之间存在根本区别。本书属于后一种进路，旨在支持对规划过程和实践展开研究，以增强我们的理解。这可能会产生一些要求改变规划过程和实践的建议，如果沟通得当，也可能会提高从业者对规划的理解。但是，只有在完成大部分（如果不是全部）分析之后上述情况才会出现；不过，这不是规划研究的主要任务。正如在后续多个讨论点中所表明的那样，我们不可能完全将规范性和分析性分开，它们是紧密相连的。我并不是说规划研究不是规范性的，也不是说它在某种程度上是价值中立的。相反，所有的研究——包括分析性研究——都充满了价值判断。

第二，本书所涵盖的理论范围在某种程度上反映了我个人的知识和兴趣，其中有不少其他规划人员正在使用的进路，我虽然了解但没有运用这些方法的个人经验。因此，在如此多样化的规划研究团体里，许多理论都是各自工作的重要基础，但我不可避免地作出一些选择。例如，我没有讨论拉康（Lacan）作品中的精神分析方法。同样，城市设计研究有其独有的特征，不属于本书要讨论的范畴。同时，我可能也会给某些进路更多的空间，而相应的其他进路给予的关注则相对较少，这可以说导致了一些代表性不足的问题。例如，女性主义观点在第六章的城市政治的类型中予以了关注，但没有单独讨论；同样，后殖民主义进路则在第七章中融合在对政治经济学的讨论之中。

第三，这里的重点是聚焦研究，即寻求理解规划作为一个过程是如何运行的。这里所指的理论，正如法卢迪（Faludi）所说，是规划的理论（theory of planning），而不是为规划的理论（theory for planning）（Faludi，1973）。可以预想，规划院校内将会存在大量研究，这些研究属于为规划实践（for planning practice）提供知识的范畴。这些科研可能对如下方面开展研究，例如城市变化、交通行为或可持续能源解决方案。这些研究在地理学、社会心理学或工程学中拥有自己的理论参考点，这些都不在本书的讨论范围内。有些学者，例如奈斯和萨格里（Næss 和 Saglie，2000）认为，规划研究应集中于贡献一套知识体系，使得规划实践可以以此为基础。我同意这些知识对规划来说很重要，但同样重要的是需要考虑规划作为一个过程是如何运行的，理论（theory）则在理解这一点上起着关键作用。

第四，这本书所讨论的研究，在更广泛意义上可能是被视为社会科学的研究。这里讨论的研究是基于经验数据的收集和分析。需要看到，有一些形式的研究不符合这种模式。例如，基于哲学启发的研究或者文学研究，可能根本不承认"数据"的地位。一些学术型作者可能会发表评论或关于规划历史的作品，在这里，会有历史"数据"被借鉴，但重点可能是形成一种叙事，从而说服读者或者启发读者，而不通过对"结果"的解读来讨论其与相关理论观点的联系。这本书的预期受众是那些从事基于数据开展经验研究（empirical enquiry）的规划研究人员。他们往往要问自己这样一个问题："如何在经验研究中运用好理论？"

第五，虽然本书偶尔会涉及方法论问题，但这不是一本关于方法的教科书。它是一本有关研究设计方面的"如何行（how to）"的著作（在第十章中进一步讨论），而不是一本阐述数据收集和数据分析的具体方法的"如何行"的著作。这里的重点是研究一个特定的理论框架是如何被运用到经验研究之中的，因此，在研究的具体实例中会对方法论进行讨论。

因此，如果你对规划是如何运行感兴趣，并且想通过经验研究更好地理解它，那么这本书中提供的理论启发下的进路（theory-informed approach）应该能够对你的研究活动给予帮助。在这一章里，本章标题里的两个关键术语将被进行具体讨论，即"理论"和"规划研究"。本章最后将介绍本书的结构。

研究规划

在本节中，主要讨论两个关键问题："为什么要进行规划研究？""此类研究面临的挑战。"但首先必须考虑规划研究所针对的对象，即什么是规划。

规划作为研究的焦点

"规划"的定义繁多。事实上，对于是否有可能对"规划"下个定义这个问题仍存在争议。有时，某些研究之所以被称为"规划"研究，可能仅仅是因为其依托于特定的院校、研究所或具体的规划项目。同样，当研究对象是规划领域的专业人士的作品，或者是属于规划部门的组织机构时，这些研究也往往被自然而然地视为规划研究。然而，研究者采纳的任何规划定义都意味着对研究对象的框架化，并具有潜在的理论含义。因此，提出"规划是什么？"或"我正在研究什么？"这样简单的问题，已经凸显了规划研究理论维度的重要性。

例如，有人可能将规划界定为一种决策形式，其核心在于通过实施特定的行动、规划、政策或项目来实现特定目标。这就等于是把规划框架化为一个工具性过程，即利用特定手段达到预定目的。它倾向于将规划视为一种公共管理活动，从而淡化了其中的政治维度。在关于规划研究应采取何种形式的话语中，奈斯和萨格里（Næss 和 Saglie，2000：730）选择了这样的定义："规划是面向未来的一个过程，行动者试图通过它获得控制权，以实现他们的意图。"他们推崇工具理性，将规划研究与当前实践紧密结合，在此过程中直接认可规划人员或规划组织的规划意图，并与这些规划实践所宣称的价值观保持一致。

稍微调整视角，我们可将规划界定为国家寻求将环境安排得井井有条的一种行为。这一界定实质上是对规划的性质进行了重新定义。在这种观点下，规划通过影响新开发项目、基础设施供应以及土地利用模式，同时保护和强化那些令人向往的环境特征，来塑造自然环境和人造环境。此类规划的目的是促进公共利益或集体利益。这种集体利益可以理解为解决由私有部门和市场部门所驱动的城市、农村和自然等环境变化所产生的不平衡或低效问题。这是一种将规划视为通过干预自然环境和人造环境来改善社会的观点。

然而，此类规划行动未必一定就符合集体或公共利益，而是涉及不同利益群体的博弈，我们需要思考谁才是从这些规划行动中获益最多的主体来作出新的判断，如此，规划的定义就有可能被进一步政治化。从一个更宽广的视角来看，或许我们应该关注规划行动如何参与维护（或未能维护）整个社会的系统性特征来看待规划。规划定义的这些微小转变——从决策制定，到符合集体利益的政府行为，再到影响社会系统多方利益的政府干预——实际上就暗含了关于规划过程的不同观点，不同的理论框架则会对这些观点进行准确地把握和阐述。

理论框架的选择，意味着要明确什么才是重要的，以及规划应该做些什么的价值判断。这并不是要将理论框架变成一种规范性的规划理论，但它确实意味着分析研究可能与行业意识形态和政治意识形态以及世界观保持一致或对立。因此，我同意奈斯和萨格里（Næss和Saglie，2000：732）的观点，他们认为"规划研究人员在有关规划信条的讨论中扮演着重要角色"，并且进一步指出：

> 规划研究应持续为国际专业辩论作出贡献，探讨我们应选择何种规划程序，规划在社会中应承担哪些任务，当前规划所倡导的价值观和利益是什么，以及规划如何增强其推动重要社会目标的能力，例如民主、可持续发展以及社会福利的公平分配等。

上文所言的分析性视角并不会排除这一可能性。

然而，规划的定义极为宽泛，其体系和实践方式多种多样。规划活动跨越不同的地理位置和尺度，涉及不同的文化、制度、经济和环境背景。我试图通过第二、三、四、五、六、七、八、九章中讨论的规划研究案例，以及研究不同尺度的规划实例，来把握这些多样性。规划也在环境、经济和社会等多个领域中被运用。因此，规划可能涉及水基础设施、城市生物多样性、新社区的总体规划、社区发展、交通管理和小商铺等方面。规划也可能跨领域运行，追求全面性和综合性，运用战略规划的视角则能够整合不同的领域。在日常实践中，规划人员可能参与到社区和利益相关者之间，为某个区域（从邻里、城市、地区到国家等不同尺度）制定愿景，或决定某些具体的发展提案。我也试图在所涉及的规划研究中反映这一点。

因此，总结本书所涵盖的规划类型，其内容极为丰富多元。它们共同关注未来及其与当前决策和规划的相关性。尽管规划始终会关注社会、经济和整体环境的影响，但它们主要还是聚焦于自然和建成环境的诸多方面。规划不仅涉及政治层面，还涉及技术层面，但在不同规划实例中，两者的平衡关系可能有所不同。不管怎样，我需要承认我无法提供一个关于规划的通用定义。实际上，我认为使用某一个理论来指导规划研究，其目的就是要提供并支持某一个更详细、更具体的定义。希望这一观点在第二、三、四、五、六、七、八、九章中会变得更为明确。

为什么要开展规划研究？

这个标题所提的问题，看起来其答案显而易见。毫无疑问，为了深入了解规划，你会进行相关研究。这可以满足个人对规划过程运行方式的好奇心。这可能正好符合某个人的职业生涯战略规划。它也可能是背负改进规划运行方式这一研究使命的一部分。其要点在于，在考虑如何改进当前的规划体系之前，我们需要知道它是如何运行的。但是，仅仅发现有关规划的各种信息或事实并不足以构成一项研究活动。虽然对规划的更好描述可以发挥有用的功能，但学术界的标准远高于此。在大多数国家，授予博士学位的一个关键标准是要求申请人对知识作出贡献。因此，这使研究的重点从信息收集转向了对知识生成过程的思考。

知识究竟是什么？它与信息或事实有何不同？我认为，知识不仅仅是对事物的描述，它更涉及对情境的理解，这包括对产生该情境的动力过程的关注。用伦敦政治经济学院校训的话来说就是要知道事物的原因，原文是："探索真理，知其所以然（rerum cognoscere causus）"。然而，这句校训可能暗示了因果关系之间相当线性的联系。在这里，我鼓励读者从更广阔的视角去思考变革为何可能发生以及如何理解这些变革的动力过程。后续章节将介绍理解变革的不同视角。

因此，研究的目的在于理解变革过程（以及实际上不变的过程）在特定情境中产生特定结果的方式。它既涉及对世界的普遍理解，也涉及将这种理解应用于特定的案例，即经验研究的焦点，并且将两种情况进行的结合。因此，谈到理解规划过程，那就是要探讨出关于规划如何"有效运行"（或不能有效运行）的总体观点，以及深入了解在某个具体城市、某个具体问题上、某个具体模式下规划是如何"有效运行"（或不能有效运行）的。这里存在一种相互作用关系：研究特定案例有助于增进我们对规划的普遍理解，反过来这种普遍理解又可以用来指导某个特定案例的研究。

这样的研究并不仅仅是为了增加个人知识。在实践中，存在着一个由规划研究者所构成的群体，参与到此类研究也就预示着要与他人展开对话。规划研究可能涉及长时间的独立工作：深入分析数据库，转录并编码访谈记录，阅读他人的研究成果，思考自身研究所得。然而，本质上，进行规划研究是一种社会活动，它旨在为关于规划的学术辩论作出贡献，这场辩论涉及整个研究群体。实际上，利用理论框架来指导研究的一个强有力的理由是，它能够提供一个开展这些讨论的切入点，使得研究者可以超越任何一个具体个案去系统思考关于规划如何运行得更普遍的问题。对于不同的案例或特定的领域，如果研究者采用了同一理论视角，则他们之间的对话可能会富有成效。尤其，如果所研究的是相似案例或相似领域，则此类对话可能尤为有效。

这种对话也可以（许多人认为应该）包括规划从业者。有迹象表明，规划的理论化的大幅度扩张导致了规划学术界与规划行业之间的鸿沟日益加深

（Næss 和 Saglie，2000）。一些人对规划研究表示失望，认为这些研究更多地集中在对规划实践的批评上，并提出不切实际的改进方向，而不是产出可以直接用于此类实践的知识。古德曼（Goodman）等人在一项调查中指出，规划人员表示希望研究人员关注"真实、具体的问题"，而不是"创造乌托邦"（Goodman等，2017：9）。同时，坎贝尔（Campbell）等人（2014：46）认为，"对政策举措的不足进行批判性评估当然很重要，这也许是渐进式变革的先决条件。然而，如果失败、不变的约束和愿景的狭隘化一旦成为对规划的公认性评判规范，那么就会给规划思想和实践带来危险，因为这样的观点会鼓励保守主义，并侵蚀对规划的信心，且为不作为提供理由"。

针对这一论点，存在两种回应。首先，尽管规划研究的重要性不言而喻，但也存在一些局限性。受实践议程引导的研究很可能基于与专业实践和/或当前政治议程相关的价值判断。很多时候，这种视角下表现出来的价值观似乎无懈可击：可持续性、正义和经济发展。在规划行业中，在这些目标间寻求双赢结果和令人满意的妥协的思想根深蒂固。然而，在这些目标之间，我们一次又一次地面临艰难选择，或至少是要找到平衡这些目标的方法。这就涉及价值判断。如果否认这一点，则会将规划视为一种技术实践，认为通过对"最佳实践"的理解可以逐步改进其他实践。然而，大量的规划研究再次表明，在看似中立的技术专长的应用背后所隐藏着政治、权力和价值观。这些论点在讨论政府进路的第二章中得到了进一步的阐述。

第二种回应认为，基于理论指导的规划研究，在与从业者和政策制定者进行讨论的过程中确实扮演着重要角色。对规划过程及其动力过程的研究，能够帮助那些专业人士反思这些过程的生成机制、结构特点以及当前的运行方式。规划人员确实需要了解城市的变化情况、人们不愿骑自行车或执行回收利用的原因，以及实施交通稳态化措施的最佳途径。但同样有价值的是，开展批判性分析，对规划人员和规划体系的行为进行有启发的反思，进而提出变革的路径。但要注意的是，这些路径可能是初步的，并且其中隐含着特定的价值判断。

要实现这一宏大理想，从业者的参与和沟通是不可或缺的。但同时，理论也是开展研究的关键组成部分，它有助于在更广阔的背景中界定具体问题，深化我们的理解，并为知识创造作出贡献。在规划从业者看来，这样的分析可能颇具挑战性。然而，如我们将在后文要探讨的那样，有些理论进路更贴近规划实践层面的细节，并不寻求探索其社会结构和政治层面的问题。还有一种可能，规划研究者可以决定根据已有研究介入具有明显政治属性的行动，或者将这种行动本身作为研究的一部分。这些都是规划研究者必须要做出的选择。

规划研究的挑战

鉴于规划研究要求理性思考上述问题，我们必须正视其艰巨性。研究工作充满挑战，因世界本就复杂且充满问题，需要深入理解。规划领域与其他社会活动领域一样，均面临这一难题。任何承担研究项目的人都会遇到陷阱，并且在面临关键决策时感到焦虑。

焦虑的产生，其中一部分原因可能来自于对研究焦点的疑虑——是否针对了正确的问题，比如说会质疑："这是一个足够重要的问题吗？"还有一部分原因可能来自对方法论的担忧，比如如何使用特定方法，无论是用于收集数据的方法（如访谈、调查或观察）还是用于分析数据的方法（如统计分析、绘图、主题分析或话语分析）。然而，这两个担忧都与一个更大的难题相关，即如何从收集和分析的数据中生成具有普遍性的结论——知识。研究人员可能会发现自己还会提出以下问题：

- 是否有足够的数据来支持所提出的某个知识主张？
- 数据的品质是否足够优良？
- 我是否真正从所获得的数据中发掘出了某些独到见解？
- 我对数据的解读是否过于主观？
- 我如何超越单纯的描述，进而给出对动力过程机制的理解？

在实际操作中，规划研究者会发现他们必须权衡数据处理中的严谨性与完成研究项目所必需的实用主义程度，尤其在受到给定研究时间长度的约束时更是如此。很少会出现（或许从来没有）的情况是，收集到的经验数据能够明确无误地证明某个特定的发现。数据必须被解读，进而发展出一套叙事以解释数据告诉了我们什么。这一套叙事将把若干线索联系在一起，然而某些其他经验数据可能被用来支持与此截然不同的叙事。例如，关于住房建造率的数据，如果从历史的角度来理解房屋建造者的行为或规划人员的决策及其隐藏的理性，可能会有不同的解释。

在这些叙事中，每一种都隐含着特定的价值判断，当把不同的叙事结合在一起时，可能就会产生冲突或至少是矛盾。因此，研究者需要自行作出选择，并利用他们所掌握的数据构建出最具说服力的叙事。在应对这些挑战时，清晰明确地融入某些理论视角可能会大有裨益。

理论的角色

在本节中，我将探讨理论及其在规划研究中的作用，探究其必要性并分析其独特贡献。

什么是理论？

"理论"这一术语在学术界有多种定义方式（Næss 和 Saglie，2000：735）。有些定义强调理论作为一种法则，以一种系统的方式将各种变量关联起来。这反映了理论在自然科学中的用法，其基本做法就是通过寻找经验证据来证实或反驳理论化的关系。傅以斌（Flyvbjerg）等人（2012）主张，社会科学研究不应追求模仿自然科学对因果法则的探寻。社会世界的复杂性及其与环境（包括人造环境与自然环境）之间的互动，以及表现为社会学家解读人们如何解读世界的"双重诠释学"（double hermeneutics）（Giddens，1986）都表明，自然科学的研究模式并不适合社会科学。

从另一视角来看，理论是帮助我们理解情境的一种启发式工具，一种试图全面理解本质上不可知事物的途径。世界在此呈现出不可简化的复杂性，我们只能部分地理解它。我们旨在通过对世界进行层次化的分析，并考虑它们之间的相互关系进而加深对它的理解。理论框架实际上是一种普遍模式，也就是阐释不同要素是如何组合起来的，从而创造了我们所生活的世界。尽管经验研究在时间、空间、规模、焦点等方面必然受到限制，但理论力图提供一种超越这些具体规划实践情境的解释。

在此，理论是对世界及规划过程的叙事性解释。因此，理论最好被看作是一系列连贯一致的思想集合，它们对世界或其一部分作出了普遍阐释。这些思想对社会运行过程进行某种阐释，这种阐释在很大程度上是文本性的，因此是叙事性的。这些叙事可能会运用图解甚至是公式化的图示表达，以令人信服的方式传达这一阐释。这些阐释的说服力——无论是在阐释本身还是在描述经验研究上——都是理论的核心所在。

每一种理论都以略微不同的视角看待世界，在叙事中融入不同的要素。因此，研究者采纳哪种理论至关重要。然而，理论并不仅仅是一个任意选择的观察世界的窗口，它还涉及关于世界本质的基本假设以及对于世界的价值判断（即使这些判断并未明确地表述出来）。伴随着这些本体论和规范性的立场而产生的一个问题，就是关于如何通过经验研究生成知识的观点，即一种认识论的立场。

因此，理论领域是一个充满争议的领域，因为介入理论就预示着与坚持不同的概念化世界的人进行交锋。因此，我们必须作出选择。如果你觉得某个理论更有说服力，那么它关于世界是如何运行的叙事就与你产生了共鸣。它吸引了你对你认为重要的事物的关注，或者它吸引你去关注你以前未曾考虑过而现在确信其重要性的事物。每个人被特定理论所吸引的原因总是多种多样的，包括那些将研究者和理论框架联系起来的（隐含的）价值判断。在理论之间作出选择，也就是选择某种价值判断并将其当作研究之中不可或缺的一部分的一种方式，这通常让人深感满足。但是，为了最好地运用理论，人们需要理解理论能为其研究提供什么以及不能提供什么。

理论有必要吗？

要探讨理论能够扮演什么角色，一个良好的起点就是质疑其必要性！有一种观点，称为经验主义，主张事实本身就可以发声。这种观点强调严格的数据收集和分析，从而使得模式规律自行浮现。在数据收集所揭示的世界面前，无需理论这个过滤器的介入，让其横亘在研究者与真实世界之间。按照这种观点，世界就在"那里"，只需观察，它就会自我显现。科学社会学家布鲁诺·拉图尔（1987）将这种观点称为"现代主义立场"。

为什么仅通过经验主义实践来"反映自然"可能是不妥的？要回答这样的问题，即使不在理论甚至哲学层面上寻求原因，我们也有许多更为实际的理由来反驳经验主义。首先，看似中立（且往往自我呈现为中立）的研究实践实际上涉及众多价值判断。在实践中，收集某一主题的所有数据是不可能的，因此研究者的关注点必然是局部的。为何收集这些数据而非那些？为何以这种特定方式收集这些数据？以及研究主题最初为何以这种方式定义？其次，收集的数据很可能存在多种解读。哪种解读更合理？这同样涉及数据分析工作中的个人判断及相关价值观。经验主义立场的一个普遍问题是，对经验研究的依赖导致各知识领域间存在相当大的差异。每种情况都得到详细研究，但不同研究项目及其发现之间的联系可能变得难以建立。

我认为，对于规划研究者而言，进行理论框架建构是应对上述两个问题的关键。它不仅能够使研究者更集中注意力，还有助于研究者深化对实证结果的分析，构建更为广阔的规划世界图景，进而帮助他们为规划知识库作出贡献。

在探讨这些观点之前，值得详述一种颇具影响力的话语，该话语主张理论的有限作用，并强调从经验研究结果中"自下而上"构建对事物的理解。这便是实践智慧的理念。

傅以斌（Flyvbjerg）等人提出，通过深思熟虑特定的价值观和利益关切，以生成关于在特定情境中如何获得理解和开展行动的情境化知识（situated knowledge）（Flyvbjerg 等，2012：2）。这使研究转变为实践智慧或寻求实用智慧的探索。这种研究活动在很大程度上依赖于利用实践中产生的地方化隐性知识的理念。此外，它还强调在"认识到权力不可避免地存在"的语境下寻求变革实践的重要性（同上）。这种实践智慧的研究涉及回答四个问题（2012：3）：

1. 我们将如何解决这一特定问题？
2. 谁获得了利益，谁遭受了损失，是通过怎样的权力机制实现的？
3. 这一发展是否符合预期？
4. 如果我们应当采取行动，那么应该如何对此作出应对？

这种进路存在若干问题。首先，它过于轻易地摒弃了社会科学中的力量，根本依据就是将理论当作"稻草人"的观念。它将研究描述为一项非理论性的工作，认为成功地追求实践智慧"在事实上更接近于一种德行或一组德行，它们是个人（研究者）品格的一部分"（2012：19）。但是，我更倾向于将研究视为一种可以习得的技能，而非与生俱来的个人德行。

其次，实践智慧涉及未明确表述的理论判断。例如，实践智慧的论点依赖于吉登斯（Giddens）的双重诠释学（Giddens，1986）。双重诠释学认为，社会科学家就是解读行动者对世界的解读。将研究建立在这一论点上已经是一种理论选择，而不应该是回避理论的手段。同样，研究中对实践的强调以及偏好深入研究某些个案，实际上暗含了对某一种未明确承认的理论视角的采纳。如果研究者获得政治领导人和首席执行官的同意而参与政府式规划，然后与这些行动者进行对话以改变规划，这就已经预设了通过反馈或交往行动可以实现对规划过程的变革（参见第二章和第五章）。或者，如果研究者选择聚焦于实践智慧，但在实践过程中又被引导到与研究群体进行互动，以协助他们进行规划争论的斗争，这就暗含了一种将规划视为充满冲突的政治过程的观点（参见第六章）。

因此，实践智慧——作为一种在规划过程中影响变革的路径——可以并且应该与具有清晰理论框架建构的研究互为补充。在第二至九章中讨论了很多理论进路，但并非所有的理论进路都适合运用到实践智慧这一进路之中。如前所述，有一些确实适合，可以认为，通过解释规划实践来寻求实践智慧可以与基于某些选定的理论基础的研究并行不悖。

运用理论的好处

在规划研究中融入理论要素，不仅具有实际操作的好处，同时也具备思想启迪上的优势。

第一，采纳某种理论框架有助于研究者早期决定所要关注的焦点以及对不同要点的强调程度。正如本书后续章节将阐明的，对于什么是重要的以及是什么在规划过程中发挥了最大作用等问题，不同的理论框架有着截然不同的见解。研究者所依托的理论则有助于明确这些判断。更为实际的是，它使研究者能够将精力集中于特定的问题、数据和经验资源上，对其他方面则可以予以淡化处理，从而在时间和经费有限的实际约束下开展研究工作。

第二，考虑到经验描述必然是局部和暂时性的，因此将经验研究与理论描述相联系，使得研究者能够将构建的研究叙事融入有关规划的更广泛的既有叙事之中。这有助于经验研究的推进并得出结论。从特定经验发现的集合中概括出理论的潜在能力，会随着这些发现与规划如何运行等更广泛的理论叙事之间关系的逐渐清晰而逐步产生。研究者利用其经验发现创建有说服力叙事的能力，可以通过本身就具有说服力的理论框架得到加强。在后续章节讨论的研究实例中，我将特别关注理论描述如何与经验结果相互交织，并用以促进基于经验结果的分析叙事的浮现。

第三，理论与研究的相互交织关系指明：利用经验研究构建理论，以及修订和扩展理论框架是具有可能性的。这是理论引导研究能够作出的进一步贡献，超越了对特定经验焦点进行研究所产生的知识。理论是一种将特殊理解与普遍理解相联系的方式，并推动二者的共同发展。因此，规划研究更宏大的抱负不仅仅是理解规划实践、规划体系或规划过程的某一特定方面，而是通过对规划的调查，为更深入地理解整个社会作出贡献。

注重理论的介入还具有其他思想上的吸引力。理论著作往往抽象、引人入胜且令人兴奋。它们提供了在更广阔的思想尺度上展开工作的前景，涉及"宏大的理念"（big ideas）。这使我们有可能对世界形成更根本的理解，这种理解将使研究超越具体研究项目的实用细节和具体困难。这给人一种参与远大而深刻的事业感受，这种感受超越了纠缠于研究中的个人细节和积累的数据集。尽管发现特定规划情境如何运行通常令人着迷，但许多规划研究者也被这种对世界整体运行方式的深入理解所吸引。

如此，理论既是开展规划体系学术探究的核心，也是有关规划的思想大辩论的核心。让我们再次回到这样一个问题：这种理论化的努力与我们日常的规范性关切（normative concern）有什么关系？与我们一直想通过更好的规划来改善世界的愿望有什么关系？在前文我们已经提到了规范性规划理论（normative planning theory）这一领域。这涉及一系列寻求对规划进行理论化的工作，寻求改进规划实践的一般化路径。规范性规划理论与分析性规划理论之间存在一定程度的重叠。一个例子是治理理论（第五章将会讲到）与协作式规划理论之间的联系。前者是源自政治学的分析性理论，旨在从利益相关者之间的关系网络角度理解城市政策和规划；后者是规范性规划理论，认为通过促进利益相关者之间的更多交往行动并追求相互理解和（可能的）共识，有可能改进规划。鉴于两者都强调利益相关者的互动，显然存在重叠的可能。因此，运用某些概念框架可能同时具有规范性和分析性的维度。

如前所述，规划实践界一直存在一些担忧，即无论是运用规范性理论还是分析性理论，其都在规划学术界与规划实践之间制造了隔阂。有人认为，这些理论使用的语言使得从业者难以理解，进而导致理论对规划人员和规划体系工作的过度批判。这些理论的范畴似乎过于宽泛，无法针对具体实践提供改进指导；其论调对现状的解释过于笼统，无法促使从业者改变他们的实践行为。

我仍然乐观地认为，采取理论引导的研究进路充满思想的激情，将此与从业者和政策制定者开展交流以促进两者的自我反思，这将有可能促成规划实践和过程的变革。要实现清晰的沟通，积极介入公民社会、国家及专业组织，政府组织将是其中重要的一个组成部分。有必要将所使用的语言进行转译，以便其在不同领域与学术界之间进行流通。然而，学术界的首要职责是尽其所能，出色地完成研究任务。

本书结构

本书的主体结构分为十个章节，每个章节探讨了一个特定的理论体系，这些理论体系贯穿了规划研究的全过程。随后，第十章的结论部分论述了对开展研究的一些反思。部分读者可能希望在阅读这些以理论为主导的重要章节之前，先阅读本引言和结论部分。这些以理论为主导的章节涵盖了一系列不同的理论进路。

第二章审视了大量来自政府或公共管理的视角理论洞见，这些理论洞见是规划研究领域内大量评估工作的基础支撑。第三章则考虑了政治科学中理性选择或公共选择学派的理论贡献，借鉴经济分析的某些方面的理论来理解政策过程。第四章对构成规划体系的机构的本质属性进行了探讨，并讨论了文化理论对如何理解这些机构的运行所作的贡献。在第五章中，注意力转向了20世纪后期政治科学和众多规划研究中的"治理转向"，并且讨论了这些理论跟运用网络来理解规划过程的内在联系。第六章将冲突概念置于中心地位，将规划理解为城市政治的一种形式，并阐述将冲突视为争胜主义所带来的理论价值。第七章引入了一种更具结构主义色彩的分析形式，阐述了受马克思主义启发的政治经济学及其近期发展。第八章审视了福柯在规划研究中的遗产，包括话语的重要性和对"权力"概念的重新概念化。倒数第二章，即第九章，关注了关系视角，包括对装配理论的讨论以及对物质实体角色的讨论。

因此，规划研究的发展轨迹大致从规划作为线性理性活动的想法（第一、二章）转向更加以行动者为中心的研究进路，强调个人和组织的能动作用（第三、四、五、六章），再到更加结构化的解释（第七章）。最后，本书以两种关系视角（第八、九章）结束，这些视角动摇了传统的能动作用观念，甚至对行动者本身提出了质疑。然而，除此之外，各种理论进路在关注点、如何构建规划过程以及规划过程中的哪些动力机制更为重要等问题上存在相当大的差异。这些理论进路的差异，可能还表现在所提出的改进规划应该考虑的工具范畴以及这种改进将以何种形式得以实现等方面。如前所述，这本书并不是规划理论的著作，因为这样的规划理论主要关注的是规划应该如何运行，而这里的重点是要搞清楚研究规划这一活动是如何进行的。但这并不意味着这里讨论的理论不包含关于如何使规划变得更好的观点。正如反复强调的，所有社会科学中关于提出理论的努力都不可避免地承载着某种价值选择，严谨的研究进路应该力求使这一点变得清晰且明确。在这些价值选择中，一个重要方面就是寻找和实现良好的规划实践。本书所讨论到的概念框架，正是在这一点上存在显著差异。

就政府进路（governmental approaches）而言，其期待在于：通过规划人员和其他政府官员的更好行动，将有助于实现预期的结果，而这些结果均受到为未来设定目标的政治过程的驱动。理性选择学派认为，个体行动者在决策过程中会受到其所面临的激励结构的影响，因此，如果当前的模式不是最优的，那么可以通过多种方式重新调整这些激励结构来改进规划过程。转到新制度主义，这里强调的关键规划动力过程涉及组织文化以及这种文化如何塑造制度内部的行为。因此，通过学习来影响这种文化的具体方式可能有助于促进更好的规划。

同样，在治理进路中，重点是不同部门的不同行动者如何协同工作，其基本假设是：如果规划人员擅长促成伙伴合作的工作模式、处理各种网络关系并对协作式规划进路给予恰当的支持，则能带来更好的规划。所有这四种概念性的进路都可以被视为向内看，要点是研究规划行动者和规划组织方式，以改进规划实践。

下一组概念框架超越了规划人员和规划组织的视角，认为规划结果的改善来自于行动者、各种组织以及超越国家的力量。例如，城市政治学观察到社会中的某些群体在规划过程中反复处于不利地位，因此有必要寻求路径以增加他们的资源，更深入地倾听他们的声音并赋予他们更多权利。政治经济学的进路还源于另一个视角，在这个视角中社会经济不平等被视为核心问题，但它寻求在社会中进行更多结构性变革以解决这个问题。就福柯的进路而言，可以认为其倾向于结构。事实上，它强调对权力的隐藏形式，这可能会表明，在规划如何实现可持续性、社会包容性或公平性等目标方面，其前景并不乐观。然而，福柯的作品中存在对社会结构的抵抗观念，这可能暗示了通向更好社会结果的可能路径。关系进路，包括行动者—网络理论，受到了诸多批评，认为其只不过是提供了更多的详细描述，而不是一个关于运行的动力机制的完整理论。这意味着为了更好地规划，它们提供的处方通常是小规模的实验和对装配组合的微妙改变。

当然，这些不同的理论视角并非彼此孤立存在。它们往往通过对不同理论的缺陷进行批判性分析而得到发展。表1.1展示了本书讨论的各种进路如何以不同方式来突破第二章概述的政府进路的局限性；可以说，这种政府进路最接近于将规划理解为一个理性、专家主导的过程。它不仅为规划人员和规划部门的行动提供了理论基础，还提供了一种范例模式。如果这个范例模式不能有效运行，那么就需要在政府系统的边缘上进行调整，其解决方案仍然存在于规划过程本身。对于许多研究者来说，第二章的理想与实际规划实践不匹配还有其他原因，不同的理论进路试图对这些原因进行深化和一般化。表1.1对此进行了总结。

由于本书各章节间隐含着关于不同进路优缺点的对话，我决定不在每章都加入关于采用该特定进路的局限性的内容。从整体上看，这样做会显得过于重复，并且不符合本书旨在帮助规划研究者探索他们认为最有趣和最有说服力的理论进路的精神。我认为，所有这些进路都有潜力为规划过程和规划实践提供一些见解，而且，在研究工作中研究者也有权反思自己的价值判断。显然，有些观点我个人更感兴趣，但我努力不让这种个人偏好影响我的叙述。

后续章节与基于政府理论进路的关系　　　　　　　　**表 1.1**

章节	理论进路	
2	政府模式	公共部门所执行的理性、全面且基于依据的规划过程
		不同理论对政府模式进路的批判
3	理性选择	未能认识到政府制定的政策会失败的普遍性以及国家行动者的利己行为的影响
4	新制度主义	缺乏对文化维度的关注，文化要素通常能够驱动行动，包括路径依赖问题
5	治理理论	低估了利益相关者介入政策制定过程和执行过程中的重要性
6	城市政治学	需要在国家进程之外审视社会中更广泛的政治力量，审视权力与冲突所扮演的角色
7	政治经济学	忽视了结构性力量，尤其是那些塑造政府行为及其结果的经济力量
8	福柯进路	被视为理所当然的社会话语中的某些方面及其影响力往往被忽视
9	关系进路	关系之间所包含的要素的复杂性被低估了，当然也包括其中的物质要素

在每章中，我都对相关的理论视角进行了概述，突出了所使用的关键概念以及理解规划活动所涉及的动力机制。随后，结合若干具体理论框架已经发表的规划研究实例，展示了理论的应用及其对研究框架和方法论的影响。这些论文是在对已发表研究进行广泛学术评判后选出的。通过关键词的书目检索，我们获得了数百份摘要并对其进行学术评判，其中最引人关注的被选中进行详细阅读，进而将最能体现理论进路的论文选出来。同时，随着对这些研究实践实例的持续考察，理论进路的分类也得到了细化，并且更加完整严谨。

本书对所选择论文的讨论，并非针对其对特定主题所提出的深入见解，而是探讨研究者如何从其所选择的理论框架中获得启迪。我挑选的论文具有明确的理论焦点，对其所使用的方法论进行了详细的阐述，这足以说明经验研究工作是如何开展的，并展示了理论与方法之间的联系。我亦力求让选出来的研究区域（包括欧洲、北美、非洲、中东、大洋洲和亚洲）具有地理分布的广泛性，并且力求讨论的主题涵盖各类规划问题。我并未对每篇论文进行批判性分析。总的来说，我选择了看起来雄辩有力的论文，但介绍这些论文的主要兴趣在于展示它们如何将理论与方法联系起来，以及这种联系对分析和结果的影响。

在结束之前，我们需要对参考文献做一些说明。在每一章的结尾，在"研究主题"部分所讨论到的论文都会一一列出。这一系列的研究论文可以作为课程资料集，可在研讨课中用于支持讨论。在这些参考文献之前，还列出了关于所讨论的理论框架的背景性参考文献。为了方便查阅，我选择借鉴了可能在图书馆中找到的一部分相关手册和类似资料集。以下是一些使用过的书籍：

The Routledge Handbook of Planning Theory, edited by Michael Gunder, Ali Madanipour and Vanessa Watson (2018)

Connections: Exploring Contemporary Planning Theory and Practice with Patsy Healey, edited by Jean Hillier and Jonathan Metzger (2015)

Complexity and Planning: Systems, Assemblages and Simulations, edited by Gert De Roo, Jean Hillier，and Joris van Wezemael (2012)

Contemporary Movements in Planning Theory, edited by Jean Hillier and Patsy Healey (2008)

Readings in Planning Theory, edited by Scott Campbell and Susan S. Fainstein (2003) *Explorations in Planning Theory*, edited by Seymour Mandelbaum, Luigi Mazza, and Richard Burchell (1996)

当然，文中引用的所有参考文献均已纳入本书的最终列表中。

参考文献

Campbell, Heather, Malcolm Tait, and Craig Watkins. 2014. Is There Space for Better Planning in a Neoliberal World? Implications for Planning Practice and Theory. *Journal of Planning Education and Research* 34(1): 45–59.

Faludi, Andreas. 1973. *Planning Theory*. Oxford: Pergamon.

Flyvbjerg, Bent, Todd Landman, and Sanford Schram, eds. 2012. *Real Social Science: Applied Phronesis*. Cambridge: Cambridge University Press.

Giddens, Anthony. 1986. *The Constitution of Society: Outline of the Theory of Structuration*. Cambridge: Polity Press.

Goodman, Robin, Robert Freestone, and Paul Burton. 2017. Planning Practice and Academic Research: Views from the Parallel Worlds. *Planning, Practice & Research*: 1–12.

Latour, Bruno. 1987. *Science in Action: How to Follow Scientists and Engineers through Society*. Cambridge, MA: Harvard University Press.

Næss, Petter, and Inger-Lise Saglie. 2000. Surviving Between the Trenches: Planning Research, Methodology and Theory of Science. *European Planning Studies* 8(6): 729–750.

第二章
政府模式：对理性公共管理的期待

构建研究

有关规划历史的叙述倾向于将规划视为应对城市、农村、建筑和 / 或自然环境中一系列问题的一种方式。规划的出现，是对快速增长的城市中糟糕的生活条件的响应，这些糟糕的生活条件包括不合格住房、污水排放不足、清洁水和其他基础设施不足以及各种污染等。这促使人们采取行动，解决住房和其他土地利用问题，并投资城市基础设施，这就产生了规划活动。福利经济学（Oxley，2004）对规划所解决的问题进行了有影响力的叙述。这里的关键概念是市场失灵，它展示了市场过程如何以及为何无法实现更广泛的公共利益。

市场失灵有许多不同的来源。"外部性"一词捕捉到了那些未在市场价格机制中体现出来的影响（包括正面影响和负面影响）。污染是一种典型的负面外部性。这些外部性与市场缺失有关。在市场缺失中，缺乏定价机制来合理使用资源，导致过度开发。美丽的景色往往也会受到这种机制的影响。另一个市场缺失的领域是信息市场，在信息市场中，无法收费导致市场中某些类型的信息供应不足。福利经济学还确定了在市场条件下往往供应不足的其他一些商品。这些商品要么是福利商品（welfare goods）或有益商品（merit goods）（社会集体决定对人们有用的东西），要么是公共商品（一旦向某些人揖供，就不可能排除其他人拥有）。如好房子可能被视为有益商品，街道照明则是典型的公共商品。最后，福利经济学提醒我们注意垄断和寡头垄断的危险，并将它们视为效率低下的根源。鉴于规划涉及土地的使用、开发和变化，一个值得关注的关键垄断是土地所有者行使的垄断。这可以为公共部门介入以保护社会免受土地所有者垄断权力的影响提供理由。

这些论点为公共部门创建、参与和运行规划过程提供了强有力的理由，规划过程将满足更广泛的公共利益，同时规避由市场动态所引发的负面后果。或者，换句话说，规划纠正了市场过程无法解决的问题。因此，规划过程是通过控制、管理和引导自然环境的变化来满足公共利益的。这种观点将规划人员和其他公共部门官员置于韦伯传统（Webrian tradition）①中的中心地位。如此一来，问题就变成了如何制定公共政策以及如何实施公共政策，而目标本身则处于规划过程之外。规划目标是由政治领域设定的，由政治家之间辩论而确定，政治家通过选举过程受到公众的关注和愿望的影响。然而，公共管理此后起着关键作用。公共管理人员解释政策目标，并考虑如何实施这些目标。此外，他们还利用专业知识来分析可用的选项以及如何使用政策工具。

因此，规划可以解决问题，它是有目的的。一般来说，它描述的是一种旨在实现某些目标的行动过程。城市规划旨在改善城镇和城市，环境规划旨在保护和改善自然环境，交通规划旨在创建高效和有效的交通系统，等等。智慧城市的概念可能被视为这种方法的最新典范，它将技术理性融入城市规划的核心。然而，公共管理进路（public administration approach）关注的重点在于实现这些目标的过程。这里的假设是：好的规划能产生好的预期结果，而研究则是追求如何让规划变得更好。因此，在这种进路框架下，任何问题都被看作存在于规划过程中，也被看作与公共部门规划人员的运行方式有关。

本章着眼探讨的研究进路，就是关注规划活动与这些公共利益目标之间的联系，而公共利益目标是对规划存在的合理性的论证。从这个角度来看，规划是一套通用的程序和行动，可以指导行动（通常指其他行动者的行动）以实现这些目标。它既是具体的，因为它涉及建筑和自然环境，也是一般的，因为它涉及传统意义上的"规划"。因此，公共管理进路将规划视为连接目的和手段的理性方式，也是一套需要遵循的理想化步骤。著名规划人员和规划评论员纳撒尼尔·里奇菲尔德（Nathaniel Lichfield）为此提供了一个很好的例子。在这个理想的规划模型中，数据收集和替代方案的确定先于对这些替代方案的系统考虑，然后是确定首选路径和有效实施。监督规划过程的结果也很重要，因为它使规划周期得以完成，规划过程的结果为政策工具部署方式的修订提供了依据（图2.1）。

在许多方面，政府式规划流程模型是规划政策制定者所追求的理想。它作为公共文件和专业指导中的一项建议而存在。这种理想类型可以概括如下：

规划的愿景面向未来，范围全面广泛。它强调综合和整合，以信息、知识

---

① 译者注：指德国社会学家马克斯·韦伯的言论官僚制。

1 · 对问题的初步认知与定义

2 · 行动决策以及对规划任务的定义

3 · 数据收集、分析和预测

4 · 限制条件和目标的确定

5 · 形成设计的操作标准

6 · 规划设计

7 · 对替代规划的测试

8 · 规划评价

9 · 作出决策

10 · 规划实施

11 · 对规划的发展予以评估

图 2.1 一般性规划流程（根据 Lichfield）

（来源：改编自 Lichfield 等，1975）

和依据为基础。它响应政治领域设定的公共利益理念，并涉及利益相关者，但仅以一种工具性的方式提高效率。

政府进路（governmental approach）坚定地关注这些过程，寻求理解规划在其内部动态方面的运行方式，而不是过多地偏离规划运行的背景。

分析的动力过程与关键概念

从政府的角度来看，这些动态的三个方面被认为是重要的：对信息进行全面综合的日的，对依据的依赖，以及规划、政策和项目实施的重要性。

基于依据的规划

这种政府式规划进路的一个关键特征是它依赖于信息和知识。规划政策的制定应基于当前最佳知识状态。这始于有关当前形势的数据。但这不仅仅是关于规划现有背景的重要知识。其中一些知识可能是有关未来的可能情景、当前经济或社会的趋势或环境变化的。但有些也可能是关于特定发展（或一系列发展）可能产生的影响。这种知识对于开发项目的监管非常重要。以风力发电场等重大基础设施项目为例，规划过程需要了解涡轮机对当地野生动物（如鸟类）产生影响，因风力电机的叶片可能给鸟类带来撞击的风险；或了解噪声和灯光闪烁问题对当地居民的影响。如果在近海区域，则需要了解施工噪声和水下电缆对渔业和鱼类种群以及海洋哺乳动物的影响（Rydin 等，2018a）。在第八章中，"知识"的概念将受到质疑，但对于政府进路而言，其基本假设是：可以以积极的方式收集知识并将其提供给规划过程，从而支持决策制定和战略发展。

有迹象表明，IT 系统将使人们能够更好地利用超大型数据集，从而有利于规划。康托科斯塔认为："城市生活日益复杂，这也要求规划人员利用新的数据和新的计算方法来理解城市化的动态，推测和预判未来的需求，并全面评估政策选择"（Kontokosta，2018：11）。理性不应仅仅停留在收集尽可能多的信息和知识上，相反，它需要在数据可用性和基于信息技术的决策支持系统迅速升级的背景下，采取积极的知识管理方法（Nobre 等，2016）。

理性规划也以规划过程如何运行的知识为基础。这在"循证规划"（evidence-based planning）这一短语中得到了明确的表达，它依赖于"这样一个假设，即如果我们了解政策机制如何在社会系统中带来变革以实现预期结果，我们就可以使政策更好地发挥作用"（Sanderson，2002：2）。桑德森区分了为改善公共部门行动效果而发生的过程知识和有关行动本身的信息，后者旨在改善问责制度。虽然有人认为政策或规划通常会导致对依据进行有目的的选择，而不是根据依据来制定规划和政策，但公共部门行动的合法性显然是基于这样一个观点，即基于规划的依据（planning-based evidence）不是合法性的规范依据（Davoudi，2006）。再次引用桑德森的话："将政策视为一种为了某些目标而实施的有目的的行动过程，这些行动过程基于对实现这些目标的各种行动路径的谨慎评估，基于对所选行动过程的有效执行，这似乎是理性的常识"（2002：5）。

政府理性规划的整体逻辑是将手段与目的联系起来：规划体系将利用可用的手段来实现政治系统（可能是中央、区域或地方政府或这些政府的混合体）设定的目标。基于知识的理性将使规划人员可以选择最佳的可用手段来实现这些目标。理想情况下，这需要一些依据，证明规划体系内在的行动是如何实现规划体系自己设定的目标的。当然，鉴于在任何特定情况下所涉及的情形都可能涉及大量混杂因素，这一目标并不总是容易实现。市场和社会动态可能与特定的规划行动和决策一样，都会塑造城市的变迁。因此，可以假设规划能够产生其预期的效果；在一定程度上，规划体系的有效性可能是理所当然的。

走向系统性综合

规划作为一项一般性活动的另一个显著特征，是它试图考虑一个问题或活动的许多不同维度。即使"规划"一词通常会使用叙词（如"环境""空间"和"交通"）来具体指定的，人们仍然认为规划的贡献是能够为考虑问题带来更广阔的视角。因此，一个地区的交通基础设施将参照缓解拥堵、促进公共安全、减少环境影响、鼓励某些地点的经济发展等方面进行规划。同样，城市更新区的规划也将以促进城市设计为目的，以促进社区意识、无障碍通行和促进可行的土地混合利用。通常，社会、环境和经济目标的"三重底线"用于评估特定规划活动在多大程度上实现了真正全面的视角。有人认为，只有通过这种方式实现全面性，规划才能实现公共利益的承诺。

但这不仅仅是确保将某项开发、规划或政策的不同维度考虑在内，它还涉及如何整合这些不同维度，以便考虑它们之间的相互影响。比如说，应如何设计景观，使其既能作为有效的可持续城市排水系统，又能美观、安全且可供所有用户使用，同时又不占用太多宝贵的开发用地或阻碍道路、自行车道和人行道系统。另一种说法是，规划是一项综合活动，需要审视所有相关问题和影响，以形成合理、平衡的总体观点。

为实现这种整合，一种推荐的方法是将城市或环境过程视为规划干预或试图管理的系统。麦克劳林（McLoughlin，1969）是基于系统思维的规划的关键支持者。最近，人们强调社会生态系统是思考可持续性和确保社会和环境维度充分关联的一种方式（Domptail 等，2013；Burayidi 等，2019）。应该指出的是，这种系统方法与第十章讨论的向更具实验性的规划转变所依托的复杂系统框架大不相同。

明确地说，规划体系和规划行动者寻求理性地实现这种全面的综合。通过政治系统、公众和利益相关者参与而表达的社会偏好可能是规划的重要输入因素，但规划及其决策的合法性来自规划人员和规划机构提出的分析和主张的理性。正如桑德森所说："事实证明，针对后现代对理性理念的攻击，启蒙运动的遗产具有强大的抵抗力"（2002：1），在政府进路中，规划的黄金准则被视为理性。

已经发展出了一系列的规划程序，这些程序符合这种理性的规划模型，并为将知识整合到规划过程中提供了手段。其中可能包括环境评估和战略环境评估、成本效益分析、多准则分析和地理信息科学的使用。这些技术的支持者通常强调，这不是决策工具，而是向规划系统提供信息的方式，而决策的合法地位来自于规划体系本身。

对于规划人员来说，这显然是重大的挑战。人们也担心国家机构，包括部委、代理机构或市政当局，在实践中实现综合规划方法的能力。这在一定程度上与产生相关知识的有限性有关，另一方面也与是否能够有效吸收和理解大量知识有关。规划可能会面临（正确类型的）知识太少和（要处理的）知识太多的困境。这导致了更务实的做法，如林德布洛姆（Lindblom，2010）提出的非连贯的渐进主义（disjointed incrementalism）。这里的想法是，与其试图一步实现未来的宏伟愿景，不如专注于渐进的步骤，这些步骤共同推动朝着更全面的愿景前进。

从规划编制走向规划实施

虽然规划实践的大部分重点在于制定规划和其他提案或战略，但这本身并不是目的。需要考虑这些文件的制定如何获得实施。在学术界内外，有一项广泛存在的业务，就是根据规划、政策和方案实施的情况对规划编制单位的绩效进行评估（例如，参见 Chastenet 等，2016；其介绍了法国政府评估生态社区的例子）。这种评估基于政府对规划这样一种看法，即遵循一个线性过程：深思熟虑→预判→规划→编制→实施→评估。评估通常关注既定目标或目的与既定的价值观，以及通过提出的措施对这些目标实现的程度。史密斯（Smith，2018）将这种活动定义为规划方案的实施（plan implementation），而不是规划过程的实施（planning implementation），后者更接近于整合，值得进行单独的基于过程的评估（process-based evaluation）。

除此之外，还有大量研究详细探讨了实施实际发生的方式。这类研究依然基于如下假设：规划的过程要么受政府确立的目标主导，要么受理性的手段和目标主导。此类研究，在某种程度上涉及对政策工具的选择的探讨，也涉及对不同政策工具如何发挥作用的理解。这些政策工具是理性规划中的动力机制。有许多这样的政策工具可供使用，它们共同衡量了公共部门和国家规划人员的权力：

- 直接公共投资，包括土地所有权和采购；
- 通过空间规划进行战略协调；
- 监管和授权书的授予；
- 税收和补贴等财政措施；

- 基于市场的可交易许可证；
- 信息和说服，包括逐渐推动的各种努力。

然而，对规划实施的研究得出的一个关键见解认为，规划过程不仅取决于使用哪些工具，还取决于如何使用这些工具。这里确定了一系列因素（Smith，2018）——干预措施对背景的适宜性、不同要素之间的兼容性、结构性环境和作用力的范围、资源的可用性和权力、规划实施的催化要素以及行动者之间的沟通。

规划实施研究还强调了规划等公职人员在运用政策工具时可以行使的自由裁量权。它突出了谈判在政策工具部署中的关键作用。谈判可能是与民间社会或私营部门的行动者进行的谈判，也可能是与公共部门内部的其他行动者进行的谈判。在制定规划时，对交通、水、生态等感兴趣的公共部门之间可能存在相当多的谈判，土地利用或空间规划人员试图将不同方面的关注点整合在一起。在决定一项发展提案时，可能与私人开发商、当地社区就发展的具体特征以及如何对其进行改善和减轻负面影响进行谈判（Hill，1997；Barrett 和 Fudge，1981）。

这也引发了人们对政治（political）与行政（administrative）之间存在明显界限的质疑，一般是认为前者设定政策目标，后者则处理实施事宜。相反，研究表明，政策制定和实施与政策目标密切相关，政策目标在实施过程中会被重新制定，因此作为行政人员的规划人员在行动中不可避免地具有政治性。规划实施的研究表明，密切关注规划是如何进行的以及规划部门和规划人员实际做了什么非常重要（Cliffford 和 Tewdwr-Jones，2013）。

针对规划评估，卡扎（Kaza，2019）提出了一个有趣的警告。他认为并非所有的规划活动，特别是并非所有的规划方案都应该根据它们被实施的程度来判断。有些规划的目的不仅仅是为了实现其既定目标，可能还有其他目的的，比如建构辩论、传播信息或提供叙事资源。此外，一个规划仅依靠自身往往不足以实现这些目标，因此也不应该孤立地对其进行评判。他注意到同一当局采用多个相互不一致的规划的情况，这使得评估成为一个挑战！这表明，除了以简单的方式将既定的规划目标和实际的结果联系起来之外，还需要对评估方法进行一些修改。

研究实践中的研究主题

因此，将规划看作是政府活动的这样一种研究框架，涉及对信息或知识、系统综合和规划实施的关注。在下一节中，将讨论在此框架内开展的研究的例子。具体的研究主题是对规划决策的支持、规划实施（包括评估规划结果）以及分析和促进多方面的整合。

对规划决策的支持

政府式规划通常强调旨在为规划专家们特别设计的各类工具，以增加或更好地利用知识、依据、信息和数据的方式来助力专家主导的规划。这些工具的形式多种多样，从评估影响或评估当地基线的某些方面的工具，到支持决策的工具，如成本效益分析、多准则分析或其他决策支持系统（Decision Support System，DSS）。这里讨论了两个研究的例子：一个是脆弱性评估，另一个是为社区能源规划建立的决策支持系统。

赫廷加等人（Hettinga，2018）试图通过对规划程序和规划实践的补充或修正，并在特定地点进行测试，为当地社区尺度上的能源规划开发一个多利益相关的决策支持系统。这项研究建立在已建立的多利益相关的参与平台 Geodesign 之上。这通常涉及六个步骤：绘制当前现状，理解产生这种现状的当地动态过程，收集改进意见并提出未来需要保持不变的要素，将这些意见组合成场景，与利益相关方讨论这些场景并进行影响评估，最后作出最终决策。如果需要，这些步骤可以迭代组合，而不是作为一个单一的线性过程。

这种方法在荷兰海牙进行了试点，海牙是一个设定了雄心勃勃的可持续气候和能源目标的城市，其目标是在 2040 年前实现碳中和。项目特别聚焦于埃斯坎普区（Escamp），因为该区不仅具有清洁能源生产和节约的潜力，而且住房合作企业（housing cooperatives）高度集中，这一特点减少了潜在的当地利益相关者的数量。此外，还有可用于能源倡议的法定资金，使该项目更有可能产生影响。

在该区的小区能源规划的背景下，发现有必要对标准的 Geodesign 流程进行一些修改。在第一阶段绘制"当前现状"后，第二阶段是探索地理数据以了解能源各环节运行的流程。其形式为利益相关者远程（在家或办公室）使用 WebViewer 来熟悉地理数据。这里的利益相关者是来自城市政府不同部门的 12 名和可持续发展有关的官员。随后，在第三阶段，利益相关者聚集在一起，由专业人员引导，提出改进建议，对任务达成共识，并确定缺失的信息。第四阶段则针对提案是否能够被所有利益相关者接受的问题设定了对应的边界条件。

第五阶段由一个触控台或交互式计算机界面支持，可用于表示和交互地理空间数据。利益相关者关于社区清洁能源规划的创意由一名地理空间专家汇总成提案，该专家还实时进行影响评估，以便对提案进行修改。在第六阶段，技术优化和协作优化这两个独立的过程被结合起来，最终决定什么是最佳选择，以及是否应该采用。

通过初步实践，我们发现提供的数据通常足以支撑能源规划，但一些数据集需要辅以额外的解释方能被充分利用。有关当地的情况揭示了以前被忽视的问题，如长期以来难以连接到现有的区域供热网络。对此的讨论不仅催生了潜在的解决方案，也产生了替代的清洁能源途径。在此过程中，我们共同商定了三个关键边界条件：一是确定了优先采取节能措施的房屋范围，二是确定了光伏设施的安装方案，三是规划了冷热储存系统。在此基础上，我们制定了一份社区能源规划。

结论是，决策支持系统"被证明适合支持当地市政当局的地方能源规划"。研究人员特别提请注意利益相关者在介入设定边界条件和利用当地知识应对技术优化中所带来的价值，以及专家协调员的作用（认为需要一位地理数据专家）。最重要的是，将利益相关者和专家聚集在一起分享知识并共同制定新的边界条件，具有相当大的益处。

如下的基本假设支持了公共管理框架下的研究：以决策制定中的理性、数据的价值以及制定更好规划的能力。本项研究涉及相当多的技术专长，主要是指研究人员利用地理数据并将其汇编成空间数据基础设施（Spatial Data Infrastructure）、制定方案和建模场景、评估影响以及进行可视化的技术。然而，更重要的是该项研究涉及当地利益相关者的参与。因此，该项目是当地规划的一种现场实验，在行政上和专业上都给规划人员某种支持。

库马尔等人（Kumar 等，2016）关注的是将城市尺度上的气候变化脆弱性信息纳入规划。特别是他们研究了脆弱性评估，这是一种通过整理和重新展示气候变化对一个地方可能产生的影响的信息来支持空间规划的工具。他们的研究案例是印度的班加罗尔（Bangalore），但他们关心的是开发一种通用工具，一种可以标准化并在不同城市使用的工具。借鉴社会生态系统方法，设计该工具的出发点是考虑脆弱性的三个不同方面，这些方面包括暴露于气候变化的风险、对这些风险的敏感性和适应能力。他们回顾了一系列关于这些不同维度的文献，以便为每一个维度制定一套指标。

该方法的第二阶段以班加罗尔为例，包括审查规划政策文件，与 16 位关键利益相关者（n=16）进行开放式半结构化访谈并进行了焦点小组讨论。这些利益相关者被描述为积极参与班加罗尔的规划和管理的人，包括当地官员、居民以及居民团体。这一过程旨在确定和验证关键利益相关者可接受的关键指标，这些指标需能代表班加罗尔市的社会生态和气候变化问题。这些指标必须为关键利益相关者所接受，并通过对其他城市的研究报告进行验证。最后，我们还进行了一项探索性调查（共 58 位受访者，其具体身份未详细说明），以指标的优先顺序为考量，最终的指标集汇总在表 2.1 中。

库马尔（Kumar）等人的指标集　　　　　　　　表 2.1

暴露指标	敏感性指标	适应性指标
年均炎热天数	道路覆盖面积	拥有自己住房的家庭百分比
平均温度上升	地下水波动情况	有银行访问权限的家庭百分比
降雨范围	贫民窟数量	持有任何资产的家庭百分比
年均大雨天数	土地利用变化	识字人口百分比
	6 岁以下人口百分比	拥有饮用水的家庭百分比
	宜居住房百分比	拥有高效烹饪燃料的家庭百分比
	高密度区域面积	有道路通达的区域的百分比
	湖泊和湿地面积减少量	湖泊面积百分比
		人均绿地空间

来源：整理自（Kumar 等，2016）。

　　研究人员随后对指标集的可用性进行了测试，具体来说就是将其与班加罗尔的空间脆弱性分析相结合。这种结合是通过一种称为空间多准则评价（Spatial Multi-Criteria Evaluation）的技术实现的。该过程分为五个步骤：首先，基于三个维度构建脆弱性标准树，其中不同指标被归类为获益、损失或受限类别。其次，将指标测量值标准化至 0-1 区间，以使指标间具有可比性。第三，根据利益相关者的实际参与情况，赋予指标权重。第四，将其纳入标准树。暴露指标占 30%，敏感性指标占 45%，适应性指标占 25%，每个类别内部还有进一步的细分。第五，将加权的脆弱性指标度量汇总成一个指数。最后，用不同的权重组合进行测试。结果是一系列空间地图，说明了城市在教区层面（ward level）的整体（以及在暴露、敏感性和适应性等分维度上的）脆弱性。

　　聚类分析也被用于对不同区域（areas）进行脆弱性分类，具体划分为非常高、高和中等三个级别。通过计算弗莱曼指数（Fraiman measure）以确定脆弱性的哪个方面对总体结果的影响最大。结果表明，敏感度维度，尤其是敏感维度上的社会因素（人口结构和住房标准）影响最大。这种方法及其结果被描述为"一种合理且简单的脆弱性评估方法，可在任何地方空间尺度上操作，并有助于确定应对行动的优先级"。这里开发了一种绝对由专家主导的工具。它需要大量不同种类的专业知识，涉及多种技术。其目的是为专业规划提供信息。虽然提到了涉及利益相关者的测试，但规划人员仍然是中心。

这两个例子展示了对这种新研究步骤进行的测试，此类研究步骤具有相当高的技术要求。在此类研究中，通常还需要添加一个概念框架来理解正在规划的城市和环境系统，社会生态系统思维的使用就是一个例子。由于公共管理集中在如何开展规划上，因此可能需要额外的支持来理解正在规划的内容。这些研究例子还关注利益相关者的价值体系以及他们对规划的了解，这增强了研究人员对这种规划的可行性和可接受性的理解。但是研究的框架是来自于规划人员或规划组织，他们遵循的步骤可以让知识、数据和信息发挥作用。

规划实施与评价

这一研究领域的另一个主题，是规划实践中规划实施的本质以及规划实施在多大程度上达到了最初设定的目标。其中一些研究方式是评价规划、政策、方案和项目，另外一些研究方式则是更密切地关注规划实施的不足。

马等人（Ma 等，2018）研究了将上海周边的崇明岛转型为生态岛（Eco Island）的规划方案。崇明岛是一个有趣的案例，因为在全球咨询公司奥雅纳（Arup）提出东滩生态城市初步构想之际，崇明岛就引起了国际社会的广泛关注。然而，该提议从未被实施，但生态岛规划方案则更加侧重于湿地生态特征的保护与恢复，更多地基于自然保护而非可持续的城市开发。马等人依据国家政府的角色定位和外国专家的参与程度，将生态城市项目分为四种类型。崇明岛项目的特点是：拥有间接和有限的国家支持以及薄弱且未结构化的外国支持［其他三种类型分别是旗舰（flagship）项目、洗绿（greenwash）项目和纯粹名义（nominal）项目］。这表明崇明岛生态岛项目在很大程度上依赖地方政府的积极作为。然后，他们提出了一个评估框架，并利用该框架来监督政策实施是否成功。

因此，他们的研究既是一种评估实践，也是理解政策实施程度受限原因的一种尝试。尤为重要的是，它是对中国规划中广泛使用的正式指标集的一种响应，也提出了更细致的方法来深入理解项目的进展或项目未获得进展的原因。在崇明岛的案例中，他们展示了国家、省级和区级政府通过详细的指标集来开展监督工作的努力。他们指出，根据科技部和上海市政府对该项目的自我评估结果，为 2014 年制定的 22 个目标指标中，有 19 个已经达成。然而，他们将这个评估结果与联合国环境规划署早期的一份更具权威性的报告以及上海市发展和改革委员会后续的同等质量评估进行了对比，发现两者存在差异，这些差异促使研究人员自己开展了新的评估。在尝试理解这些差异时，他们以更简单的方式运用了理性规划进路："尽管有明确的理念、指标体系和指导方针来监督项目的进展，但实际上，规划的实施还深受政策网络中其他行动者利益和需求的影响"。

该方法包括收集该地区的地理数据、了解本地的行政背景、描述现有的监督依据、提供相当详细的细节描述："关于岛屿物理状况的生动叙述和图片"。接下来，他们设计了一个评估矩阵，并通过案头工作和实地考察将其应用于崇明岛案例。该框架有两个轴，第一个轴线简要描述了从上海市和崇明岛总体规划中得出的七个主题：城市布局、生态保护区、农业有机产品、交通、固体废物、旅游业和连接水道。使用这些主题，可以追踪该地区规划性质的变化。另一个轴详细介绍了各个主题及其内容，观察到的空间使用情况、意外发展以及对这些意外后果的解释。他们认为，"由于大部分评估活动都是基于相对技术性的指标系统，观察者、规划人员和分析者无法'感受'到实地真正发生的情况以及政策实施的实际方式"。

依据该框架开展的评估工作，促使作者得出以下结论：生态岛的可持续性得益于多个特征。其中最重要的是将发展限制在岛上的某些地点，从而保护农村地区。工业被限制在现有的工业园区内，并未扩大。尽管已经创建了各种生态公园，但这些公园规模较小，对本土物种的保护作用有限。然而，恢复水道的工作采用了最新技术，但存在两个主要问题：第一，未能投资可持续（或实际上是任何）交通基础设施（鉴于该岛的布局和位置，这是一个重要问题）；第二，尽管建造了高科技废物管理设施，但缺乏足够的废物分类来实现可持续废物管理的目标。

除此之外，居民的生活质量似乎并没有显著提高，实际上该项目对当地居民的需求考虑有限。低碳旅游的规划并没有通过该行业的增长来实现，农业活动也没有纳入生态规划体系之中。虽然农业得到了合作社的支持，在一定程度上保护了农民的生活水平，而且化学肥料的使用也有所下降，但该行业仍然主要服务于为上海提供食物和城市绿化物料，并没有成为当地经济发展的重要力量。因此，研究人员认为，人口减少的趋势很可能会持续，而不是像规划中设想的那样，实现生态保护和经济发展的双赢局面。他们得出结论，在低价值的农村地区发展生态岛是可行的，但在具有更高价值的城市发展生态岛则需要更加谨慎。他们认为，如果没有修订后的评估矩阵，这些结论是不可能得出的。

公共管理框架在此处的核心作用，在于将评估矩阵的构建过程与评估规划或项目的评估实施过程建立联系。这种评估工具被视为能够有效衡量规划实施的进度并理解实施过程的有效手段，无需进一步对导致实施结果的过程进行概念化。事实上，该评估工具也有助于支持改进规划实践。同时，该框架既强调了规划在产生结果方面所假定的作用，也强调了需要根据规划方案来判断这些结果的重要性。

到目前为止，所述评的大部分研究都提供了对规划所涉及的行政程序有力的描述和说明，并考虑了如何改进这些程序以支持决策和评估绩效。从性质上看，平霍（Pinho，1997）的研究有所不同。平霍没有通过使用矩阵和流程图这样的扩展形式来评估规划实施的情况，而是研究了谈判如何介入特定项目的实施过程。此类研究的侧重点在于探索政策和专业行动者可以行使自由裁量权的领域，以及影响决策、行动和结果的谈判领域。

平霍研究了葡萄牙的一项重大开发项目的相关规定，该项目位于大西洋和阿威罗河之间。平霍将研究置于葡萄牙规划体系的背景下，其中市政总体规划——即市政指导规划（Plano Director Municipal，以下简称 PDM）为控制发展和制定更具体的本地化规划提供了框架。全面获得批准的 PDM，使得中央政府无需再对地方规划的详细开发进行逐一审批。然而，PDM 的编制过程被证明耗时且技术要求高。在这种情况下，作者认为这导致了"以相当大的自由裁量权和相对较大的谈判空间为特征的规划实践"。地方当局预算状况不佳也促使他们无法为以其他方式融资的社会福利进行谈判。同时，环境影响评估（Environmental Impact Analysis，以下简称 EIA）过程独立于地方当局，由环境部（Ministry of Environment）负责，环境部会任命一个委员会（通常由部长级官员组成）来审议每个 EIA 案例。EIA 内的谈判更侧重于采取缓解措施以减少负面影响并为它们提供补偿，而较少关注地方的利益和偏好。

该案例研究的是一个旅游公寓开发项目，它位于大西洋沿岸一个潟湖沙洲上，占地面积超过 185 公顷。最初的提案是开发一个由 309 套住宅组成的度假住宅区，以大面积地块上的独立式住宅为主，并配套一个高尔夫球场和一栋 60 套的公寓楼。由于该项目位于指定的旅游区域，其形式和内容符合当地详细开发规划的一般要求，基于经济发展的考量，当地市政府穆尔托萨（Murtosa）也表示支持。附近的托雷拉（Torreira）村一直在缓慢发展旅游业，但在研究期间，该地区仍主要依赖小规模和兼职农业，人口持续减少，当地经济状况相当薄弱。由于附近一家化工厂的污染影响了潟湖海滩，穆尔托萨小城镇附近的旅游开发已不可行，因此这种开发活动被推向了大西洋对面的沙洲，拟议的项目就位于那里。

然而，这处在一个生态上非常重要的区域，特别是对于迁徙鸟类物种而言。整个阿威罗河地区在欧盟生物多样性战略中被认为具有重要意义。虽然在研究时，只有一小部分地区被指定为法定自然保护区，但潜在计划是将整个地区指定为自然保护区。尽管如此，开发地点在生态上并不特别重要，主要被入侵物种金合欢树（acacia）覆盖，最近还受到森林火灾的影响。

这就是就开发方案进行谈判的背景。环境影响评估报告指出了潜在的环境负面影响，并提出了许多减轻这些影响的详细建议。修改后的申请被提出，建议用马厩代替高尔夫球场，用酒店和健康俱乐部代替公寓楼，将房屋数量减少到292座，并采用更高密度的建筑类型。总体设计更加紧凑，沿海保护区扩大，并新增两个湖泊。新的环境影响评估报告总体上是积极的，但环境影响评估委员会对批准这一开发的政治可见性（political visibility）感到"不安"。他们没有参与谈判，这造成了法定的决策期限到期。

接下来，新一届国家政府选举产生，这使环境部可以在第二份报告的基础上与开发商展开谈判。然而，谈判并未取得实质性进展。实施环境保护措施的合作关系并未向前推进。相反，环境影响评估委员会不再受第一份报告及其建议的约束，并引入了一个新问题——海岸侵蚀。为此，委员会聘请了两名新顾问进行调研，并拒绝了第二次开发申请。

获取这种详细规划的历史，可通过以下方法实现。该方法侧重于追踪申请的书面记录，也可能有对关键人物的采访（尽管这并未明确说明）。这些详细规划的历史支持了平霍的结论，即一项由地方规划和地方政治利益支持的提案，因国家政治决策而使其实施受阻。

但他针对规划作为一种公共管理的看法，提出了许多程序性问题。第一，规划体系和EIA的运行在体制和程序上完全分离，两者都允许进行某种程度的谈判。第二，谈判各方只能根据自己的利益进行谈判，这阻碍了综合或平衡方法的出现。第三，他注意到地方经济发展与自然保护价值之间以及发展规划与环境规划之间存在更普遍的分离和冲突，呼吁加强整合。第四，这导致平霍呼吁采取适应性管理方法，该方法将允许信息反馈到决策过程中，并促进共识与合作的发展。

这里的规划是按时间顺序推进的一系列步骤或阶段。通过仔细遵循这些步骤和阶段，可以在研究中发现自由裁量和协商的要点。这可以用来解释项目是如何开展的，并提出有关替代的步骤或阶段的建议，以实现预期的结果。

对规划整合水平的评估

如前所述，规划的关键理性在于它应该（尽可能）全面，能够整合关于某个问题或某个地点的不同信息、不同评估和不同维度。因此，实现整合的规划实践一直是这种理论方法中的研究人员特别关注的焦点。弗隆等人（Furlong等，2016）的研究提供了此类规划研究的例子，该研究试图将两个想法结合起来：一个是认为规划从根本上是追求理性和客观的，另一个是认为这个看法具有局限性。他们研究了澳大利亚背景下的水资源和城市规划的一体化问题。特别是，他们试图将利益相关者的参与作为一种提高规划效率的方式。弗隆等人从水资源一体化管理（Integrated Water Management）的角度来构建他们的研究，这是一种"针对城市水资源的一种战略性长期规划方法，它考虑所有潜在的水资源、服务、利益相关者和潜在影响，以为社区创造最佳结果"。这与为了实现公共利益而采取综合的规划方法的目标是一致的，规划人员的主导作用也是持有类似目标："水务公司的规划人员进行分析以提出基础设施建议"。

因此，作者旨在提出"过程说明、模型、框架或某种启发"。他们希望能够认识到规划的现实性，而不是将规划仅仅理解为线性的、理性的和专家驱动的，并希望创建一个更符合现实的规划框架。这考虑到了来自他们所称的全民参与式规划（sociocratic planning）的一些评论。他们的目标是超越规划中的技术官僚式方法（technocratic approaches），但并不完全脱离它。特别需要指出的是，在基础设施规划中，技术官僚式方法往往是主导方法。对此目标的坚持，与本研究强烈的实践性有关。他们使用的方法是评述和改善现有的规划框架，从里奇菲尔德的总体规划过程（见前文）框架开始，并将其与水基础设施规划框架相结合。考虑的六个水基础设施框架中有四个"基于来自可靠的行业标准文件"，其余两个来自学术界。随后还将修订后的框架与水基础设施行业的34位专家进行了广泛磋商，重要的是，最终版本"符合他们（34位专家）的建议"。

作者通过分析和比较这六个框架来制定他们的提案，并依据文献综述增加了一些新的内容，特别是增加了关于融资和监管方面的内容。作者特别指出了该方法与更加技术官僚式的规划方法在四个方面的不同。第一，决策制定（导致推荐首选方案）与决策实施（被认为涉及更多参与者）是分开的。第二，融资为首选方案的选择提供了支持。第三，对结果和公众反应（包括媒体）的评估使得该规划经历的是循环而非线性过程。第四，在整个过程中，社区和政府的利益相关者的参与程度要高得多，并且充分认识到政府和社区的偏好选择的影响。然而，该分析框架的关键要素仍然是强调决策分析和决策实施，其中最为重要的是探讨参与水基础设施规划的规划人员如何重塑他们自己的规划实践。

　　研究的最后一点是对框架的实际应用进行评估。作者利用该框架对澳大利亚各地水基础设施案例研究的信息进行了整理和梳理。将该框架内所确定的不同内容与这些案例中使用的内容进行比较，两者的一致程度被当作评价该框架在促进理解方面的价值指标，以支持未来的研究和更现实的行业实践。因此，这项研究以规划程序为重点，强调从业者和利益相关者的观点对于评判这些程序的重要性，并试图在一些关键环节改进程序和实践。它还认为知识和知识的整合是规划活动的核心。

　　通过研究英国背景下的空间规划，塔吉马和费舍尔（Tajima 和 Fischer，2013）探讨了规划中整合的潜能，并重点关注了不同影响评估在针对规划的战略环境评估（Strategic Environmental Assessment，以下简称 SEA）中的整合程度。在英格兰，SEA 包含在可持续性评估（Sustainability Appraisal，以下简称 SA）中。他们考虑的影响评估类型涉及自然栖息地、健康、性别、平等、交通以及农村地区和防老龄化等。他们特别关注的是，不同影响评估是否以及如何能够整合到整个空间规划中，以及不同评估的整合是否实现了支持可持续发展的目标。为此，他们制定了一个评估框架，以评估战略环境评估中的价值观是否在规划中得到了体现，以及是否因此对经济、社会和环境方面进行了更平衡的考虑。

　　研究方法主要包括文件分析，辅以调查和 8 次后续访谈。为了给这项更详细的工作找到样本，他们通过网络对英格兰的 325 个地方规划机构进行了分析，识别了用于支持主要空间规划的政策文件［当时称为地方发展框架（Local Development Framework）中的"核心文件"］的影响评估的数量和类型。在此基础上，对使用三种或更多此类影响评估（n=17）的地方规划机构进行了抽样。针对该样本，研究人员发出了调查问卷，其中 12 个机构作出了回应。后续的访谈则用于弄清楚任何未解决的问题。

　　研究的主要内容是创建评估框架，随后将该框架应用到每一个影响评估的报告和核心战略上。评估有两个不同的维度。第一，对影响评估报告打分，主要的依据标准如下：影响评估报告的及时性、影响评估报告被用到可持续性评估中的情况、关键行动者的组织架构。然后，将这些分数相加，得出最终的整合方法得分（Approach to Integration Score）。

　　第二，评估的有效性主要通过查看可持续性评估报告（SA）中不同的可持续性目标在多大程度上可以分解到如下不同的目标类别来判断：环境、经济、社会、生物多样性、平等、健康和交通。这样，每个可持续性目标类别就可以得到一个平均值分数，这显示了特定的价值导向在地方规划及其可持续性评估中的表现程度。

通过评估，使得整合水平和战略行动中的价值观可以通过描述性统计来予以呈现。例如，研究表明，在实践过程方面和评估人员构成方面，健康影响评估（Health Impact Assessments）显示出了最高的整合水平，而栖息地监管评估（Habitats Regulation Assessments）在整合产出方面得分最高，在实践过程和评估人员构成方面得分最低的评估是交通影响评估（Transport Impacts Assessments），在整合产出方面得分最低的是平等影响评估（Equalities Impact Assessments）。根据研究，地方当局被分为三个不同的组别，分别表示高、中、低的整合水平。在价值观方面，他们发现环境价值观被认为不如其他价值观重要。分析将价值观与整合水平关联了起来。例如，研究表明，环境价值的得分，环境、经济和社会价值之间的平衡水平的得分与环境整合水平的得分没有任何关系。研究表明，实现全面整合的努力实际上会导致某些可持续性价值被降级。

因此，得出的结论有三点。第一，社会、环境和经济方面在战略环境评价中被考虑的程度，并不取决于其他影响评估是否被纳入了战略环境评价。第二，将各种影响评估纳入战略环境评价的意愿与单个影响评估达到其目标值的程度之间存在抛物线关系。第三，超过某个临界点后，某些影响评估的过程性整合（procedural integration）水平的提高可能会降低整合的有效性。这可能是由于在不同问题之间实现整合所固有的困难导致的复杂性过高，也可能是由于战略环境评价或社会评价在本质上具有平衡各价值目标的属性，这可能与在特定问题之间实现有效整合的努力是冲突的。还有人认为，不同影响评估的偏好可能会非常不同，因此，整合定量和定性方法以及存在冲突的价值观可能会破坏整合的有效性。第四，他们强调了这样一个重要观点："虽然整合可能有助于提高效率，但它也可能导致某些评估问题转为从属地位，特别是那些本应通过特定评估工具使其在决策中提升地位的问题"。

这是一个研究规划程序细节并强调所遇到的困难的例子。它假设整合的价值，并在实践案例中寻找整合的价值，但随后对整合在这种实践中是否能实现表达了质疑。它以公共管理进路为框架开展研究，但研究结果反过来也能够被用来对公共管理进路进行批判。

周等人（2017 年）对中国榆林市城市尺度上的空间规划的研究也强调了整合的主题。研究的目的是探索一种新的空间规划形式如何在榆林市这样的城市背景下运行。这种规划形式被描述为具有变革性和综合性，它"侧重于决策、行动、项目、结果和实施，并包括监督"。研究人员要解决的问题，是如何能够融入高度碎化的中国规划体系。因此，研究人员研究了一个覆盖28个市县的政府试点项目，旨在"整合多个规划"，榆林市是其中之一。该项目的目的是考虑如何实现一个总体规划并在空间规划中实现良好的协调，从而期望防止已经发生的无序城市开发。

与政府模式的研究框架内的其他研究一样，该研究也与政府行动者有着密切联系。在此，作者参与了试点项目，并将其与获取的一系列文件（基于政策和数据）以及该市其他规划行动者的访谈相结合。对不同层级的政府的关键规划文件进行了相似性和差异性分析，以弄清楚冲突并确定信息和土地分类技术标准的差异。还使用 GIS 对掌握的数据进行了空间叠置分析。对榆林市相关数据的这一分析是在当前中国复杂的规划体系背景下进行的，包括了国家、省 / 直辖市、市、县以下的乡镇五个层次。在约 26 个规划框架中，属于中央政府层面规划框架主要分成四个派系，由不同的政府部门领导。这些派系涉及《国民经济和社会发展规划》及《国家主体功能区规划》（涉及土地开发模式）《全国土地利用总体规划纲要》（侧重于土地和资源管理）《全国城镇体系规划》（侧重于城乡协调）以及其他涉及生态、交通、矿产、林业和工业等问题的国家规划。

在研究这个问题时，研究人员发现，部门之间存在相当大的碎片化，并且严重依赖国家级政策来指导。规划在协调城市发展不同方面的作用仍然薄弱："目前的规划体系没有统一、有序的模式。部门之间的分离以及缺乏科学、系统的规划协调和整合的平台和机制，将限制空间规划实施的效果"。本章所讲的理想的政府模式被用作评估该实践规划的基准。

作者明确表示，"受限于行政体制，各部门无法统一到一个规划体系中"。他们为各部门之间的沟通和相互关系设计了一个新的结构，他们称之为"多规划链接模式"（multi-planning link model）。具体来说，在榆林市，他们建议实行一定程度的综合规划，将总体规划目标、监测指标和空间布局纳入其中，该规划将在城市的"顶层"层面运行，并成为所有其他政策的关键参考点，有效地统一所有要素。他们还建议设置各种"控制线"，这些控制线将作为保护措施，防止因各种原因使得应受到保护的地区被用于开发。具体来说，就是在"一张图"上绘制五条这样的控制线，以实现这种保护并与规划的其他方面相结合。

因此，该研究证实了理想的政府模式在中国案例中失败的表现形式，然后提供了一个替代的政府模式，据称该模式会更好地发挥作用。然而，正如他们得出的结论，"精心设计的一体化的空间规划体系能否在这些支持系统已经到位的情况下生效，还有待观察"，他们还指出了可能阻碍这一进程的国家层面的冲突。在这里，研究人员认为规划体系的设计很重要，对公共管理进路关注的焦点进行了反思，对现存规划结构进行了检视，并支持对如何改善现有规划结构进行反思。

结论

政府式的规划或公共管理式的规划进路的本质在于，它将规划视为一个线性（具有反馈回路）和理性的过程。这一框架非常重要，它表明了规划是如何运行的，以及它应该如何运行。这意味着基于这种进路的研究也局限于这种模式的范围内，它通常变成了一种形式的政策评估。在这里，目标被视为给定的——就像理性规划人员所做的那样。重点是规划过程进行的步骤以及如何部署不同的政策工具，确定哪些方法有效，哪些方法无效。这种分析是在对规划影响的理解基础上进行的，意味着在规划行动前后收集数据。通过这种方式，这种框架内的研究往往反映了规划本身的模式。由此，此类研究成了理性规划模式的朋友，其总会参照理性规划模式所预先设定的步骤。而评估过程本身及其评估结果，则成为助力规划改进的依据的一部分。

这是一个极具吸引力的规划愿景，特别是对规划人员而言。它不仅使规划人员成为规划过程中的主要参与者，还表明规划是受他们控制的，这表明他们的知识是理性的，因此难以反驳。当然，规划过程并不总是能产生理想的结果，需要不断改进其运行方式。但这并不影响规划过程和规划人员的基本力量。如果规划存在问题，可以通过规划过程中的变革来解决，例如采用新工具。这通常涉及将专业技术引入规划过程，如地理信息系统、先进的绘图技术等，或利用新型信息通信技术支持利益相关者的参与度。但即使在研究中包含利益相关者，也通常是为了争取支持、确定价值或查明障碍和挑战。规划人员的观点仍然会主导规划，解决问题的关键仍然在规划过程本身之中。如此看来，按照基准开展研究是让规划实施能够与规划方案和政策相契合的一种更优途径。

关键理论阅读材料

Mandelbaum (1996), Chs. 3 and 4.

关键研究阅读材料

Furlong, C., S. de Silva, L. Guthrie, and R. Considine. 2016. Developing a Water Infrastructure Planning Framework for the Complex Modern Planning Environment. *Utilities Policy* 38: 1–10.

Hettinga, S., P. Nijkamp, and H. Scholten. 2018. A Multi-stakeholder Decision Support System for Local Neighbourhood Energy Planning. *Energy Policy* 116: 277–288.

Kumar, P., D. Geneletti, and H. Nagendra. 2016. Spatial Assessment of Climate Change Vulnerability at City Scale: A Study in Bangalore, India. *Land Use Policy* 58: 514–532.

Ma, X., M. de Jong, and H. den Hartog. 2018. Assessing the Implementation of the Chongming Eco Island policy: What a Broad Planning Evaluation Framework Tells More Than Technocratic Indicator Systems. *Journal of Cleaner Production* 172: 872–886.

Pinho, P. 1997. Local Planning and National Environmental Assessment Procedures: The Developer's Mitigated Role in Disjointed Negotiation Processes. *Urban Studies* 34（12): 2037–2052.

Tajima, R., and T. Fischer. 2013. Should Different Impact Assessment Instruments be Integrated? Evidence from English Spatial Planning. *Environmental Impact Assessment Review* 41: 29–37.

Zhou, X., X. Lu, H. Lian, Y. Chen, and Y. Wu. 2017. Construction of a Spatial Planning System at City-level: Case Study of "integration of multi-planning" in Yulin City, China. *Habitat International* 65: 32–48.

参考文献

Barrett, Susan, and Colin Fudge, eds. 1981. *Policy and Action: Essays on the Implementation of Public Policy*. London: Methuen.

Burayidi, Michael, Adriana Allen, John Twigg, and Christine Wamsler. 2019. *The*

Routledge Handbook of Urban Resilience. London: Routledge.

de Chastenet, Cédissia About, et al. 2016. The French Eco-Neighbourhood Evaluation Model: Contributions to Sustainable City Making and to the Evolution of Urban Practices. *Journal of Environmental Management* 176: 69–78.

Clifford, Ben, and Mark Tewdwr-Jones. 2013. *The Collaborating Planner? Practitioners in the Neoliberal Age*. Bristol: Policy Press.

Davoudi, Simin. 2006. Evidence-Based Planning: Rhetoric and Reality. *disP - The Planning Review* 42(165): 14–24.

Domptail, Stephanie, Marcos H. Easdale, and Yuerlita. 2013. Managing Socio-Ecological Systems to Achieve Sustainability: A Study of Resilience and Robustness. *Environmental Policy and Governance* 23(1): 30–45.

Furlong, Casey, Saman De Silva, Lachlan Guthrie, and Robert Considine. 2016. Developing a Water Infrastructure Planning Framework for the Complex Modern Planning Environment. *Utilities Policy* 38: 1–10.

Hettinga, Sanne, Peter Nijkamp, and Henk Scholten. 2018. A Multi-Stakeholder Decision Support System for Local Neighbourhood Energy Planning. *Energy Policy* 116 (May): 277–288.

Hill, Michael. 1997. Implementation Theory: Yesterday's Issue? *Policy & Politics* 25(4): 375–385.

Kaza, Nikhil. 2019. Vain Foresight: Against the Idea of Implementation in Planning. *Planning Theory* 18(4): 410–428.

Kontokosta, Constantine E. 2018. Urban Informatics in the Science and Practice of Planning. *Journal of Planning Education and Research*.

Kumar, Parveen, Davide Geneletti, and Harini Nagendra. 2016. Spatial Assessment of Climate Change Vulnerability at City Scale: A Study in Bangalore, India. *Land Use Policy* 58: 514–532.

Lichfield, Nathaniel, Peter Kettle, and Michael Whitbread. 1975. *Evaluation in the Planning Process*. Oxford: Pergamon.

Lindblom, Charles E. 2010. The Science of 'Muddling' Through. *Emergence: Complexity and Organization* 12(1): 70.

Ma, Xin, Martin de Jong, and Harry den Hartog. 2018. Assessing the Implementation of the Chongming Eco Island Policy: What a Broad Planning Evaluation Framework Tells More than Technocratic Indicator Systems. *Journal of Cleaner*

Production 172: 872–886.

Mandelbaum, Seymour, Luigi Mazza, and Richard Burchell, eds. 1996. *Explorations in Planning Theory*. Rutgers, NJ: The State University of New Jersey.

McLoughlin, J. Brian. 1969. *Urban and Regional Planning: A Systems Approach*. London: Faber. Nobre, Silvana, Ljusk-Ola Eriksson, and Renats Trubins. 2016. The Use of Decision Support Systems in Forest Management: Analysis of FORSYS Country Reports. *Forests* 7(12): 72.

Oxley, Michael. 2004. *Economics, Planning and Housing*. Basingstoke: Palgrave Macmillan.

Pinho, Paulo. 1997. Local Planning and National Environmental Assessment Procedures: The Developer's Mitigated Role in Disjointed Negotiation Processes. *Urban Studies* 34(12): 2037–2052.

Rydin, Yvonne, Lucy Natarajan, Maria Lee, and Simon Lock. 2018a. Black-Boxing the Evidence: Planning Regulation and Major Renewable Energy Infrastructure Projects in England and Wales. *Planning Theory & Practice* 19(2): 218–234.

Sanderson, Ian. 2002. Evaluation, Policy Learning and Evidence-Based Policy Making. *Public Administration* 80(1): 1–22.

Smith, Mark C. 2018. Revisiting Implementation Theory: An Interdisciplinary Comparison between Urban Planning and Healthcare Implementation Research. *Environment and Planning C: Politics and Space* 36(5): 877–896.

Tajima, Ryo, and Thomas B. Fischer. 2013. Should Different Impact Assessment Instruments Be Integrated? Evidence from English Spatial Planning. *Environmental Impact Assessment Review* 41: 29–37.

Zhou, Xiaoping, Xiao Lu, Hongpin Lian, Yuchen Chen, and Wu Yuanqing. 2017. Construction of a Spatial Planning System at City-Level: Case Study of 'Integration of Multi-Planning' in Yulin City, China. *Habitat International* 65: 32–48.

第三章
理性选择的视角：利已与决策

构建研究

前文已经系统阐释了把规划视为政府活动的基本理念。该理念主张通过理性手段来应对建筑和自然环境管理面临的挑战，其理论基石是福利经济学或社会选择理论。相关分析表明，规划能够克服市场失灵，增加社会总福利。本章将介绍一系列挑战这一观点的进路。它们挑战了只有市场会失灵的观点，更通过对政府干预局限性的实证分析，揭示了政策执行过程中可能产生的次优结果。这并不意味着所有这些批判都对国家行为（如规划）持反对态度。相反，它们寻找实现社会福利的不同方式，强调需要建立更完善的制度设计，避免陷入"至善论谬误"（Nirvana Fallacy，Pennington，2000a）的危险——即简单假设政府干预可以纠正市场失灵。

这些进路与作为政府活动的理性规划的共同点是强调理性。但是，它并没有被用作规划决策的规范标准，而是成为理解规划如何运行的分析工具。重点是参与者（规划人员、土地所有者、开发商、居民等）如何通过理性决策来支持这些参与者的行为以及他们之间的互动。当被问及如何纠正国家主导的规划所暴露出的问题时，许多进路认为，应该在国家过程中效仿市场的理性。这强调了国家内部的市场式竞争，以及更多地使用可交易的权利来实现规划目标。这种进路支持了亚当·斯密研究所（Adam Smith Institute）、政策交流所（Policy Exchange）等智库在新自由主义脉络中的许多贡献。

在讨论这种进路时（这里称为理性选择视角），关键是要认识到，这是一系列的理论探讨，但其共同点是关注个体行动者（个人或组织）、理性决策以及基于市场的竞争在资源配置中的价值。福利经济学已在第二章中介绍，它提供了对市场失败的分析，这些分析为许多规划论点提供了支撑。理性选择使用了国家失败这一平行概念。国家失败的概念源于公共选择学派（public choice school），该学派试图利用新古典主义经济学的见解来推进对政策过程和政治的理解。同时，还有其他同源的理论框架也为此提供了具体的洞见。制度经济学对缺乏完美、免费信息所产生的问题进行了分析；信息经济学表明，将规划冲突建模为正式博弈具有很大潜力；同时，科斯（Coase）关于产权的研究工作揭示了产权的设定和分配将如何影响规划决策的问题。

如果公共管理理论将规划视为一种理性活动，受政策制定和规划实施的线性过程的约束，那么理性选择理论则将这一关于理性的假设进行一般化，认为规划体系的各种不同活动都遵循理性。在这里，理性被简单地视为决策的基础，其中优势和劣势、利益和成本相互权衡。行动者被视为受利益驱动，并参与一种计算，衡量特定决策或行动方案的成本和收益，以最大净收益（或最小净成本）为目标。这适用于所有行动者：规划人员、开发商、社区成员。因此，理性渗透到所有部门：公共部门、市场和民间社会。由于规划跨越这些部门而运行——作为一项公共部门活动，寻求管控和影响有关城市发展的私人行为，并在最广泛的意义上让社区参与这些活动——因此，它必须应对所有这些部门的理性选择。

在公共部门，理性选择理论发展出了一套关于公职人员（如规划人员）行为的解释，强调个人利益计算如何导致官僚主义增长以及政府未能实现最佳结果等现象（Dunleavy，1991）。理性选择理论所解决的问题是，规划官僚是否会为了自身利益而扩大官僚机构，增加员工、职能和责任，从而扩大规划组织和规划体系的职权范围。如果直接增扩不符合规划官僚的利益，那么哪种规划体系最能满足这些利益？这也指出了委托—代理（principal-agent）问题，即基于这种理论的做法对于很多政府目标都没能实现。

理性选择理论还可以为规划研究带来一种观点，即可以利用这种经济计算来实现公共目标。这里的重点是使用产权来影响私营部门行动者之间的行为，而无需政府直接干预。更关键的是，它从寻租的角度解释了私营部门利益集团的大肆游说行为，并指出了监管俘获（regulatory capture）对规划决策的影响。最后，在公民社会中，理性选择理论分析了为什么公众参与的决策往往达不到规划人员的希望甚至期待。这种所谓的集体行动问题（collective action problem）也可以为如何促进更多人参与规划提供见解。更广泛地说，理性选择理论可以延伸到博弈论，将所有三个领域的行动者之间的具体互动建模为数学博弈，然后分析这些博弈可能导致某些结果。

罗德（Lord，2012）利用信息经济学来考虑"规划博弈"，并强调这涉及谈判和讨价还价。同样，这种博弈的背景是信息的不完全性，它抑制了合作，导致规划参与者（被理解为博弈中的玩家）不得不选择不同的策略来尝试实现他们的目标和满足他们的利益。罗德赞成将博弈论视为一种语法，用于组织词汇来阐明相互依赖的理性（interdependent rationality）。博弈论是数学的一个分支，它认为社会和政治事件可以被建模为博弈，对社会科学产生了深刻影响。在这个博弈中，不同的行动者需要作出决策或实施策略。行动者的决策和策略相互作用，因为博弈中的每个"玩家"在轮到他们时都会采取行动，这会使不同行动者得到相应的"支付"结果。

使用博弈论的关键研究任务是适当地模拟复杂的现实生活，使之与预设的博弈模型相契合，这些博弈模型可以根据玩家在一轮和多轮博弈中使用的不同策略组合的结果进行分析。罗德将博弈划分为四种类型：冲突（conflict）、伪装（dissimulation）、合作（cooperation）（涉及团队协作）和主导（direction）。这些博弈的经典案例有一系列的名字，从众所周知的囚徒困境到以牙还牙、胆小鬼等。博弈论已经明确了在重复的博弈过程中事件将如何发展，以及每个参与者和参与者群体可能获得的最佳结果是什么。最为关键的问题，不是博弈论是否可以在数学教科书中找到，而是它是否能够成为规划实践的有效近似模型，是否可以有效识别驱动参与者行为的关键要素。

因此，理性选择视角应用的范围非常广泛。它提供了对规划实践关键方面的分析，如公众参与和官僚行为等，并针对识别出的问题，如委托—代理问题和集体行动问题，提出了相应的解决方案。它始终以关注如下问题为基础：对理性个体的关注（无论在哪个领域），和对这种理性决策带来的影响（通过明确的成本效益计算来理解）的关注。

分析的动力过程与关键概念

理性公共选择理论为分析公共政策过程（如规划）提供了一套丰富的概念框架。这里将更深入地讨论三个问题：将规划人员视为自利行动者的观点、将集体行动问题视为理解规划中公众参与的一个重要途径，以及产权定义的重要性。

规划人员的利益

本节讨论的理性选择进路的一个显著特征是，它们并不认为规划人员或规划组织的作用是理所当然的。市场失灵可以通过国家行动来纠正的假设通常就是这样认为的，但公共选择理论对此提出了质疑，并探讨规划人员和规划组织面临的激励因素以及这些因素如何影响他们的行为。彭宁顿（Pennington，2000b）清楚地表达了这一点。他认为，如果想要纠正市场失灵，规划人员需要信息，并需要激励他们根据这些信息采取行动。然而，他们的决策常受限于市场过程的信息缺失。这些过程信息本可以为他们的决策提供反馈，尤其是社区偏好对这些决策和结果的反馈。因此，规划人员可能难以准确地把握公共利益所在。对此，可以补充一点，即萨格尔（Sager，2002）从社会选择理论所得的推断和著名的阿罗悖论（Arrow's Paradox）给出的推断：在许多情况下，受到个人自己选择偏好模式的影响，一套连贯协调的社会偏好可能难以制定出来。

彭宁顿还强调了更为相关的一个观点，即规划人员可能缺乏根据这些偏好采取行动的动力，因为他们可能受到其他激励因素并以完全不同的方式采取行动。这表明，规划人员的利益是基于他们在规划官僚机构中的工作职位来考虑的，而规划官僚机构又置身于国家体系之中。这背后蕴含着很多潜在启示。概括起来，就是规划人员可能有扩大或操纵其所在机构组织的预算的愿望，也有愿望操纵经典的委托—代理问题。

理性选择文献所声称的最早见解之一是所谓的官僚主义铁律。该铁律认为，扩大公共部门官僚的活动领域符合公共部门官僚的利益，导致公共部门官僚不可避免地扩张。彭宁顿认为这是土地利用决策扩大监管控制的原因。然而，邓利维（Dunleavy，1991）用他的"官僚塑造"（Bureau-shaping）假设修改了这一论点。他认为，并非所有官僚工作都受到公共部门工作人员的同等重视。他认识到官僚有各种各样的类型（如进取型、热忱型或策略型），他指出，有很大一部分官僚更喜欢从事高影响力的工作，因此会要求将更多资源投入到这些工作领域，而不仅仅局限于更常规的工作。在规划领域，这可以被理解为对战略性规划活动的偏好，例如为某个地区制定规划或战略，而不是处理大量的常规"规划许可"（一个专有名词）申请。虽然这并不完全与彭宁顿关于规划监管趋向于扩张的论点相矛盾，但它可以解释为什么相对于规划监管的日常工作，规划编制工作范围会不断扩大（另见 Poulton，1997）。

彭宁顿进一步指出，规划人员和其他公共部门官员（作为对各种部门利益的补充）可能会利用选民的"理性无知"（rational ignorance）来推动符合自身利益的规划决策。选民在决策过程中往往存在一定程度的信息不对称，这是因为收集有关不同候选人详细立场的所有信息既耗时又困难。选民只能根据他们提出的政策方案投票给候选人，但通常不会花费时间和精力收集有关他们所提出的规划细节，而是根据候选人的身份、阶级、意识形态或主导政策问题进行投票。在地方层面，规划问题往往不如政客的公众形象或地方选民的主要关切那样突出。彭宁顿认为，规划官员可能会利用这一点来推动符合他们利益的规划方法，而不是对选民们利益的关注（如果选民们在这一特定规划问题上的偏好选择已经被确定）。这个问题会因为后面即将讨论的集体行动问题而加剧，该问题塑造了参与规划咨询活动的性质。

从公共选择理论的角度来看，规划人员的激励机制与其所理解工作性质密切相关，因此，在处理特定主题或问题的组织链中，不同行动者的利益并不总是完全一致的。理性选择理论的一个关键见解是，政策过程中的问题可能源于制定政策的行动者（委托人）和负责实施政策的行动者（代理人）的不同利益。这种利益差异可能导致决策分歧，从而有助于解释第二章中提到的理想政策模式所面临的一些问题。特别是，它揭示了通过长链的委托—代理关系进行治理的弱点，尤其是当这些关系处于低信任状态时。在这种情况下，随着不同的行动者的参与并在这个过程中发挥主导作用，从政策目标到政策行动再到政策影响的实施过程可能会出现多个"断裂点"。

理性选择观点提出一个潜在的解决方案，在委托—代理关系中的行动者之间建立一系列合同，并通过设定合同条款来协调不同行动者的利益。这种基于合同关系进行治理的理念得到了新公共管理方法的支持（尽管这一观点存在很大争议）。拉芬（Laffin, 2016）提出了四个维度。第一，将大型政府官僚机构分解为功能专业化的组织单位是有益的；第二，服务的委托需要与服务的交付分开，允许政府组织和非政府组织之间的竞争，以降低成本并提高服务交付效率；第三，绩效应该通过明确的绩效标准和产出或成果指标来衡量，而不是根据过程指标来判断；第四，政治家应该专注于通过战略层面的目标来引导政府，而不是过多介入实现这些目标的具体手段。这种观点提出了一种与第二章所述截然不同的规划体系。

集体行动的问题

在理性选择的研究传统中，集体行动问题（collective action problem）是一个重要的研究领域。它考虑的问题是：对一个个体行动者来说，他参与集体决策活动是否值得？比如参加新的地方规划的咨询论坛，或者参加针对拟议开发的抗议活动，甚至是参加地方公投。该理论认为这个问题的答案，取决于个体行动者在成本和收益上的权衡。

假设我参加一个关于我家附近开发规划提案的会议。我将承担的成本是我放弃的时间，这些时间本可以在其他地方更有利可图或更愉快地度过，比如做一份带薪工作或看一部电影。此外，还可能有旅行和育儿成本。还有重新安排需要在该时间段内完成的活动的不便所带来的成本：洗衣、做饭等，这种不便是可以量化的。所有这些成本都是当前的、确定的，可以被计算或估计，它们直接落在行动者、个人或他们的家庭身上。

相比之下，参与的好处具有不同的特点。我不能确定我参加会议能够给我带来我所期望的规划改变，其他人可能会提出与我一样重要的和有见地的观点，我可以"搭便车"参与其中，而无需承担任何成本。或者，我可能会提出我的观点，但可能会被忽视，它可能对规划提案没有任何影响。我参加会议的结果充其量是不确定的。此外，改变后的规划提案的好处将在未来显现，即在开发项目建成（或未建成）且当地发生变化（或未发生变化）时才能显现。最后，这些好处不仅属于我，还将属于更广泛的当地社区（假设他们也期待同样的结果）。

因此，成本是当前的、确定的，并且落在我（或我附近的人）身上，而好处是未来的、不确定的，并且可能落在更广泛的社区身上。这样理解的话，人们参与规划咨询的动机就显得值得探讨。强烈的价值观通常被认为是促使某人参与的关键因素：我会去参加当地的会议，因为我对城市自然充满热情，希望确保关键的树木和绿地得到保护。但是，仔细研究产生集体行动问题的因素表明还有其他因素。可能是潜在的负面影响太大，以至于我觉得我必须参加。如果我的房产被拆除或受到新发展的严重影响，就会发生这种情况。在这种情况下，参与的潜在好处更为重要。如果我失业或退休，我的时间成本将非常低，或者可能是我实际上喜欢参加这样的活动，因为我在那里可能遇到邻居并感觉自己更像是本地社区的核心成员。这些因素都会降低参与的成本。

在此，对个体感知的强调非常重要。集体行动问题是从行动者的角度出发的。因此，个体感知到的利益将是他们所希望的；成本则包括他们如何看待时间、不便和支付出行费用。这就给出了中产阶级居民在规划参与性活动中具有更高投票率的原因。这些居民可能对影响结果更有信心，他们可能更习惯于影响他人的决策和行动，也可能更有能力支付附带成本。因此，集体行动问题有助于解释许多规划参与行为扭曲的性质。彭宁顿（2000a）认为，各利益部门处理集体行动问题不同方式，可以用来解释为什么在英国规划中常常见到在绿地上开发住宅会遭受城市遏制（urban containment）。高度组织化的农业游说团体、房地产开发联盟和"邻避"（NIMBY）居民群体可以通过克服集体行动问题来影响规划体系，以在规划决策的政治市场中获得代表权，代价是牺牲组织性较差、更加分散的一般城市人群和潜在住房消费者。

针对社区参与，剖析其感知到的原因和有关成本—收益的计算方法，也可以为如何提高参与水平提出建议。降低成本的任何努力，如使活动易于访问和解决附带成本（例如通过提供托儿所），都可能产生效果。突出参与的途径以及强调这种参与会真正改变规划和提案，也将有助于提高参与度。明确很快而不是很久以后就会产生利益，并强调谁将受益，也有助于提高参与度。另一方面，如果依赖未来某个时候给社区带来普遍利益，则更有可能阻碍规划参与。

对寻租（实现不劳而获的增长——见后文）的关注为城市遏制提供了另一种分析，这种分析长期以来与英国规划（Pennington，2000b）有关。在这里，彭宁顿考察了公共选择学派内部针对城市遏制压力（urban containment pressure）给出的两种替代解释。第一种是选民普遍对环境监管和相关城市遏制政策的偏好日益增加；第二种则关注特殊利益集团的游说，这些集团与规划官僚合作，后者也支持扩大监管范围，以扩大其影响范围。彭宁顿考察了这些选择的理论论据，并支持后者，因为对选民偏好的反应通常很弱，原因是分散的亲环境选民的集体行动水平较低（典型的集体行动问题），政治家听取环境主义选民的意见的收益有限，以及这些选民普遍存在理性无知。另一方面，支持城市遏制的关键利益集团有充分的理由克服其集体行动问题，并参与游说活动。

产权塑造利益的性质

在上述分析中，规划人员被当作官僚，规划组织则被当作官僚机构，其中还有一个假设，就是认为他们在被规划的土地、建筑物和自然资产上面拥有相关财产利益。从理性选择的角度来看，产权制度至关重要。产权塑造了行动者所持有利益的性质，并支撑着市场过程。市场是一种制度安排，用于交换"被拥有"的要素，即所有者所拥有的财产权所对应的要素。这些要素可以交换，通常可以买卖。理性选择理论的拥护者认为，正是对这些财产权的竞争（通过消费实现直接享受或投入生产之中）促进了效率，从而以最小的成本获得最大的利益。

但由于财产权是一种社会创造，因此财产制度（如法律制度）塑造财产权的具体方式非常重要。正如哈特曼和尼达姆（Hartman 和 Needdham，2012：219）所指出的："当实行土地利用规划或空间规划时，规划法和财产权相互作用"。他们进一步强调，改变财产权是困难的。如果依法剥夺了私有财产权，则可能需要支付赔偿金。土地调整（land readjustment）——将许多小块土地集中在一起，形成统一的所有权，以实现某种方式的开发——可能成本很昂贵。私有财产所有者可能会抵制并利用法律渠道挑战规划决策，无论是强制收购土地用于开发的决策，还是阻止在财产所有者希望实现开发价值的地点进行开发的决策。但除了财务方面的影响外，交换和改变财产权还涉及制度的复杂性。在大多数国家，财产权都受到法律力量的支持（而不仅仅是习惯上的认可），任何涉及法律制度的事情通常都是耗时且复杂的（Reeve，1986）。

然而，还有另外一种方式可用来看待产权在规划中的作用。分析人员不应强调"干涉"私有产权的困难和成本，而应探索私有财产的分配将如何激励和抑制参与规划的行动者。这可能会获得对"产权如何与规划目标相互作用"这个问题更细致的理解，并启发如何有效地调整它们以实现这些目标。这里的目标是继续依靠市场进行资源的有效分配，但要了解如何在这一活动中助力市场。因此，哈特曼和尼达姆认为，根据法律和产权进行规划不仅是不可避免的，而且是可取的。挑战在于如何预测可能产生的无弹性（inflexibility）或"锁死"（lock-in），在本书的背景下，这意味着需要研究这些问题是在哪里产生的。

韦伯斯特和赖（Webster 和 Lai，2003）提出了一个全面的框架，用于分析基于产权的规划，借鉴了制度经济学的理性选择进路。正如他们所说，"这有助于使有关于市场和城市规划的讨论更加平衡"。他们认为市场和国家是共同演化的，相互补充，并通过反复试验，在公共部门和私营部门之间、私人行动和集体行动之间分配责任。他们特别关注交易成本在塑造分配效率中的作用，比如分配发展权。这种交易成本包括寻找交换或活动的合作伙伴的成本，制定和监督各方之间合同的成本，处理第三方利益和与合同相关的合规性的成本，以及收集信息、制定规则和监督规则的成本，以及排除某些行动者利用资源的成本，包括制定和监督有关此事的协议等。他们认为，所有机构（市场和政府）通过分配稀缺资源的产权来降低交易成本，但公共领域中产权不明确的资源容易受到浪费性的竞争消费。此外，利用信息来促进交易各方的协调，不仅受到个人和团体认知能力的限制，还受到获取信息的成本的限制。这尤其影响到公共部门，但市场能够响应价格信号，这是提高效率的关键反馈形式。由此产生的适应速度更加迅速，反应能力更加灵敏；竞争越激烈，交易成本也会越低，信息也会越好。因此，机构向个人和团体分配产权所表现出来的效率，取决于知识、资源和交易成本的分配。

产权视角认为，它阐明了规划体系所关注的两个关键问题。第一个问题是外部性的作用，在本书第二章中，外部性被视为规划的关键推动力，其主要目的是弥补市场失灵。对于产权理论家而言，外部性的存在本质上是产权未能得到适当界定。理想情况下，产权要求一方对另一方的任何影响进行补偿。外部性被定义为一种不通过市场交易而影响另一方的行为。例如，居民因附近工业场所的无偿空气污染而遭受损失，原因在于他们没有持有相应的产权———一种需要工业家在生产活动开始前就必须购买的产权。因此，空间规划努力将工业用地和住宅用地分开，而污染监管则试图弥补这一不足。然而，适当的产权构建可以使居民拥有工业家在基于市场的交易中需要购买的权利。这样，购买权利就可以补偿外部性，除非产权所有者拒绝以任何价格出售其权利，否则它不会消除外部性；相反，工业家必须按照产权所有者认为与负面外部性（这里是空气污染）相称的价格进行补偿。这种方法的支持者认为，应更加关注产权的分配和具体化，并将其作为国家主导式规划（state-led planning）的替代方案。

第二个问题涉及公共产品，公共产品因具有非排他性而被视为市场失灵的一种形式，因此市场往往供应不足，而总体消费过度。在此，传统的公共管理进路是通过监管来防止过度消费，或通过公共部门或组织直接提供公共产品。因此，透过未开发地块而形成的公共商品，比如说景观视域，可能会被开发商追捧并将其资本化，以便为他们即将建设的新住房提供好的景观。规划监管可能会试图阻止此类开发，或者根据公共所有权的安排，将这些地块从市场上撤出，以此作为保护这些景观视域的手段。对于理性选择理论家来说，这种做法可能并非最优解。他们认为，更好的解决方案是以某种方式将这些公共产品的产权进行合理分配。

这可能会产生很大的问题，这是因为与私有商品相比，公共商品的属性不一样。对于私有商品而言，其所有者有权拒绝他人享受该商品——否则拥有私有品的意义何在？公共权利理论家认为，契约式的集体行动（contractual collective action）或企业家俱乐部可以提供另一种解决方案。具体而言，这种方法是将公共商品附着到集体团体上，并收取会员费，这样就将较大的公共商品变成许多很小但仍然具有公共属性的商品。然而，这些商品现在由一个对其成员偏好有一定了解的集体机构进行管理。虽然这显然不适合所有公共商品（比如清新的空气），但针对各种地上的公共商品，其确实有一定的应用潜力。因此，从理性选择的角度来看，它有助于提高社会效率和满足社会偏好。

产权范式的大部分分析都基于一种规范性观点：围绕完整且明确界定的产

权，根据市场交换制度建立的系统，能够带来许多好处。然而，正如本节即将展开的讨论那样，产权范式也可以用来支持如下研究：在产权的普遍分配和流通上，当前的规划体系是如何运行的？

研究实践中的研究主题

与其他框架相比，在理性选择框架内进行的规划研究中，实证研究可能较少。本节所综述的论文主要关注如下三个主题：将规划建模为博弈过程，规划互动中的寻租行为以及规划中财产利益的角色。

将规划建模为博弈过程

上面提到，理性选择视角有助于将规划视为一种博弈。在此方面，邱和赖（Chiu 和 Lai，2009）提供了一个经典研究案例。该研究关注的是"邻避主义"反对的设施选址问题，讨论的是此博弈过程中的谈判策略。这里采用了实验进路（experimental approach），要求付费的志愿者根据给定场景玩博弈。这个场景涉及在中国台湾省台北市拟建的一个固体废物填埋场。这是一个价值数十亿美元的项目，不仅包括土地征用和建设成本，还包括对当地居民的补偿，他们可能会反对该项目。博弈由 20 名大学生完成，他们被分配到"政府组"和"居民组"。所有人都听取了关于场景的简报。

在博弈开始前，收益矩阵被明确告知所有参与者，各组参与者采取合作或不合作（背叛）策略所能获得的收益也在表 3.1 中列出。括号中的一对数字表示收益，第一个数字表示政府组的收益，第二个数字表示居民组的收益。该收益矩阵是基于对设施规划可能带来的净经济利益的评估。对于政府而言，这些净利益与实施规划的成本以及解决固体废物问题所带来的利益相关，同时考虑了因对该设施的抗议而产生的延误和不确定性。对于居民而言，净利益包括公共空间的净损失以及从政府获得的补偿。

研究中共确定了四种策略：以牙还牙（模仿对方的行为）、始终合作（忠诚）、触发惩罚（在对方背叛后采取背叛行为）和随机选择。这里的合作涉及继续谈判，而背叛涉及退出和抗议等其他行动。这些策略被分配给政府组，而居民组则不知道政府采用的是哪种策略。在实验设计中，八个小组中有四个进

邱（Chiu）和赖（Lai）所提的收益矩阵		表 **3.1**	
		居民	
		合作	背叛
政府群体	合作	（8，8）	（2，15）
	背叛	（15，2）	（3，3）

行了有限次数的博弈迭代（20 次），而另外四个小组的博弈则在达到最大时间限制（14 分钟）或更高的迭代次数（30 次）时停止。

研究结果证实了博弈论的推断，即"以牙还牙"是最优策略。这一策略带来了最高的回报：在有限的迭代中，整个群体的平均回报为 6.01 亿美元，在更高的迭代次数中，平均回报为 6.79 亿美元。在这两种情况下，随机策略组的回报次之，然后是始终合作组，最后是触发惩罚组。此外，博弈还表明，居民在博弈初期表现出较低的信任度，不愿意合作。然而，随着博弈的进行，这种不愿意合作的倾向有所下降。这为在规划博弈中的参与者将如何行动提供了一些有用信息，作者认为，这些信息可能启发规划当局在处理"邻避主义"问题时能够更明智地预测参与者的行为。

这种研究和理论框架的假设是，现实世界的行为可以通过博弈进行准确的建模。正如这种框架所提出的，关键问题是使用哪种策略最好，哪种策略最有可能被使用。研究表明，"第一步"非常重要，因为以牙还牙可能是接下来采取的方法。然而，收益矩阵的设定方式在这里也至关重要，并将影响研究结果。如果尝试建模，建模的准确性就成为一个重要问题。

罗德和奥布莱恩（Lord 和 O'Brien，2017）运用博弈论来识别规划人员作为"市场制造者"的角色。与本节讨论的理性选择方法一致，其重点"在于关注个体行动者所发挥的微观代理作用，也即在塑造和决定正式和非正式制度特征方面的作用"，在于识别规划作为市场过程中的中介所发挥的功能。他们共调查了三个案例，这些案例在性质上截然不同，这是有意为之，以捕捉欧洲规划的多样性。选择这些案例也是为了探索使得规划能够在城市变迁上发挥积极经济作用的情境。

第一个案例涉及法国的北加莱—皮卡第（Nord Pas de Calais，Picardie）的里尔（Lille）及其邻近地区的行动者联盟，他们参与多个城市项目合作，并寻求促进开发。第二个案例侧重于利用公共土地开发，在德国汉堡的哈芬城（Hafencity）项目中优先与私人行动者进行战略谈判。最后，第三个案例考虑在荷兰引入城市土地调整政策。所涉及的方法是对关键人物进行半结构化访谈和补充文件分析（没有提供更多的细节）。该研究使用博弈论来识别在这些案例中表现出来的三个关键规划问题：第一动者问题、联盟博弈问题和对风险的态度问题。

第一动者（first-mover）问题描述了一种情况，即没有哪个行动者有动力率先行动，并承担因其他方不参与所带来的风险，即使他们都知道一旦采取联合行动所有相关方都能从中获益。这通常在城市开发项目中表现明显，尤其是在需要先进行修复工作然后才能进行建设的情况下。罗德和奥布莱恩很好地捕捉到了这个问题："从根本上说，这是一个相互信任与害怕搭便车的问题"。正如案例研究所示，这个问题可以通过多种方式解决。在里尔，城市区域治理机构——里尔欧洲大都市（Métropole Européenne de Lille）代表了一个国家/准国家组织的创建，该组织作为发展协调员，为整个项目建立了信心。在里尔，这不仅涉及协调约 85 个社区，还涉及率先进行欧洲里尔办公和零售（Euralille office and retail）开发，以此作为连接火车站（现在由伦敦—巴黎高速铁路线提供服务）和市中心的手段。欧洲里尔办公和零售开发运用了混合经济公司（societé d'économie mixte）的形式，这是一种公私合作的开发公司，在城市开发中率先行动。私人开发随后才跟进，因为私人开发公司一直不愿在里尔开发，而更倾向于在法国其他更容易获利的地点进行开发。

在荷兰，公共土地所有权被用来克服第一动者问题，以现有土地利用对应的价值来购买土地，并通过基础设施为土地提供服务。在这里，市政当局在一个地点开发所获得的利润可以用于补贴另一个地点的改善。另一个优势是，这使市政当局能够凭借土地所有权的影响力，对城市开发的方向和性质施加影响。缺点似乎是，由于开发场地的供应过剩（特别是在 2008 年金融危机之后），可能会降低土地价格。另一个潜在的问题是会引发市场重组，导致公众普遍预期国家会接受城市开发中的关键风险因素。对此的应对是采用土地调整策略，该策略规定临时汇集不同土地所有者持有的土地，以使其能够服务和重新配置场地，使其更适合开发。

在联盟形成方面，案例研究表明，规划不仅能够促进联盟的形成，还能通过行为引导来增强联盟内部的稳定性。这建立在合作博弈理论的见解之上，即联盟稳定性是联盟不同成员相对收益的函数，每个成员的收益必须足以让他们致力于联盟确定的目标。在汉堡，一家国有开发公司在协调参与开发项目的行动者方面发挥了关键作用。这涉及将哈芬城地区划分大量较小的地块，每个开发商只能购买一块。这一做法有效削弱了联盟中单个开发商的主导地位，并促进了项目的渐进式发展。开发商还必须以竞争的方式获得这些地块，竞争结果需要根据先前严格的设计标准进行评估，这鼓励了对设计标准的高度遵守。在里尔，开发活动由一个跨市政的联合机构进行监督，该机构在协调该地区的地方政府方面有着悠久的历史。这有助于各方就未来方向达成共识，并通过要求所有项目必须获得四大社区领导人的集体同意来巩固这一共识。它涉及承认该地区的经济成功取决于将里尔建设成为国际移动服务和知识型产业基地的能力，同时在这一过程中兼顾较不富裕社区的需求。罗德和奥布莱恩指出，合作博弈可以帮助我们来解释这个"大联盟"所取得的成功。其成功的关键在于：确定基于博弈中夏普利值法（Shapley value）所预测的"公平份额"（fare-shares），讲清楚"超加性"的作用，让联盟成员意识到他们加入集体会比脱离集体获得更好的结果。

　　以这种方式采用理性选择理论，需要找到可能与该理论提出的概念和策略相符合的行为。研究可能会发现，也可能不会发现这种行为，或者可能会修改这些策略所假定的运行方式。然而，无论怎样，研究任务和研究问题都围绕着理解这些策略与规划具体状况的关联性。

将游说理解为一种寻租行为

　　理性的视角可以使我们洞察规划体系内发生的游说活动的本质。这在某种程度需要运用前文提到的集体行动问题，但同时也需要对不同群体的寻租行为进行识别。这涉及这样一种趋势：私营部门行动者为了改善其财务状况，倾向于参与公共部门的游说活动。这被称为寻租，是因为这不是私营部门通过参与财富创造，而是通过施加政治影响以增加其财富份额。对于寻租问题的讨论，最典型的情况就是试图为私营部门活动争取更有利的监管决策。在规划领域，这可能涉及游说和其他行动，以从规划部门的监管机构那里获得更多、更快、更宽松的开发许可。如果这些活动导致监管机构与被监管者、规划人员和开发商之间的关系更加密切，那么这可以被描述为监管俘获（regulatory capture）。但它也可能涉及通过游说以阻止开发许可的授予，因为这可能会损害某些行动者的经济利益，就像经典的邻避主义一样。

　　泰勒（Taylor，2016）提供了一个研究澳大利亚墨尔本城市边缘区的土地所有者寻租行为的例子。这里的背景是 2010 年墨尔本城市增长边界的扩张，该边界最初是在 2002 年确立的。这一扩张将为扩张区内的土地所有者带来可观的开发价值。因此，政府提议对所有进入增长边界的一英亩以上的土地征收增长区基础设施贡献税（Growth Area Infrastructure Contribution，GAIC）。这实际上是对预期新开发价值的抵押增值税。提议对出售土地的土地所有者或已拥有土地的开发商征收每公顷 95.00 美元的税款。泰勒（Taylor）研究了土地所有者针对这一提案进行的游说活动。该研究检验了以下假设：第一，土地所有者提出的索赔至少部分是寻租性的，即出于对自身经济利益的追求；第二，城市扩张带来的利润规模有助于解释住宅开发商对 GAIC 反对程度相对较低的原因。

她采用的方法，是基于对公众针对增长边界扩展和拟议贡献所提交的样本文件进行内容分析，抽样选取了个人和组织提交的前 20% 的文件（共计 1411 份由个人提交，503 份由组织提交）。提交的代码编号由官员随机分配，最终产生了 382 份随机样本。约 118 份样本被删除，因为它们与主题不相关或属于机密、重复、没有内容。因此，264 份样本按照其与土地、住房市场和规划相关的寻租理论内容进行了编码。该研究调查了公众对税收负担及其政策意义的看法。

分析证实，土地所有者反对新的出资，此外，他们还质疑是否会产生预期的开发价值增量，以及如果产生了，向土地所有者征税是否公平。该税的道德性受到质疑。值得注意的是，这些意见书试图驳斥城市增长边界的扩大将带来意外收益的论点。总体而言，反对意见是由土地所有者而非开发商推动的。这就使得关于贡献税的前提基础的误判变得合理了。

有趣的是，在"税出！"（Taxed Out）运动下提交的意见书和相关压力导致了政策的修订，但值得注意的是，其中一个贡献税的版本还是被保留了下来。较小的土地出售被豁免，但更重要的是，土地所有者避免了正式责任，相反，税收由房屋建造商支付，然后转嫁给新房购买者。泰勒认为，这不仅表明了寻租游说的存在，而且进一步证明了游说的成功。她将土地所有者称为政治过程的"内部人士"，并指出这样的结果可能带来关于增长边界扩张政策所带来的开发收益的误导。

理性选择框架支持采用详细且基于假设的方法来研究规划中的游说活动。出发点是研究如何在开发过程中（此处涉及税收）分配经济租金，以及这如何解释发生的游说活动。利益或价值观的自我表述并不被视为此类游说的解释基础，而是基于对行动者激励结构的正式建模。

第二个例子涉及穆雷和弗里吉特斯（Murray 和 Frijters，2016）在论文中提出的农村土地用于城市发展的问题。该研究以澳大利亚昆士兰州为背景，一方面，昆士兰州当时在规划方面存在严重腐败问题；另一方面，政客和土地所有者之间就重新区划以促进开发正在进行谈判。该研究的框架是：通过实现对预期之外的区域（当前使用价值较低，但开发后的价值较高）进行重新区划（rezoning），政治内部人士能在多大程度上实现经济租金的最大化？正如研究人员所说："本文的主要贡献是研究既得利益者在重新区划决策中的微观影响机制"。

数据收集集中在 2007—2012 年期间选定区域的重新区划后的边界内外的财产所有权上。这是一个有趣的时期，因为昆士兰州政府公布了重新区划以促进增长的规划，并且还在城市土地发展局（Urban Land Development Authority, ULDA）的支持下，从地方当局手中接管了规划控制权。在提出的 17 个重新区划的区域中，研究人员研究了 6 个涉及私人所有土地的区域，并可以追踪到重新区划的赢家和输家。数据有两种：土地、土地价格和重新区划状态信息的数据库，和确定公司、政客、官僚和关键土地所有者的政治联系的措施的数据库。第一个数据库整理了 1192 块土地的所有权、销售数量和销售价格信息，其中274 块位于增长边界内。第二个数据库是从多个来源编译的：政治捐助者、游说者的客户、行业协会成员、政客、ULDA 员工和拥有土地的公司实体。将所有这些数据匹配在一起，创建了一个由 13740 个实体组成的矩阵，这些实体通过超过 25 万条链接连接在一起；使用社会网络分析对这些数据进行分析，以从这个数据库中提取各种连接性指标（见第五章）。以此为基础，将土地所有权、有利的重新区划、由此产生的价格效应以及各实体在关联网络中的位置之间的关系进行正式的建模。

主要发现表明，"如果与其他关系良好的房地产市场参与者之间保持有许多关系，也就预示受到许多的政治偏袒"。这种定量分析表明，被发现"有关系"的土地所有者拥有重新区划区域内 75% 的土地，而只有 12% 的土地位于重新区划区域外。土地所有者的关系大小的程度与从重新区划中获得的收益显著相关。关系良好能够使得有利的重新区划的机会增加 25%。有趣的是，独立雇佣游说者使机会增加了 37%。因此，研究人员认为，寻租活动非常重要，因为对于寻求整体重新区划的增长联盟来说，精确的边界并不重要，但对于在该地区拥有资产的个体来说，精确的边界非常重要。此外，研究人员能够估计，这些有政治关系的土地所有者从重新区划创造的总开发价值 7.1 亿美元中获得了 4.1亿美元的开发收益。因此，这项研究证明了这种寻租游说的经济价值。正如他们得出的结论："房地产重新区划是昆士兰州地方政治和州政治最大的寻租活动之一，一小部分有关系的房地产市场参与者从重新区划中获得了新产权收益的大部分"。

这里关于经济租金的争论，超出了对发展激励如何在参与者之间分配的概念性探讨，而是转向了对此类租金的实际计算。这涉及定量数据的收集和分析。

然而，对寻租这一核心主题的讨论，是将寻租行为和估算的游说措施联系起来予以解决的，而这些游说措施的估算则是从社交网络分析中获得的（在第五章中进一步讨论）。

规划与产权

对产权的关注为分析规划过程提供了另一种形式。这里讨论了两个例子；第一个考虑将科斯定理作为研究框架；第二个涉及正式和非正式、国家和地方产权制度之间的差异和关系。

古兰等人（Gurran, 2018）研究了在线房产共享平台（online property sharing platform）这一备受关注的问题，特别是爱彼迎（Airbnb），该平台允许人们将部分或全部房屋出租给游客。他们提出的问题是：针对这类发展，依据科斯定理是不是无法提供一套替代传统监管方法的方案？科斯定理认为，遵循理性选择方法，在面对外部性问题时，明确定义的财产权可以为私人裁定和补偿提供依据，从而使国家通过监管进行干预变得多余。它试图利用类似市场互动的高效率和低成本，而不是利用官僚决策。

因此，该研究试图解决两个问题。首先，它需要确定房屋共享所产生的外部性的范围。为此，数据收集最初集中在政府对州内短期租赁市场监管的 212 份调查报告中，以此作为因负面外部性而带来的地方化矛盾的依据。随后，研究补充了 Airbnb 平台上各共享房产的地理位置、规模和分布信息，考察了大悉尼地区和新南威尔士州北部河地区（Northern River region）两大区域，这两个区域都经历了在线度假租赁平台的快速扩张。这是通过在 InsideAirbnb 平台上抓取相关数据实现的，并辅以住房市场信息，包括该地区永久性房产的租金中位数，并将其与不同 Airbnb 房源所有者获得的月收益进行比较。通过这种方法，就获得了关于 Airbnb 房屋共享相关的综合性数据和空间分布地图。

研究表明，虽然房屋共享确实为房东和房客都带来了显著益处，但对于那些不直接参与在线交易的人来说，存在一系列潜在的负面外部因素，包括给邻居带来的噪声干扰、破坏性行为，以及对整个社区造成的交通拥堵、环境特征改变、住房短缺和租金上涨等问题。分析还表明，不同的城市、郊区和区域环境存在不同的成本—收益的模式，住房样式和房屋共享方式的不同也造成了其成本—收益模式也不一样。这表明，"一刀切的监管框架在管理在线房屋共享产生的外部性方面可能既非必要也非有效"。此外，空间地图还识别出了 Airbnb 租赁活动对当地住房市场造成最大压力的区域。

其次，该研究还以思想实验的形式，根据收集到的相关该行业信息，考察了科斯定理与 Airbnb 这个特定案例的相关性。一方面，研究讨论了对在线平台交易进行监控和监管的困难；另一方面，研究围绕在平台上进行交易的住房的产权，讨论了制定更加清晰的使用和出租规则的可能性。此外，它还提出了为第三方纳入新权利的可能性，以便可以谈判补偿，进而使得噪声的外部性问题可以通过邻居之间的沟通和谈判（包括补偿）来管理。

虽然传统监管方法受到该行业信息有限和潜在监控能力不足的限制，但人们认识到，更分散和难以估价的外部性因素不太可能通过创建新的产权来捕捉。他们指出，Airbnb 通过其"友好建设计划"（friendly building programme）创建了一个制度体系，该体系可能为此类谈判提供了一个框架。但即使有针对邻居影响的补偿，如果在线平台不合作，对合规性进行监控也会很困难。似乎并非所有邻居的滋扰都能被这种制度识别出来，而且对大范围内的区域的影响也不适合产权所有者之间的这种在线谈判。因此，传统监管可能继续发挥重要作用。

本文驳斥了所有理性选择进路必然倾向于基于市场的解决方案的观点。相反，本文从到底是国家干预还是基于市场的方法更合适这样一个问题出发，构建了研究框架。这就需要针对基于市场的进路可能发挥作用的方式进行概念化，在这里使用的是科斯定理。这为产权的识别以及确定行使这些产权的成本和收益（包括外部性）奠定了基础。然而，关于这个问题的答案仍然是基于经验的。

从财产权的角度分析财产制度，福里朋·博马和阿莫科（Frimpong Boamah 和 Amoako，2020）对加纳习惯财产权（customary property rights）和法定财产权（statutory property rights）制度的相互作用及其对城市规划的影响进行了有趣的分析。对财产权制度的研究通常借鉴法规和其他政策文件以及相关历史研究。在这种情况下，当前加纳财产制度的历史起源可以追溯到殖民时期和去殖民化时期。这使他们能够阐明当前习惯财产权和法定财产权共存的原因，以及由此产生的四种不同的获得加纳土地所有权和使用权的途径，这涉及基于酋长、国家和国家支持的私有财产所有者的各种习惯制度（customary institutions）所扮演的不同角色。这为他们要研究的问题提供了背景，即双重财产权制度是否涉及规划和土地规则的滥用或停用，或者双重财产制度是否支持了合法性。

研究人员利用各种数据来构建其分析框架。他们首先对包括法律和规划文件在内的各种文件进行了内容分析（content analysis）。研究人员为该分析制定了一套准则：土地所有权和使用决策，负责这些决策的行动者，与许可、义务和权利相关的道义模态（deontic modality），以及制裁和处罚。编码是独立验证的，并使用 NVivo 软件来进行定性分析。其次，他们搜索了加纳关于土地所有权和规划的学术出版物，并在网上搜集了该国关于土地和规划的相关新闻报道。对这些资料同样进行了编码处理，目的是为了确定各种土地法、规划法和政策内部以及它们之间是否存在冲突或互补关系，也是为了说明土地法和规划法、规划实践和规划话语的效果和影响。然后，研究人员将这两组内容分析进行比较。最后，他们对库马西（Kumasi）和阿克拉（Accra）两地的规划和公共土地机构的25名官员以及这两个城市的传统土地秘书处的5名代表进行了半结构化访谈。此外，研究人员还选定了两个社区分别进行了访谈：在阿克拉进行了22次访谈，在库马西进行了20次访谈，并在每个社区组织了一次焦点小组访谈，每次访谈涉及约5名居民。

关键性发现指出，围绕财产权的双重法律制度，是造成规划领域所谓"俗语"行为的重要原因，即滥用成文法和习惯法。这涉及将土地任意重新分配给新的所有者和新的土地用途，违反政策而改变土地用途，以及滥用国家征用权或强制购买权。由此产生的规划体系对一些城市居民来说是"残酷的"，因其忽视了其他人的需求。作者随后呼吁进行政治经济分析（见第七章），以更全面地理解这一点。

本研究基于对两种制度下合法财产权的理解，以及这些权利如何被忽视或操纵以获取经济利益。有趣的是，为了充分理解这种挪用或剥夺行为，研究人员认识到需要超越基于财产权的研究进路。因为基于财产权的研究进路能够很好地描述事件的具体情况，但不能完全解释清楚其因果根源。

结论

与公共管理进路相比，理性选择进路对规划过程更为挑剔，但它们都关注规划人员在实践中所做的事情。理性选择进路不是评估规划人员所做的事情，也不是研究新工具如何能够更好地实现和改善公共利益这个目标，而是试图理解自身利益如何推动规划的动态发展。理性选择观点将规划视为一系列竞争博弈。这在一定程度上是规划人员为了促进自身利益而进行的博弈。在一定程度上，它也是私营部门利益竞争的舞台，而规划干预则可以塑造这种竞争的性质。

基于这种进路的研究通过思想实验或志愿者的实际实验进行，并使用理性选择框架来指导对访谈和文件的分析。因此，成本和收益、激励结构、经济利益和行为的建模是这一视角下工作的核心部分。规划是理性行动者之间的一系列结构化互动。由于理性选择视角假设行动者具有理性，因此实际上并不需要通过定性研究来探索动机和价值观。虽然这种进路从根本上讲是基于对规划的福利经济学研究的批判，但值得注意的是，正如本节所论述的几个例子所示，这并不排除该进路对更倾向于市场的进路的批判。尽管理性选择进路也是植根于新古典经济学，并关注个人及其决策以及所假设的理性。

关键理论阅读材料

Hillier and Healey (2008) Chs. 16 and 17.

关键研究阅读材料

Chiu, C-P., and S.K. Lai. 2009. An Experimental Comparison of Negotiation Strategies for Siting NIMBY Facilities. *Environment and Planning B: Planning and Design* 36: 956–967.

Frimpong Boamah, E., and C. Amoako. 2019. Planning by (Mis) rule of Laws: The Idiom and Dilemma of Planning Within Ghana's Dual Legal Systems. *Politics and Space* 38: 97–115.

Gurran, N., G. Searle, and P. Phibbs. 2018. Urban Planning in the Age of Airbnb: Coase, Property Rights and Spatial Regulation. *Urban Policy and Research* 36: 399–416.

Lord, A., and P. O'Brien. 2017. What Price Planning? Reimagining Planning as "market maker". *Planning Theory and Practice* 18(2): 217–232.

Murray, C., and P. Fritjers. 2016. Clean Money, Dirty System: Connected Landowners Capture Beneficial Land Zoning. *Journal of Urban Economics* 93: 99–114.

Taylor, J. 2016. Urban Growth Boundaries and Betterment: Rent-seeking by Landowners on Melbourne's Expanding Urban Fringe. *Growth and Change* 47(2): 259–275.

参考文献

Boamah, Emmanuel Frimpong, and Clifford Amoako. 2020. Planning by (Mis) Rule of Laws: The Idiom and Dilemma of Planning within Ghana's Dual Legal Land Systems. *Environment and Planning C: Politics and Space* 38(1): 97–115.

Chiu, Ching-Pin, and Shih-Kung Lai. 2009. An Experimental Comparison of Negotiation Strategies for Siting NIMBY Facilities. *Environment and Planning: Planning and Design* 36(6): 956–967.

Dunleavy, Patrick. 1991. *Democracy, Bureaucracy and Public Choice: Economic Explanations in Political Science*. London: Prentice Hall.

Gurran, Nicole, Glen Searle, and Peter Phibbs. 2018. Urban Planning in the Age of Airbnb: Coase, Property Rights, and Spatial Regulation. *Urban Policy and Research* 36(4): 399–416.

Hartmann, Thomas, and Barrie Needham, eds. 2012. *Planning by Law and Property Rights Reconsidered*. Farnham: Ashgate.

Hillier, Jean, and Patsy Healey, eds. 2008. *Contemporary Movements in Planning Theory*. Aldershot: Ashgate.

Laffin, Martin. 2016. Planning in England: New Public Management, Network Governance or Post-Democracy? *International Review of Administrative Sciences* 82(2): 354–372.

Lord, Alex. 2012. *The Planning Game: An Information Economics Approach to Understanding Urban and Environmental Management*. London: Routledge.

Lord, Alex, and Philip O'Brien. 2017. What Price Planning? Reimagining Planning as 'Market Maker'. *Planning Theory & Practice* 18(2): 217–232.

Murray, Cameron K., and Paul Frijters. 2016. Clean Money, Dirty System: Connected Landowners Capture Beneficial Land Rezoning. *Journal of Urban Economics* 93: 99–114.

Pennington, Mark. 2000a. *Planning and the Political Market: Public Choice and the Politics of Government Failure*. London: Athlone Press.

———. 2000b. Public Choice Theory and the Politics of Urban Containment: Voter-Centred Versus Special-Interest Explanations. *Environment and Planning C: Government and Policy* 18(2): 145–162.

Poulton, Michael C. 1997. Externalities, Transaction Costs, Public Choice and the Appeal of Zoning: A Response to Lai Wai Chung and Sorensen. *Town Planning Review* 68(1): 81–92.

Reeve, Andrew. 1986. *Property*. London: Macmillan. Sager, Tore. 2002. *Democratic Planning and Social Choice Dilemmas: Prelude to Institutional Planning Theory*. Aldershot: Ashgate.

Taylor, Elizabeth Jean. 2016. Urban Growth Boundaries and Betterment: Rent-Seeking by Landowners on Melbourne's Expanding Urban Fringe: Urban Growth Boundaries and Betterment. *Growth and Change* 47(2): 259–275.

Webster, Christopher J., and Lawrence Wai-Chung Lai. 2003. *Property Rights, Planning and Markets: Managing Spontaneous Cities*. Cheltenham: Edward Elgar.

第四章
新制度主义的影响：文化如何塑造规划

构建研究

对规划作为理性活动的质疑——无论是理性的治理形式（第二章）还是理性行动者决策的结果（第三章）——都引发了对替代理论框架的探索。在这些替代框架中，有部分框架认识到规划实践的文化性质以及文化如何嵌入制度架构之中。这就导致了一种转变：由聚焦于规划的正式组织结构及其所处的组织转向对非正式规划组织结构的重视，以及对这些组织结构在实践中如何被行动者激活的重视。因此，行动者的行动方式很重要，因为这给各种制度（institutions）赋予了生命。此外，行动者如何看待世界也很重要，因为这会影响他们的活动、实践和行为。

制度在这里被定义为不仅是一套特定的组织安排，而且还包括规范、价值观和日常惯例（March 和 Olsen，1989）。以此为基点的理论框架被称为新制度主义（new institutionalism），它为城市和环境规划提供了文化视角。新制度主义有多种流派，霍尔和泰勒（Hall 和 Taylor，1996）将其区分为理性选择、社会学和历史学三个版本，但是这里讨论的只涉及后两者，理性选择的观点在第三章中有所涉及。本节重点讨论那些强调制度的作为以保证制度运行的研究，当然也会讨论那些聚焦于制度作为（institutional work）所带来的影响的研究，将这些都置于看待世界的方式的背景之中，看待世界的方式也可以看作是文化、世界观、叙事或话语。

正是对这种世界观、叙事和话语的强调，将这种规划研究方法置于所谓的"文化转向"（cultural turn）之中，这一转向可以追溯到 20 世纪 80 年代（Rydin，2003）。这与广泛的社会建构主义范式（social constructivist paradigm）相吻合。该范式认为，表征（representation）并非中立或无偏见的，而是带有自身的能动性和影响力。在这个时期，人们更加充分地认识到感知世界的方式的重要性，以及叙事、图像或其他意义载体如何传播的重要性。通过社会建构主义，"意义创造"（meaning-making）成为一项重要的社会活动这一观点得到了认可。这是一个广泛使用的术语，在不同的语境中有略微不同的细微差别。在这里，它被用来表明需要认识到词语是如何通过人们和组织的社交互动而具有意义的。这不仅仅是描绘人们如何谈论世界，这些谈话方式为行动者创造了意义，而意义是行动者与他们的行为和行动的联系纽带。制度强调以社会建构的方式看待世界并据此对世界采取行动，因此成为文化转向中一个现成的关注焦点。

如果公共管理和理性选择理论将规划政策制定和实践理解为有目的、有动机的理性行为，那么新制度主义则提供了一个视角，即文化以意想不到的方式驱动行为（Taylor，2013）。新制度主义作为一个理论框架，描述了一系列制度作为，这些行为起始于政府官僚机构（如规划部门）内的组织程序，在一定程度上继承了旧制度主义的传统，然而，新制度主义更进了一步，其新要素是识别使得这些程序付诸实践的文化维度的作用。这引起了人们对这些组织内普遍存在的规范、价值观和日常惯例的关注。这些规范、价值观和日常惯例可能会强化并详细阐明各种程序按某种方式运行的既定意图，但更仔细的考察也可能揭示出其内含的紧张关系甚至矛盾之处。这有助于解释为什么规划行动并不总是遵循既定的意图。

有人可能会认为，本书采用的就是制度主义的进路来考察规划研究，因为它非常强调特定的理论进路如何"构建"（frames）规划研究，以特定的方式引导注意力。"构建"的概念是新制度主义的核心，稍后将详细阐述。新制度主义的核心思想是，组织或社会中普遍存在的规范在更一般的意义上来说塑造了我们的行为。并非所有行动都必须经过深思熟虑和计算，在许多领域，面对现有制度安排表现出几乎是自动反应的行为占主导地位。在这里，行为倾向于继续现有的存在方式和行动方式。因此，研究的重点变成了组织和更广泛的文化如何塑造规划人员的行为。

然而，对城市和环境规划的文化维度要素给予充分考虑还具有更广泛的价值。这包括对规划问题和解决方案的构建方式，以及非决策（non-decision-making）过程和潜在偏见对规划可能产生的影响。制度主义理论有助于理解为什么变迁难以实现，也有助于理解变迁何以会发生。"路径依赖"（path dependency）的概念通常用于理解维持现状的趋势，也用于说明实现转变所需的关键因素。

虽然路径依赖理论有助于我们理解城市和环境规划运行的局限性，但具有规范性（normative）的文化过程也会对规划产生影响。这是因为作为实践者的规划人员实际上也是文化行为者（cultural actor）。他们可以进行反思和自我批评，这可以促使规划人员开展学习，而学习本身就是一种重构和改进政策实践的方式。运用制度主义进路开展规划研究是规划的一个重要方面，有助于理解学习如何在规划组织内部、规划人员个人及其所处的制度环境中集体发生。

这种制度作为（institutional work）对权力如何在这些机构中运行具有启示意义。在讨论这个问题时，可参考卢克斯（Lukes，2005）关于权力的三张面孔的著名论述。卢克斯首先指出了权力的公开面孔（overt face）——一个行动者使另一个行动者做某事或不做某事的能力——构成了许多多元主义政策过程理论的基础。此外，卢克斯认为权力还有第二张面孔，即非决策（non-decision-making）（第三张面孔将在第八章关于福柯主义进路的讨论中阐述）。"非决策"是巴赫拉赫和巴拉兹（Bachrach 和 Baratz，1963，2012；另参见 Catney 和 Henneberry，2012）创造的一个术语，用来描述一种情况，即权力被用来将一个问题排除在政治议程之外，从而塑造政策行动发生的领域。虽然非决策可能涉及积极要让某些问题保持沉默的人，但真正的影响在于随后的议程（以及被排除的议题）如何影响具体的政策过程。

这个想法鼓励我们在规划议程中寻找被边缘化或沉默的要素，并思考为何这些问题没有得到更多关注。这表明，规划实践运行的框架对于规划特别强调的方面来说是非常重要的，而对于规划没有强调或讨论的方面来说也同样重要。

分析的动力过程与关键概念

制度主义分析要详细研究制度如何运行，维持制度所必需的条件以及如何使制度运行更良好。这涉及对制度作为的关注，对所涉及的话语构建（discursive framings）的关注以及对如何通过学习实现积极变革的关注。

制度作为及其后果

制度主义的核心观点在于强调制度安排相关所蕴含的稳定性。马奇和奥尔森（March 和 Olsen，1989）提出的适当性逻辑（logic of appropriateness）是关键，成为组织中个体行为的指南针。他们据此逻辑学会在不同的环境中表现和行动。

因此，规划人员不仅从他们的教育和培训中学习如何制定规划、管理城市更新项目或开展社区参与活动，而且还从现有的专业人员那里（无论是明确指导还是潜移默化）学习从事这些活动的"正确方式"。这表明，机构内的做事方式会通过适当性逻辑得以稳固确立。

它们变得根深蒂固，难以改变（Booth，2011；Bunker，2012；Sorensen，2014）。有时，组织内以某种方式做事的原因甚至会被遗忘，机构及其构成机构的行动者几乎是在自动运行。随着时间的推移，某些不断重复的工作实践强化了这一点，以至于改变不仅难以实现，而且几乎不可能被考虑。规划从业者可能非常清楚这种路径依赖的存在。菲利翁等人（Filion等，2015）的研究表明，在加拿大的多伦多，规划人员识别出了两种类型的路径依赖：一种来自于地方政府、开发商和消费者之间的关系，另一种与交通和土地利用之间相互作用的结果有关。后者关注的是城市系统本身，而前者关注的是治理过程，这里路径依赖的后果包括协调缺失、管辖孤岛、政策工具不足以及缺乏对当地情况的适应性。

然而，此类制度作为并不一定导致完全停滞。比舍普和布南（Bisschops和Beunen，2018）研究了荷兰豪达市（Gouda）一个名为GOUDasfalt的公民团体试图将一个以前用作沥青厂的棕地重新开发为小手工艺企业、城市农业、公共活动、城市海滩、餐馆和微型住宅区的案例。他们发现了新的规范、规则和法规被制度化的依据。通过仔细追溯互动，他们追踪了一个行动是如何与早期行动、过去事件或现有规则相互关联的。"我们寻找重复出现的模式来解释这一特定城市规划过程的发展路径和结果"（2018：6）。这表明，创建新制度往往具有不确定性，而这种不确定性往往会强化现有制度的存续。尽管很难创建新的规则和实践，但有关公民主动性的作用的创新理念也能被制度化。因此，通过重新解读现有规则而不是取代它们，则有可能产生制度变革。

在路径依赖背景下采取行动的能力与机构本身的能力有关，即机构能力（institutional capacity）。这是一个相当灵活的术语，但通常涵盖了体制内工作人员所掌握的所有"软"技能和资源，这里所谓的"软"技能和资源是相对于财务、监管和等级权威等"硬"资源而言的。软技能涉及操纵构建、话语（discourses）和世界观的能力，以实现新的规划实践方式。下一节将更详细地讨论这些方面。

话语、构建与世界观

新制度主义作为一种进路，大致属于社会建构主义传统（social constructivist

tradition）。这意味着它并不把规划讨论的术语视为理所当然，而是寻求揭示讨论问题、难题和答案的方式的文化含义。这与话语研究（discourse study）有着密切的联系，话语研究展示了文化构建（cultural framings）以及谈论和描写问题的形式如何影响城市和环境领域的规划，而关于环境话语的研究尤为丰富（Dryzek，2005）。这里的"话语"一词用于表示一系列思想、陈述和谈论／写作模式，它们形成了一种连贯的方式，使人们能够就特定问题或主题进行交流。

识别这些话语，为我们分析社会假设（如关于环境的假设）如何塑造规划实践的潜力提供了机会，也为我们从细节上了解为何某些特定的语言会被采用。但新制度主义并不止步于解构规划实践的话语。关键的理论点是，这些话语在规划机构内部传播，并产生重大影响。制度主义视角将语言的构建特性与关于组织的结构和运行方式的影响分析结合起来（Martínez 等，2016）。各种话语规划行动者所在的制度环境中（如规划办公室、公众调查、咨询场所等）构建和传播的方式，对规划实践产生了影响。

例如，克鲁格等人（Krueger 等，2018）采用解释性制度主义进路（interpretive institutionalist approach）来理解城市政策响应是如何构建的，以及其对区域竞争力的影响。他们认为这是"通过个人的思想和行动来创造、维持或改进制度的方式"的一个组成部分（2018：4）。他们借鉴了解释性制度主义的三个关键概念：现有政策的困境或感知到的悖论、行动者采取行动时所处的传统或更广泛的社会意义网络，以及个人信仰或个人构建世界的方式。通过研究林肯郡（Lincolnshire）、伦敦／英格兰东南部和卢森堡公国（Duchy of Luxembourg）的三个案例，他们能够识别出对类似问题或困境的三种截然不同的框架。

在波士顿林肯郡，构建（framing）深受经济发展和保障性住房主题的影响，围绕精明增长（smart growth）的政策理念在国家和地方层面变得更加突出后才开始受到关注。这些理念随后被一个名为 MetroFuture 的组织所采纳，该组织投入大量精力将商界纳入精明增长的构建之中，但这些理念并未渗透到更广泛的地方社区。在伦敦和英格兰的东南部，中央政府的影响是构建当地形势的主要因素。2010 年之前，新工党（New Labour）在制定政策时，既考虑了开发市场的创建，也考虑了开发所带来的外部性以响应公平性的传统；2010 年之后，联合政府（Coalition Government）优先考虑了开发速度，并淡化了保障性住房目标的重要性。在这两个时期，规划体系的效率都被强调为与充足的住房供应有关。在卢森堡，有保护私有财产和保护集中监管的传统，这就使得在一开始对新的空间规划法以及可持续发展等广泛目标的强调。然而，当这些目标未能实现时，卢森堡又回归到了以市场为基础的方法。

克鲁格等人得出结论，这三个案例中的困境有许多共同特征，但它们的管理方式不同，因为先前的传统在塑造政策响应方面起着重要作用。这意味着，如果一项政策考虑到这些传统，它更有可能成功。

关于如何建立和结构化"构建"的问题，一个有影响力的回应来自玛丽·道格拉斯（Mary Douglas）的作品及其应用（Gosden，2004）。道格拉斯是一位人类学家，以许多民族志研究而闻名，但也以对污染如何被构建（为"不合适的事物"）的描述而闻名。她发展了一种文化理论，为理解不同世界观的分异提供了框架。该框架被称为网格—群体（grid-group）框架，它提供了如图 4.1 所示的四重分类。

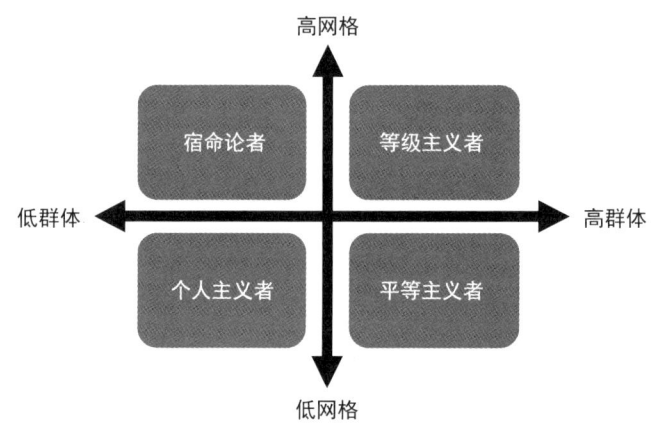

图 4.1　道格拉斯的网格—群体理论

在纵轴上，体现了行为受规则约束（高网格）或不受规则约束（低网格）之间存在差异；在横轴上，则区分了是个人决策（低群体）还是集体决策（高群体）占主导地位。这产生了四种截然不同的世界观：个人主义（低网格，低群体）、平等主义（低网格，高群体）、等级主义（高网格，高群体）和宿命论（高网格，低群体）。个人主义框架倾向于市场主导的方法，在这种方法中，个人之间相互竞争，"一切皆有可能"。相比之下，等级主义者更倾向于传统的官僚主义方法，在这种方法中，行为受规则、政策、组织指导和协议的指导，目标符合集体、群体或公共利益。平等主义世界观寻求通过个人行动实现共同目标，但不一定通过规则的运行相互协调。最后是宿命论框架，其中不效忠于集体群体，而是强烈遵守共同的行为准则。这种文化理论可以用来描述特定机构的特征，并有助于描述它们的运行方式，它为制度的描述提供了更丰富的细节。

例如，杰恩（Jayne，2003）利用网格—群体理论来理解针对地方经济发展战略的多种响应行为，作为对后工业化或后现代化城市等修辞中的主导表征的解构的一部分，这些主导表征包括地方（locality）、场所（place）和社区（community）等概念。在杰恩选择的英格兰斯托克—特伦特市（Stoke-on-Trent）的案例研究中，构建（framing）产生了非常真实的影响，杰恩将其描述为工业化的惰性和"似乎只痴迷于自己的内部"（2003：961）。杰恩试图将当地行动者分配到网格—群体理论的不同类别中，但他指出这并不总是容易的。现实生活的混乱意味着存在跨越不同网格—群体类别的混合社会文化立场，行动者也支持内部不一致的立场。分析的结果是对斯托克—特伦特市地方经济发展各种立场的可视化表达（使用 2×2 矩阵）。大多数集中在宿命论类别中，其次是等级主义，然后是平等主义和个人主义。更重要的也许是不同类别中的行动者类型。杰恩认为当地晚报《哨兵报》（The Sentinel）是宿命论的，从媒体影响力的角度来说，该报纸是非常重要的。许多当地个人也属于这一类别，市议会也是如此。议员们分布在宿命论、等级主义和平等主义类别中，但议会官员倾向于平等主义标签。创意产业从业者更可能是平等主义或个人主义，而志愿部门和私营部门公司所述类型的分布则较为广泛。从这种文化分析中可以明显看出，针对经济发展而形成的"地方构建"（local framing）是复杂的。

社会学习与实践社区

虽然制度主义进路最适合用来考量稳定的过程——也许是过于稳定的过程，这些过程巩固了旧的、无效的做事方式，并将重要问题排除在政策议程之外——但它也可以用于对变化过程的分析。这里的关键术语是"学习"（learning），变化是因政策行动者的思考、反思和学习而发生的。这种学习并不仅仅是指的个人如何增强他们的知识和理解。这种学习更具集体性，并影响机构开展政策工作的方法。因此，规划（planning）作为一种专业实践，在规划机构内部是被集体学习的。规划人员相互学习，也通过积极关注和反思规划实践的活例子来学习。同样，适当性逻辑（logic of appropriateness）也在起作用，因为规划人员会在"工作中"学习什么是正确的"做"规划方式，什么又是错误的"做"规划方式。

舍恩（Schon，2008）通过对反思性实践者的研究，为这一观点提供了一个动态版本。虽然实践社区（communities of practice）被看作是用来传导既定工作方式或者将既定工作方式嵌入实践社区之中（见下文），但舍恩认为，反思性实践者可能会回顾这些工作方式的影响，并学会采取不同的方式开展实践。这不太可能导致工作实践的全面改变，但在既定的机构实践中出现问题时，一点一点地持续改变还是会发生的。与此密切相关的是单循环、双循环和三循环学习的概念（下文将进一步讨论）。单循环学习只是通过收集知识来帮助实施选定的路径，双循环学习则质疑这些路径并提出替代方案，而三循环学习则质疑政策目标本身，推动对该政策方法进行更根本的修订。

实践社区的概念也被用来解释行动者在制度环境中相互学习的过程（Wenger，1998）。研究者们识别了各种实践在组织内传播并因此持续存在的机制，以及这些实践如何变得稳定并被普遍接受的机制。实践社区包括一群实践者，他们可能来自一个组织内部，也可能像专业团体一样，跨组织运行。他们从事相同类型的工作，并共同参与传授如何完成某项工作的知识。关键在于，实践者通过在工作期间的共同工作和相互学习，逐渐成长为熟练的实践者。由此，他们作为一个整体共同构成了在该制度背景下被视为熟练的工作群体。非正式对话、相互模仿和共同解决问题，传递了关于什么才是适当的工作实践的规范。在稍后讨论的一个研究案例中，在实践社区的概念基础上补充了探究者社区（community of inquirers）的概念。探究者社区更多地关注创新的做事方式，而不是根深蒂固的既定实践。一方面是现状、根深蒂固的实践和路径依赖，另一方面则是变革、创新和学习新实践，这两者之间的紧张关系，是制度主义进路研究工作的典型特征。

尼尔森（Nilson，2005）利用社会学习来理解如何促进政策整合。在这里，他所指的社会学习是通过机构体制进行的社会学习，而不是通过个体政策行动者的社会学习。他认为，这种学习是通过重新定义和改变普遍存在于政策机构中的话语实践来实现的。这就涉及对限制实践者思考问题和解决问题的模式的改变。通过这种方式，新的思维模式使新的问题——比如气候变化——能够得到考虑，并通过相互重新定义，实现政策整合。此观点将在后面的研究主题中进一步讨论。

研究实践中的研究主题

本文将结合制度主义研究实践的例子讨论三个主题：路径依赖的作用、单—双—三循环学习模型的使用，以及关于社会学习理念的广泛探索。

规划实践中的路径依赖

新制度主义的一个特别优势在于，它可以解释为什么变革难以实现，以及实现变革可能需要什么。这里的一个关键概念是路径依赖。

伊姆兰和洛（Imran 和 Low，2007）在研究巴基斯坦交通规划时，提供了一个研究路径依赖的例子。他们关注的是为什么初始交通规划的路径一直持续到了今天，并聚焦于三个研究问题，分别是：机构关系、权力和金融，分析交通问题和提出解决方案的方法，以及当地和国际决策者对交通问题的定义。为了支持他们的研究，他们区分了三类路径依赖：机构的路径依赖、技术的路径依赖和话语的路径依赖。分析的实证基础是对交通和规划政策文件的审查，以及对参与交通决策的关键行动者（即当地和国际官僚、政治家和专业人士）进行的 30 次半结构化访谈。根据前面提出的路径依赖类别，数据分析分为三个步骤进行。

首先，绘制了交通决策制定方式的图谱。通过查看 1947 年以来的预算和人力资源以及政策文件，确定了不同相关机构的能力，这用于识别机构的路径依赖。其次，通过政策文件审查检查了分析交通问题和确定解决方案的方法，这有助于查明技术的路径依赖。最后，探讨了政策话语，并将这一术语理解为"在一套特定的实践中产生、复制和转换的思想、概念和类别的特定集合"。这里使用了哈耶尔（Hajer）的研究成果（另见第八章）来阐明故事线索（storylines）的重要性，即"问题的语言表述，它提供了将思想捏合在一起的方式，并使论点能够在利益相关者或关键机构之间传播"。使用政策文件和半结构化访谈对这些故事线索进行了梳理，由此支持了对话语路径依赖的分析。

研究人员通过对巴基斯坦交通规划的正式机构设置进行的初步梳理，识别出联邦、省和地方政府各级的 9 个联邦部委和 22 个不同部门，并绘制了决策过程图，显示了正式的依赖关系。这证实了巴基斯坦的交通规划在联邦层面高度集中，交通可持续方面的研究资金有限，联邦政府控制着该部门获取地方和国际财政资源的渠道，并同时担任融资者、执行者和监管者的角色。然后，研究试图确定交通部门的能力。这些"能力"（capacity）被细分为实质性和支持性两种类别：前者包括政策制定、机构能力（institutional capacity）、人力资源和财务，后者包括研究和信息。

研究发现，在立法和政策方面，大量提及与交通相关的可持续性问题。然而，从机构能力来看，他们发现不同交通机构之间缺乏协调，部门和专业界限明显。此外，普遍存在"精英增长模式"（elist growth model），这种模式在交通目标方面提出了狭隘的愿景，即建设更好、更宽的道路，而很大程度上忽视了其他交通方式。由于缺乏财政支持，交通机构严重依赖国际发展机构和相关的外国顾问，这种情况随着时间的推移而加剧。这导致了对硬件基础设施的重视，而未能建立本地化的能力。国家层面的机构人力资源能力严重不足，而公共交通、非机动交通规划和可持续交通方面缺乏教育、培训和研究，进一步加剧了这一问题。

分析解释了这种机构上的路径依赖以及国际和国家交通机构在技术和财务上对国际开发机构的依赖，这意味着大多数交通项目都是由捐助者推动的，并且符合这些国际组织的规范和既定专业知识。此外，本地采取"决定并提供"（decide and provide）的道路开发和投资模式，使得交通政策和解决方案在技术上形成了路径依赖，并内置了关于每单位土地面积"所需"（necessary）道路长度的假设。这阻碍了更多创新的交通规划思维方式的产生，而这些创新思维方式可能会破坏路径依赖。

以经济发展为重点的交通发展故事线索强化了这一点，人们认为道路建设将促进经济增长。这一叙事包含四个子线索：机动化将带来更多的经济福祉，道路发展将减少贫困，环境问题有技术上的解决方案，道路事故是重大的经济成本。这些不同维度的路径依赖相互强化，这意味着要改变交通规划，所有这些问题都需要得到解决。

这种综合的分析建立在对正式结构和程序（这是公共管理进路关注的重点）的全面梳理的基础上，但是，该分析还补充了其他内容，也补充了对交通问题和解决方案的构建方式的分析以及讨论交通规划的术语的分析。这大大深化了分析，并指出了路径依赖背后的动态。

路径依赖研究的第二个例子来自美国蒙大拿州（Montana）的水资源规划，由安德森等人（Anderson 等，2018）开展。他们研究了黄石盆地（Yellowstone Basin）案例，黄石盆地是一个大型的干旱和农村地区，80% 的地表水用于农业灌溉，气候引起的干旱对城市和农村居民的威胁越来越大。这项分析的数据来自对黄石盆地咨询委员会（Yellowstone Basin Advisory Council，YBAC）运行的密切观察收集得到。该委员会是 2013 年成立的四个公民委员会之一，旨在为州水资源规划的更新提出建议，并建议采取两项具体措施：执行用水测量任务和执行"共同牺牲"（shared sacrifice）计划以开展短期干旱管理并实现水资源共享。

咨询委员会在 18 个月内举行了 18 次会议，内容涉及：（a）讨论范畴的界定；（b）技术汇报；（c）对建议进行审议并决定是否采纳。研究小组受委托协助第一阶段的工作，但也获准参加并记录其他阶段的工作。所有会议均录像并转录，还研究了为第三阶段准备的文件。通过话语分析（discourse analysis），将政策措施视为一种构建的叙事，此外，还对录像转录、会议记录进行了系统的内容分析，当然，对国家官员、YBAC 成员和研究小组之间关键互动的记录观察也进行了系统的内容分析。分析突出了既定法律原则"先占先用"的影响（即"时间上最早，权利上最早"）。据此，那些长期合法用水的人（通常是私人农业资产所有者）可以在干旱期间拒绝他人短期需要时的用水。这一原则被视为限制了通过咨询委员会来引入更多参与式规划的尝试。这就将审议重新导向现状，而不是导向其他替代方案，即鼓励广泛参的替代方案。同时，这一原则还阻止了对个人用水量进行测量的任务。

这并不意味着没有变化。相反，变化是由"先占先用"原则所建立的路径依赖所塑造的，这意味着，针对"共同牺牲"的替代性水资源共享计划可以达成共识。这被视为对干旱状况的务实回应，并且不威胁"先占先用"的基本原则。分析表明，"先占先用"原则不仅仅是一种法律原则，而且是"一种根深蒂固的文化景观的制度表现"（Aderson 等，2018：2），与个人自由、私有财产权和对政府的不信任等自由主义原则有关。变化是能够发生的，但必须在一定的制度约束下进行。

为了采取路径依赖的分析方法来解释他们的案例，研究人员还补充了一些其他内容，将"先占先用"原则看作是一种"边界对象"（boundary object），这就使得跨越机构或跨越边界进行讨论具有了共同的基础，即共同认可的应对干旱的方式（另见第八章）。这样一来便达成了一项应对措施，既符合"先占先用"的核心假设，也认识到干旱的威胁。值得指出的是，所采取措施强调了自愿性和临时性，这样也使得水权所有者认为他们保留了控制感。有趣的是，"共享牺牲"措施仍然涉及用水量的测量！

这个例子充分说明，当从更广泛的角度来分析水资源管理问题和解决方案是如何构建的时候，一个既定的法律原则是如何引发深远的文化共鸣的。它还表明，路径依赖并不一定会导致停滞不前，反而有可能塑造变革。

学习的循环圈

如上文所强调，在制度压力下，学习作为实现变革的一种手段是这种进路的关注重点。这种学习可能被狭义地或广义地理解。本节将讨论两篇使用单—双—三循环学习模型的论文。

威伦斯等人（Willems 等，2018）聚焦于荷兰水利基础设施的更新。他们的研究以组织学习（organisational learning）为重点，这种学习带来的结果是对要解决的问题的共同理解的改变。在这里，学习是共享的意义构建（shared meaning-making），并且"取决于水务部门如何构建所涉及的问题"。研究使用了学习的单循环和双循环模型，并认为：如果将水利设施更新构建为运营问题，可能会促进单循环学习；而如果将其构建为战略问题，则可能导致更具反思性的双循环学习。

研究的案例是荷兰国家水利局（Rijkswaterstaat），该机构负责更新荷兰水道，这对于这个多水的国家来说是一个巨大的挑战。该机构起源于水利工程领域，后来转型为执行机构，负责实施部长级规划。在对该机构高级官员进行的三次探索性访谈后，选择了通航船闸项目（Program on Navigation Locks）及其六个附属项目作为研究水道更新的关键案例。

数据收集通过深入访谈、参与式观察和二手文献分析的方式进行，分为两个阶段。在第一阶段（2004—2012年），对荷兰水利基础设施部门的关键人物进行了11次访谈；在第二阶段，对通航船闸项目的官员进行了另外11次访谈。所有访谈都进行了录音、转录并发送给受访者进行核实。此外，研究人员还参加了该计划的13次会议，一名研究人员还参与了两周一次的项目组会议以及与私营公司的会议。这些会议的观察结果记录在数字日记中。

根据上文所指的两种构建方式，寻找每种构建方式的关键概念进行分析。根据概念的类别，将其分成了两类编码：中心概念和行动策略。中心概念描述了与使命、抱负和目标相关的术语，行动策略则基于这些中心概念的操作化方法进行编码。此外，还要求受访者反思他们的信仰体系和实践，并指出将构建的框架付诸实践的障碍。上述工作在两个阶段内都需要完成。此外，还通过三角验证法使用二手数据来验证研究结果，这些二手数据的形式包括政策文件和报纸文章。

研究人员发现，对水道更新的构建，通常从新公共管理角度出发（另见第三章和第八章），特别是在2004—2012年期间，优先考虑可靠性和成本效益。为了达到这个目标，荷兰国家水利局试图以紧凑而灵活方式来开展工作。这涉及缩小工作范围，以明确目标和可衡量地产出。该项目中的几个工作领域被外包，如设计、施工和维护。利益相关者的参与受到了限制以减少干扰，工作被分解成了不同的子项目。重点不在于水道本身的更新，而在于公私伙伴关系（public-private partnerships）中涉及的程序和合同问题。在第二阶段，研究发现公共和私人合作伙伴之间出现了不信任。因此，该机构开始强调其项目的统一性和可预测性，并建立了一个具有一致理念或世界观的有限项目伙伴关系。它还寻求合作伙伴之间更加开放和灵活的关系，以促进知识交流。

然而，研究人员认为，这些构建方式导致了一种相当务实的做法，即改进现有做法，并保护该机构的使命。所发生的学习主要是单循环学习，旨在更有效地实施现有项目。这里没有发生更高级的学习，因为它被认为太具破坏性。更积极的是，对现有的主导构建方式进行了反思，并考虑了新的概念，但需要进一步的制度作为（institutional work）来克服变革中固有的不确定性，并将这些概念嵌入现有的制度实践中。

从文化方面来讲，本研究项目对水基础设施规划的不同维度有深刻的理解，探索了塑造学习性质的构建方式和共同意义创造的过程。这使得研究人员能够识别出已经发生了的学习和学习的局限性。

亨利·谢泼德等人（Henly-Shepard 等，2015）在他们的实践驱动的研究中使用了单—双—三循环学习模型，试图建立一个基于利益相关者参与的社会学习框架，以促进社区灾害规划（community disaster planning）。研究案例的地理背景是夏威夷州瓦胡岛（O'ahu）的北岸，这是一个易受自然灾害影响的地区，但是，对过去的灾难以及如何应对灾难的集体社会记忆受到了碎片化、旅游和全球化的影响。因此，研究人员试图创建一种规划方法，该方法"以保持复杂的人类理解的完整性的形式，将不同的利益相关者知识和管理策略进行标准化，并使其有助于分析有关社区与自然灾害的动态"。这项研究背后的想法是，要想适应变化并在面对自然灾害时保持弹性，就需要社区进行问题预判、收集和分享知识、在进行反思后制定共同的行动愿景。改变人们的认知地图（mental map）以实现这一点，是通过审慎的过程来促进社会学习进而实现学习和分享知识的一种形式。在这种审慎的过程中，最彻底的学习形式是三循环学习。

研究方法以行动为基础，涉及使用基于计算机的模糊认知绘图工具（fuzzy cognitive mapping tool），即认知模拟器（Mental Modeler）。它迭代地构建和修订描述利益相关者心智模型的可视化模型（visual model），并定义了要实现韧性的预期目标。它还帮助研究人员了解社区如何预判来自危险的影响，并模拟不同适应策略的效果。该方法被运用到了一个半农村（semi-rural）的旅游区，该区约有 25000 名居民（包括长期和短期）、游客和员工，还有一个预先存在的社区备灾委员会，该委员会代表了居民、企业和各种地方、县和州组织机构。

研究人员总共举办了四场参与式心智建模研讨会，每场参与人数为 6—15 人，均来自委员会。研究的三个阶段旨在从单循环学习发展到三循环学习。第一阶段开发了两个小组共享的（small-group shared）社区模型；第二阶段合并了这些模型，运行迭代场景，并寻求就社区的结构和动态以及海啸可能对其产生的影响等问题达成共识；第三阶段则挑战了地方到州级的规划和协议。委员会随后对由此产生的四项策略进行了更全面的审查，并制定了实施规划。研究人员不仅开发了这种规划方法，还使用上述学习模型分析了对采用这种规划方法进行的参与式观察，并将三个不同阶段的输出结果进行了比较，这些输出结果最后通过网络进行了可视化。

研究发现，随着讨论进入更集体的环境，并涉及更多的迭代讨论时，学习就从单循环发展到了双循环，最后到达三循环。研究还指出了确保这一过程发生需要注意的一些条件。具体来说，就是需要多样化的专业知识、关注现有的权力动态、谨慎地推动，以及在必要时对既有做事模式的调整。

该篇论文与第二章中评述的一些研究工作形成了有趣的对比，在第二章中谈到的案例中，也开发了支持规划的工具。但是，第二章的研究试图利用利益相关者的参与来测试和改进规划支持工具，但这里的重点是运用规划支持工具来识别可能影响决策的文化维度要素。这样做有助于确定所需要的制度作为（institutional work）从而促进学习，这一点超越了公共管理进路所强调的对规划程序进行变革。

对社会学习的探索

讨论的最后一组论文采用的是更广泛的社会学习的研究框架。

学习研究的第一个案例，是霍尔登（Holden，2008）在美国华盛顿州西雅图市指导案例研究实地工作时所提出的四步方法论。西雅图的可持续发展倡议包括制定一套可持续发展指标，这些指标在首次提出时被广泛认为是世界领先的，霍尔登研究了这些指标是否促进了社会学习。她在利用实用主义和交往行动的文献（见第五章）的同时还运用了有关组织学习（organisational learning）的文献，由此识别了不同的学习社区（communities of learning）：组织内的功能群体、实践社区（见上文）和探究者社区（communities of inquirers）（由共同的知识编码过程和实践编码定义）。在此基础上，霍尔登确定了她的四步实地工作方法。这些步骤包括：识别作为分析单元的社区，通过研究群体惯例来研究隐性知识（tacit knowledge），研究社区内的变革过程和知识编码簿（用于指导指标研发），以及探索知识向政策实践的扩散过程。

霍尔顿应用这一方法调查了西雅图的一个创新实例——由非政府组织"可持续西雅图"（Sustainable Seattle）创建的可持续社区指标的这个项目。实地调查于 2002 年进行，包括对可持续性相关政策文件、西雅图内部文件进行系统审查，以及对参与非政府组织网络或其他可持续性政策方面的 71 名政策制定者进行访谈。这被描述为一种结合了深入案例研究的混合方法，用于按时间顺序对可持续性指标项目进行叙述。

分析发现，非政府组织"可持续西雅图"或S2确实类似于一个探究者社区，因此有可能进行变革性的社会学习。这个非政府组织具有许多特征：对该组织有持久的个人和职业的依恋、强烈的共同目标、相互尊重、愿意在缺席活动后重新参与、招募新成员的能力，以及在工作时具有"大局观"意识和目标行动意识。在社区中，存在隐性的社区优先事项，比如合作和认识到公共问题之间联系（即整体的处事方法）。这些有助于巩固非政府组织，但使外人难以接近。该组织已经完成了编码簿，但随后随着时间的推移对编码簿进行了重大修订，部分原因是当地政治和制度环境的变化、非政府组织成员的更替以及可持续发展概念的普遍成熟。最后，就四步分析框架而言，虽然发生了一些知识传播，但还是受到了资金短缺和人员不足的限制。一些人认为，可持续性的社会正义维度的代表性不足，这表明这一套指标缺乏创新。在指标项目中，限制了"志同道合者"的参与。

该分析特别关注了可持续西雅图项目的知识编码簿中前向适应和后向适应的依据。这些指标被意见领袖采用，通过一系列专业网络传播，并导致现有项目的快速重塑。这些都是积极前向适应的例子，促进了可持续性目标。后向适应（负面变化）在这里表现为缺乏财务和组织承诺，以及缺乏与平等议题的权衡。转向隐性知识，同样可以发现前向适应或积极变化的例子：强调广泛的公民参与甚至赋权，对可持续性议程的极限进行测试，以及改善地方政府问责制。由于目标不精确而导致的混淆风险、对传播（仅此而已）的关注以及将指标制定组织转变为独有的顾问，都体现了负面或后向适应。

因此，霍尔登（Holden）得出结论——综合考虑所有依据——社会学习确实发生了，但比较有限。指标项目因其协作的努力而引人瞩目，并在国际上有效地传播了知识。但在城市及其多样化的利益相关者之间，传播效果却不太明显，这"使得对S2向外传播知识以创建新的政策实践体系的工作的有效性产生了质疑"。

社会学习可能是一个相当难以捉摸的概念，而霍尔顿通过详细研究一项具体的倡议和相关文件，成功地识别了不同利益相关者如何聚集在一起学习的，以及这种学习的局限性。对指标研发的紧密关注支持了对该项研发活动相关变化程度的广泛分析。

费希尔等人（Fisher等，2018）提供了一个研究社会学习如何在不同地理环境中运行的实例，他们研究了气候变化信息在三个国家（印度、肯尼亚和乌干达）的次国家规划中的可用性。框架构建的依据是：现有的社会学习支持以及它们和中介组织所带来的影响。在这种情况下，新信息的判断依据，一方面是考虑其与当地环境的契合程度，另一方面是考虑其与现有知识的互动关系。在这里，用户的行为、经验和文化都有影响。在他们的研究中，他们寻找社会学习的方法，一方面是从个人对某事物理解的变化中来寻找，另一方面还超越个人，转向从社会单位（social units）或实践社区（communties of practice）中来寻找。同时，他们特别关注行动者之间的社会互动所起的作用。

基于上述讨论，他们研发了一系列的社会学习类别来指导他们的实证工作。他们识别了社会学习的以下几个维度：利益相关者的介入／参与、能力和理解力的建设，以及使用迭代过程进行反思，并将挑战制度作为一个交叉主题。他们从研究社会学习的过程转向考虑社会学习的结果，主要考虑如下几个方面的结果：事实信息（认知性的）；价值观和信仰（规范性的）；以及信任、网络和关系（关系性的）。整个分析被置于对问题的多尺度理解之中，并以个人（微观）、组织（中观）和制度（宏观）的三级框架为基础。这不仅使信息的作用得以区分，还指出了边界组织在弥合各层级的变化中的作用。

研究选择了三个不同国家的次国家规划作为研究案例：印度戈勒克布尔（Gorakhpur）的共享学习对话、乌干达本迪布焦区（Bundibugyo District）的地区气候规划，以及肯尼亚伊西奥洛县（Isiolo County）的气候变化规划。数据收集方法包括：与关键利益相关者进行半结构化访谈（戈勒克布尔 13 人，本迪布焦 23 人，伊西奥洛 16 人）、开展文件和政策分析、展开观察以及参加当地社区进行的焦点小组讨论（分别为 3 个、2 个和 2 个焦点小组）。当地中介组织作为研究领域的守门人，最终成为我们讨论、反思、理解和分析新依据的合作伙伴。访谈对象的选取以其活跃程度和其所能代表的群体的多样性为根据。访谈时间表的制定，以社会学习的上述维度和气候变化信息的具体特征（如长期视野、不确定性、跨多部门性）为根据，这些维度和特征指导了记录的编码。

他们的发现分为三个方面：首先，他们认为，中介机构通常优先考虑对项目目标的承诺，而不是利用气候变化信息来采取应对气候变化的措施，它们倾向于使用简单的气候变化框架构建来引入问题，再融入新的信息。其次，他们指出了在学习迭代过程中阻止政府利益相关者产生关键反思的障碍，这些障碍可以通过使用监测和评估框架在一定程度上得到克服。第三，在有效的情况下，社会学习可以将问题的构建从单一部门扩展到涵盖多个部门，但不确定的方面往往被忽视。然而，后面这个问题很重要，因为气候变化是一个要求在多个地方对制度规范和实践进行重大转变的问题。

该项研究强调了在某些研究项目中让当地利益相关者参与其中的重要性，这样就可以获取相关访问权限从而支持制度研究，并充分了解学习过程的细节。此外，该项研究还对社会学习的程度进行了细致的描述，同时也特别指出了该社会学习的成功之处和不足之处。

孔茨（Koontz，2013）从社会学习的角度研究了两个涉及多利益相关者的流域合作伙伴关系案例，这两个案例分别来自美国俄亥俄州和德国下萨克森州（Niedersachsen）。研究聚焦于如下几个问题：识别社会学习中的个人和群体的组成部分，比较两个案例中社会学习达到的程度，分析哪些因素促进或抑制了社会学习。所采用的社会学习的精确定义，强调了如下几个方面对个人和群体的重要性："与资源相关的个人认知增益、其他利益相关者想要什么、哪些解决方案在政治上是可行的，以及多尺度规划的过程；再加上信任建立、网络连接和群体协议的达成"。在借鉴之前关于运用协作和审议过程来增强社会学习的文献基础上，研究人员识别了六个重要因素：包容性、参与扩展、信息交换、互动机会、过程控制和过程公平，这些因素指导了数据收集与分析。

俄亥俄州和下萨克森州在以下方面具有相似性：当前水问题及其解决方案的物理性质、经济增长的结构和重要行业（农业和食品生产）的结构、联邦政治结构和国家水质法的存在。不同之处包括选举制度（赢家通吃制与比例代表制）、德国的社团主义（coporatism）传统与美国的多元化传统，以及土地利用规划制度的作用。在德国，土地利用规划是通过垂直整合、以共识为导向的机构实现的，而在美国，垂直整合程度较低。总体上，德国有区域主义的趋势，美国有以州级制度结构为主的趋势。俄亥俄州的流域规划通常是自下而上的，而在下萨克森州该类规划则是自上而下的。然而，两者都寻求更大的利益相关者的参与。

数据收集涉及两种不同的采访方法。首先，采访要求参与者描述协作过程是如何展开的，并通过三角验证法来验证这些过程，以形成对这些过程的统一描述。受访者通过滚雪球法确定，并遵循协议，事后对访谈进行记录并核实。在下萨克森州进行了约 19 次采访（11 次面对面、8 次电话采访），在俄亥俄州进行了 21 次采访（全部电话采访）。此外，还补充了文件分析，包括会议纪要、出席名单、政策文件和各种报告。分析通过总结、编码和模式识别进行，聚焦于社会学习的各个方面。

此外，研究人员在调查中还使用了感知型问题（perceptual questions），询问参与者对有关社会学习的陈述的认同程度，以及其对影响社会学习的预期因素的认同程度，这是因为研究人员认为，行动者往往会低估自己参与社会学习对自己的影响。这些调查是通过电话进行的。在下萨克森州，确定了三个地区合作小组（area cooperation groups）的成员。在至少参加过三次会议的 55 名活跃参与者中，研究人员能够联系到 39 人，其中 31 人同意参与。在俄亥俄州，联系了三个流域合作小组（collabrative watershed partnerships）的成员，重点仍然是至少参加过三次会议的"活跃"成员。大约有 37 人符合这一标准，可以联系到 30 人，所有人都同意接受调查。问题涉及以下主题：认知知识的增益、信任、群体协定和网络（根据上文对社会学习的定义）。答案采用五点李克特量（five-point Likert scale）表进行编码。

研究发现，在两个案例中，促进社会学习的六个因素中有四个呈现相似性，包括包容性、参与的扩展、信息交换和互动的机会，但过程控制和过程公平性有所不同。由于过程自下而上的性质，俄亥俄州的过程控制要强得多。过程公平性的数据更加复杂，但调查数据显示，个人效能感在俄亥俄州明显更高；而被认真对待这一因素在两个案例中没有显著差异。因此，俄亥俄州的特点在于对过程的强有力控制以及利益相关者对个人效能的认知。

研究将这些结果与社会学习的依据进行了交叉比对，这些依据主要来自调查结果。在俄亥俄州，人们获取的知识主要集中于他人需求，其次是流域规划、流域过程和生态，最后是政治可行性。在下萨克森州，人们获得的知识是关于流域尺度的水资源规划和推动流域规划的欧盟指令，其次是流域规划、流域过程和生态以及政治可行性，其顺序与俄亥俄州的相同。在案例研究之间进行比较，发现俄亥俄州在四种知识类型中的三种知识类型上的认知增益更高，并且信任和群体协定这两种关系因素也更高。

研究还指出，过程控制和个人效能感与学习水平相关。这导致了一个结论，即局部过程控制水平是促进社会学习的关键。因此，如果学习是目标，那么让利益相关者有机会发展和塑造他们正在参与的行动过程是非常重要的。这里的分析术语非常分散，以识别制度过程和感知的不同方面，并尝试识别哪些方面对社会学习的影响最大。这并不是一个关于制度变革和制度停滞的故事，而更像是一个通过关注制度的多个维度来寻找制度变革的因果关系的尝试。

结论

新制度主义为规划人员的研究工作提供了一种更为宽容的进路。它有助于解释为什么规划实践采取其现有的形式，以及为什么这种实践可能与期望和既定意图存在差异。新制度主义将规划活动视为一套受文化影响的行动，在这些行动中，行为是由适当性逻辑驱动的。规划人员在实践社区中相互学习如何开展规划，因此他们遵循已经建立并被认为适合专业实践的行为路径。规划实践的规范和价值观随着时间的推移在各种机构内部发展，包括更广泛的规划行业和各级政府的具体规划组织。具体的规划组织可能具有非常具体的组织文化，这有助于解释在此背景下为什么有些行为会被看作是适当的。

新制度主义的研究重点可能在于特定的规划机构，这需要仔细地定义。规划机构的定义，可能像美国或英国的规划行业一样广泛，也可能像特定的社区规划论坛一样狭窄。因此，需要澄清该机构的尺度和范围，以及可以被视为该机构成员的行动者。对规划机构的认同很重要，因为理论动态取决于该机构的规范、价值观和惯例对成员的影响。如果某人没有"认同"该机构，那么这些文化方面的因素不太可能对该人产生太大影响，行动者只会忽略它们。还应该认识到，行动者可能同时是多个机构的成员（比如某个地方当局、某个行业或另一个工作关系），这些都会影响他们的行为。

制度主义进路提供了对规划组织如何运行的详细分析，其中部分是理解这些组织如何看待世界。这一进路凸显了实现变革的种种制约因素，并解释了路径依赖现象为何常常阻碍新行事方式的出现。就当前探讨的规划研究而言，它们识别了规划在实现公共利益目标方面的不足，针对制约规划改进的关键因素，这种新制度主义的研究工作能为此提出好的建议，以帮助建立更好的规划实践。该分析框架还非常强调学习，强调对学习是如何发生的理解（特别是在细节上）。

关键理论阅读材料

Hillier and Metzger (2015), Chs. 18 and 25.
Gunder et al. (2018), Chs. 19 and 20.

关键研究阅读材料

Anderson, M.B., L.C. Ward, S.J. Gilbertz, J. McEvoy, and D.M. Hall. 2018. Prior

Appropriation and Water Planning Reform in Montana's Yellowstone River Basin: Path Dependency or Boundary Object? *Journal of Environmental Policy and Planning* 20: 198–213.

Fisher, S., D. Dodman, M. van Epp, and B. Garside. 2018. The Usability of Climate Information in Sub-National Planning in India, Kenya and Uganda: The Role of Social Learning and Intermediary Organisations. *Climatic Change* 151: 219–245.

Henly-Shepard, S., S.A. Gray, and L.J. Cox. 2015. The Use of Participatory Modeling to Promote Social Learning and Facilitate Community Disaster Planning. *Environmental Science and Policy* 45: 109–122.

Holden, M. 2008. Social Learning in Planning: Seattle's Sustainable Development codebooks. *Progress in Planning* 69: 1–40.

Imran, M., and N. Low. 2007. Institutional, technical and discursive path dependence in transport planning in Pakistan. *International Development Planning Review* 29(3): 319–352.

Koontz, T. 2014. Social Learning in Collaborative Watershed Planning: The Importance of Process Control and Efficacy. *Journal of Environmental Planning and Management* 57(10): 1572–1593.

Willems, J. J., T. Busscher, M. van den Brink, and J. Arts. 2017. Anticipating Water Infrastructure Renewal: A Framing Perspective on Organizational Learning in Public Agencies. *Environment and Planning C: Politics and Space* 36(6): 1088–1108.

参考文献

Anderson, Matthew B., et al. 2018. Prior Appropriation and Water Planning Reform in Montana's Yellowstone River Basin: Path Dependency or Boundary Object? *Journal of Environmental Policy & Planning* 20(2): 198–213.

Bachrach, Peter, and Morton S. Baratz. 1963. Decisions and Nondecisions: An Analytical Framework. *The American Political Science Review* 57(3): 632–642.

———. 2012. Two Faces of Power. *The American Political Science Review* 56(4): 947–952.

Bisschops, Saskia, and Raoul Beunen. 2018. A New Role for Citizens' Initiatives: The Difficulties in Co-Creating Institutional Change in Urban Planning. *Journal of Environmental Planning and Management* 62(1): 72–87.

Booth, Philip. 2011. Culture, Planning and Path Dependence: Some Reflections on the Problems of Comparison. *Town Planning Review* 82(1): 13–28.

Bunker, Raymond. 2012. Reviewing the Path Dependency in Australian Metropolitan Planning. *Urban Policy and Research* 30(4): 443–452.

Catney, Philip, and John Henneberry. 2012. (Not) Exercising Discretion: Environmental Planning and the Politics of Blame-Avoidance. *Planning Theory & Practice* 13(4): 549–568.

Dryzek, John S. 2005. *The Politics of the Earth: Environmental Discourses*. 2nd ed. Oxford: Oxford University Press.

Filion, Pierre, Michelle Lee, Neluka Leanage, and Kent Hakull. 2015. Planners' Perspectives on Obstacles to Sustainable Urban Development: Implications for Transformative Planning Strategies. *Planning Practice and Research* 30(2): 202–221.

Fisher, Susannah, David Dodman, Marissa Van Epp, and Ben Garside. 2018. The Usability of Climate Information in Sub-National Planning in India, Kenya and Uganda: The Role of Social Learning and Intermediary Organisations. *Climatic Change* 151(2): 219–245.

Gosden, Chris. 2004. Grid and Group: An Interview with Mary Douglas. *Journal of Social Archaeology* 4(3): 275–287.

Gunder, Michael, Ali Madanipour, and Vanessa Watson, eds. 2018. *The Routledge Handbook of Planning Theory*. London: Routledge.

Hall, Peter A., and Rosemary C.R. Taylor. 1996. Political Science and the Three New Institutionalisms. *Political Studies* 44(5): 936–957.

Henly-Shepard, Sarah, Steven A. Gray, and Linda J. Cox. 2015. The Use of Participatory Modeling to Promote Social Learning and Facilitate Community Disaster Planning. *Environmental Science & Policy* 45: 109–122.

Hillier, Jean, and Jonathan Metzger, eds. 2015. *Connections: Exploring Contemporary Planning Theory and Practice with Patsy Healey*. Farnham: Ashgate.

Holden, Meg. 2008. Social Learning in Planning: Seattle's Sustainable Development Codebooks. *Progress in Planning* 69(1): 1–40.

Imran, Muhammad, and Nicholas Low. 2007. Institutional, Technical and Discursive Path Dependence in Transport Planning in Pakistan. *International Development Planning Review* 29(3): 319–352.

Jayne, Mark. 2003. Too Many Voices, 'Too Problematic to Be Plausible': Representing Multiple Responses to Local Economic Development Strategies? *Environment and Planning A* 35(6): 959–981.

Koontz, Tomas M. 2013. Social Learning in Collaborative Watershed Planning: The Importance of Process Control and Efficacy. *Journal of Environmental Planning and Management* 57(10): 1572–1593.

Krueger, Rob, David Gibbs, and Constance Carr. 2018. Examining Regional Competitiveness and the Pressures of Rapid Growth: An Interpretive Institutionalist Account of Policy Responses in Three City Regions. *Environment and Planning C: Politics and Space* 36(6): 965–986.

Lukes, Steven. 2005. *Power: A Radical View*. 2nd ed. Basingstoke: Palgrave Macmillan.

March, James G., and Johan P. Olsen. 1989. *Rediscovering Institutions: The Organizational Basis of Politics*. New York；London: Free Press.

Martínez, Joyde Giacomini, Ingrid Boas, Jennifer Lenhart, and Arthur P.J. Mol. 2016. Revealing Curitiba's Flawed Sustainability: How Discourse Can Prevent Institutional Change. *Habitat International* 53: 350–359.

Nilsson, Måns. 2005. Learning, Frames, and Environmental Policy Integration: The Case of Swedish Energy Policy. *Environment and Planning C: Government and Policy* 23(2): 207–226.

Rydin, Yvonne. 2003. *Conflict, Consensus, and Rationality in Environmental Planning: An Institutional Discourse Approach*. Oxford: Oxford University Press.

Schon, Donald A. 2008. *Reflective Practitioner How Professionals Think In Action*. New York: Basic Books.

Sorensen, Andre. 2014. Taking Path Dependence Seriously: An Historical Institutionalist Research Agenda in Planning History. *Planning Perspectives* 30(1): 17–38.

Taylor, Zack. 2013. Rethinking Planning Culture: A New Institutionalist Approach. *Town Planning Review* 84(6): 683–702.

Wenger, Etienne. 1998. *Communities of Practice: Learning, Meaning, and Identity*.

Cambridge: Cambridge University Press.

Willems, Jannes, Tim Busscher, Margaretha van den Brink, and Eric Arts. 2018. Anticipating Water Infrastructure Renewal: A Framing Perspective on Organizational Learning in Public Agencies. *Environment and Planning C: Politics and Space* 36(6): 1088–1108.

第五章
治理理论：利益相关者、网络与合作

构建研究

在 20 世纪后期，治理理论在规划过程的理论化方面占据了重要地位，并且这种做法至今仍有影响力。这些理论主要源于对第二章所述各种方法及其所倡导的国家行动的观念的不满。到 20 世纪后期，特别是在北美和欧洲，在已建立规划体系的国家中，国家主导的规划出现了严重的信任危机。第二次世界大战后，曾经承诺的繁荣的城市、负担得起的充足住房和更加美好的生活环境并没有兑现。特别是，1973—1974 年中东战争引发的石油危机导致了全球经济衰退，对许多地区和城市的经济活动产生了巨大影响。

这些不利因素，再加上某些地区出现的严重社会动荡，导致人们重新发现了"城市问题"。城市被认为是贫困、歧视和缺乏机会的场所。在公共住房和房地产建设的大潮中，为所有人提供充足住房的希望摇摇欲坠。这些房地产项目产生了各种各样的问题，包括结构性问题和公共服务的缺乏。私有部门的住房开发也饱受诟病，因其设计枯燥、密度低，阻碍了社会交往，使人们高度依赖汽车。与此同时，环保主义者指出，规划无法保护珍贵的景观和重要的自然栖息地，也无法解决空气污染等问题。

这一切都导致人们对国家丧失了信心，认为国家没有能力规划、领导和实现更好的人居环境（包括人造环境和自然环境）。针对这些现实，随着撒切尔主义、里根主义和相关变体的兴起，政治上开始逐步转向右翼，表现为"国家回撤"等言论的盛行。在规划领域，这导致政策措施开始限制规划当局的自由，使其不能自行监管和采取直接行动。因此，人们开始寻求新方法来探索并优化政策和规划过程。

治理概念的出现，并不是为了对政府管理过程进行负面评价，而是展现出一种更加正面的暗示，表明新的治理形式已经出现，这种新形式充分考虑决策的复杂性、不确定性和争议性，并促进相互学习。这种方法建立在这样一种认识之上，即政策制定不是一个线性过程，而是一个递归过程，因为干预措施会导致意想不到的后果、执行偏差和普遍的"政策混乱"（Rhodes，1997：3）。成功的关键则在于建立新的联盟和联系（Fairbrass 和 Jordan，2004）。

这促使治理理论家在公共部门之外寻找答案，探索政策过程如何在公共部门之外运行。作为一个专业术语，"治理"有多种不同的用法。但不管怎么样，它可以看作是对治理的正式方面和非正式方面的重新建构。它可以被用来分析国家行为，分析国家以外的社会力量，甚至更广泛地用于分析经济体系的社会秩序（Salet 等，2003）。在这里，由于治理主要关注规划过程如何运行这一问题，因此其重点更多地放在"治理"的前两种用法上。斯托克（Stoker）将其定义为："在无法依靠国家权威力量的情况下，在公共事务领域实现集体行动。"（Stoker，2000：93）

谈到规划治理，规划部门（以及许多其他公共部门的行动者）的反应就是与私营部门和民间社会中的行动者建立伙伴关系。规划不再是国家独自做的事情，相反，它是一项涉及多个行动者、合作伙伴或利益相关者共同合作的活动。不同行动者的更广泛的参与并不是一种更高形式的磋商活动，相反，他们在政策制定阶段就参与其中。这些参与人与其他人一起，成了合法的政策制定者，这种合法性不再是国家机构的专属。通过政府内部功能的私人化和外包，这种安排得到了进一步加强。通过这些操作，私营部门的行动者被引入政策制定与实施过程之中。

在可持续发展领域，我们可以找到如何在治理结构中纳入社会力量的例子。在布伦特兰报告（Brundtland Report）《我们共同的未来》（*Our Common Future*）（World Commission on Environmental and Development，1987）中，世界环境与发展委员会呼吁建立一个发展的新时代，这个新时代要全力支持经济、社会和环境的可持续发展。随后，1992 年在巴西里约热内卢举行了世界环境与发展大会。来自世界的各种组织联合起来，共同制定了可持续发展宣言《21 世纪议程》（*Agenda 21*），并在第 28 章中阐述了地方社区可以发挥的作用。这引发了"地方 21 世纪议程"（Local Agenda 21）运动。该运动寻求在社区范围内嵌入可持续发展的新途径（Lafferty 和 Eckerberg，1998）。"地方 21 世纪议程"运动的独特之处在于，它的出发点是要在不同部门、不同行动者和不同组织之间建立合作网络和伙伴关系。地方企业、社区、政府、政府代表和相关机构代表将共同努力以实现变革。

人们注意到，这种让来自国家、各经济部门和民间社会的行动者参与到治理过程的能力似乎在地方或城市尺度上更容易发展。似乎在这种尺度上的机构"更灵活"，更具可渗透性，且由于可用资源有限和专业化程度较低，潜在风险也相对较小（Pierre，1998：1）。此外，机构与政策目标之间的距离较小，因此渗透也会更直接。通过这种分散的治理结构能够将异议内部化并充分利用地方知识（local knowledge），这被看作是城市治理的一个特殊优势。

同时，我们还应该认识到，治理进路（governance approach）的发展涉及规范性维度（normative dimension），因为许多研究人员和理论家正努力寻找一种更民主、更有效的方法来开展规划。因此，持有治理思想的规划学者和政治学家们一起，尝试研究以平等身份参与政策制定的行动者们是如何进行审慎思考的（Heinelt，2015），特别是在城市政策领域，在规划领域则涉及面更广。因此，20世纪后期规划中治理观点的兴起，反映了规划人员对规划实践方式转变的认识，也反映了规划人员对规划目标如何实现的新认识。这种转变既受到积极性动力的推动，也受到规范性动力的推动。

分析的动力过程与关键概念

对治理的动力过程的分析主要围绕两个方面：一是探讨行动者是如何被纳入到网络之中的，另一个是行动者之间是如何交换资源以实现政策目标的。同时，治理理论还强调通过建立某种形式的社会资本来加强这些网络关系。需要指出的是，这里使用的"网络"（network）一词与第九章讨论"行动者网络理论"（Actor-Network Theory）时所言的网络是截然不同的。

治理结构：形式与运行

治理研究并不着眼于国家内部政府组织（中央政府部门、各种代理机构和地方议会）的结构，而是研究有助于在国家权力体系内外行动者之间构建新型联系网络的各种临时性结构。罗兹（Rhodes）是一位重要的治理理论家，他确定了五种这样的网络结构：围绕某个政策主题而紧密结合的政策社区（policy community）、利用专业身份跨越边界的专业网络、经常连接不同层级政府组织的政府间网络、侧重于如何交付特定商品和服务的生产者网络以及围绕政策议程的某些方面而形成的更松散的问题网络（issue networks）（Rhodes，1997：9）。

所有这些网络，都可以归入"政策网络"这一大类。这些网络非常重要，其原因有很多。虽然它们为一系列利益相关者打开了参与的大门，但网络并不是无限的，因此它们也将参与度限制在可控的水平。这些网络有助于确定政策行动的性质和作用，确定政策议程应该如何形成，应该包括哪些方面，应该排除哪些方面。这些网络也包括各种机构（见第四章），因此它们包含了塑造行动者的"博弈规则"。然而，网络难免存在不公平性，导致某些行动者在准入权和结果收益等方面享有特权，这是经验研究的一个关键问题。最后，这些治理进路涉及一定程度的政府服务外包。这种做法涉及更广泛的利益相关者，因此被一些人视为更民主，但它们正在取代肩负公共责任的民主政府。

朱迪斯·英尼斯（Judith Innes）是治理框架内最著名的规划研究人员之一。在她的许多出版物中，有一篇文章是与其长期合作的大卫·布赫（David Booher）和萨拉·迪·维托里奥（Sarah Di Vittorio）共同撰写的。该篇文章对治理进行了深刻的阐述（Innes 等，2010：62）：

它们（网络）寻求填补公共机构缺乏权威或存在授权冲突的间隙空间。虽然大部分工作是在没有立法或官僚权威的情况下以非正式的形式完成的，但这些做法通常涉及不同行动者之间的合作和网络建设，受到正式政府的容忍和鼓励。一旦启动，它们基本上是自组织的，以任务为导向，以地点为基础，由相互依存的代理人组成，他们深知共同努力可能带来的共同利益。

值得注意的是，许多评论家认为这种新的治理结构将继续与传统的政府配置共存。例如，韩（Han，2019）的研究展示了治理结构如何在"等级制度的阴影"（shadow of hierarchy）下继续运行。在对新加坡绿色建筑认证的研究中，他强调了法律和监管机制在支持地方绿色标志计划（Green Mark Scheme）中的作用，也强调了财务激励、政府分担采用该计划的风险以及各种政府奖励等的作用，所有这些都属于典型的政府机制。另一个例子是，布朗尼尔（Brownill，2009）指出，"网络化和参与式治理"为各种"潜在可能性"开辟了空间，如此来看，剩下的任务就是研究这些潜在可能性在多大程度上得到了实现。她研究的一个具体实例是一项参与式实践，该项实践涉及中央政府资助的一个项目，是对英国牛津市考利路（Cowley Road）进行两英里长拓展的一个再设计项目。该拓展要承担的作用是：构成一条主要的通道、形成一个地方化的购物中心（特别是为学生和少数民族社区）和一个娱乐区。在该项实践中，（政府）代议制民主与更具有地方参与性的行动者网络之间形成了紧张的关系，同时，更多的正式社区代表模式也再次出现了。

这种转向与不同部门的行动者打交道的做法表明，规划人员拥有更大的空间以更新的、更好的方式开展规划，即开展协作式规划。因此，城市治理有两个重点：首先，它寻求了解规划当局的行动能力是如何通过与其他行动者建立密切关系而建立起来的，以及如何在这种联系网络中建立合作。其次，有影响力的规划理论家如帕齐·希利（Patsy Healy）和朱迪斯·英尼斯（Judith Innes）提出，与其仅仅从网络的角度来分析规划合作实践，还不如通过鼓励这种合作来改进规划的方法。因此，在规划中，治理应该具有某些规范性特征（normative characteristics），比如说开放性、可访问性和协商的质量等，同时也与公共领域之间存在链接关系，当然也涉及政策的有效性等（Heinelt，2015）。因此，在规划中，民主的想法也得到了合理化，比如说赋予那些可能受影响的人参与政策制定过程的权利。

从单纯分析到给出规范性的解决方案，这个转变受到德国社会理论家尤尔根·哈贝马斯（Jürgen Habermas）提出的交往行为（communicative action）理论的影响，该理论随后被约翰·德赖泽克（John Dryzek，2000）和大卫·施洛斯伯格（David Schlosberg，1999）等政治学家所采用。这一理论的核心是区分发生在公共领域、私人领域和经济领域的各种行为，以及对公共领域（公共政策和国家行为属于这个领域讨论的议题）正在被市场理性（以自利和工具理性为基础）所殖民。相反，哈贝马斯主张以私人领域的理性作为模型，这是一种基于交往行为的理性。这种行为不仅具有内在的人际性，而且以相互理解和寻求共识为导向，而不是以私人利益和基于私利的谈判来促进这些利益。虽然哈贝马斯承认这不会自动发生，但他认为，如果公共领域的讨论能够接近"理想的发言条件"（ideal speech situation）（在这种条件下，每个参与者都意识到自己的利益，并致力于理解他人），这将促进交往行为，并抵御市场理性对政治讨论和公共政策的侵蚀。

这些想法提供了一个思想背景，在此背景下，协作式规划（collaborative planning）作为一种规范性的规划理论得到了发展（Healey，1997）。这些想法还启发了那些对环境政策感兴趣的人，向他们表明了这样一个道理：合作和协商可以作为促进环境保护和防止环境不公正的方法。这里的重点是创造交流行为的条件，包括协商的舞台。在这个舞台上，交流，而不是基于利益的战略理性，将占主导地位，其期望是产生更好的规划结果和更大的可持续性。正如稍后将看到的，有一部分规划研究就是基于这种理论进路，但更侧重于讨论在实践过程中交流行为、协商行为和合作行为所需要的条件没有得到满足的程度。这个问题将在第六章关于环境正义的讨论中得到进一步阐述，同时考虑一些治理网络，如城市政体（urban regime），如何在其运行过程中嵌入了不平等。到这里，我们可以看出来，治理理论实际上涉及一种紧张关系，有时是一种创造性的紧张关系：一方面是理解治理和合作安排如何在实践中发挥作用，另一方面是在考虑不同规划人员行为的基础上，寻求更好发挥治理和合作安排作用的路径。

网络中的资源交换

治理结构的一个关键方面，是所涉及的多元行动者拥有共同的责任，既要负责政策的制定，也要负责政策的实施。这是对 20 世纪 70 年代末以来政策界所揭示的"缺乏行动能力"（lack of capacity to act）的回应。这一短语的提出尤其与克拉伦斯·斯通（Clarence Stone，1989）的研究有关。斯通对美国佐治亚州的亚特兰大市城市政策进行了重点分析。这一分析清晰地展示了在很长一段时间内，"城市政体"是如何发展起来的，在此"城市政体"下，企业和地方政府联合起来共同塑造了该市。斯通的城市政体分析表明，亚特兰大城市联合工作形式不仅有限而且相当扭曲（详见第六章）。认为亚特兰大城市缺乏行动能力的观点支持本地向更广泛的治理的转变，也即实施跨企业、政府和民间社会部门的治理。该项工作促使人们对公私伙伴等关系结构的关注，在这种关系中，各方的行动者突破原有的国家和经济的分割而聚合在一起（Pierre，1998）。

就治理而言，罗布·罗兹（Rob Rhodes）给出了一个特别有用的定义，他将治理网络定义为"一种具有自组织、跨组织特征的网络，该网络以相互依存、资源交换、博弈规则和高度自治为特征"（Rhodes，1997：15）。他还强调，这些要素构成了一种相互依存的资源交换系统。所有这些术语都很重要。治理网络是半自治的，因为其涉及国家行动者，并介入公共部门的工作（在这里是规划过程）之中，但它们在某种程度上与公共部门是脱钩的，因此它们具有存在的独立性。这是因为，这些网络是自我调节和自我组织的，因为国家不直接指示它们如何运行。治理进路与新公共管理（参见第三、四和八章）的理念有关。这是一种保持距离的监督模式，需要设定目标和设定实现这些目标的表现指标，并要求治理结构内的组织定期报告。这样一来，中央的指导职能得到加强，以便将政策战略的制定把握在国家核心之内，而实施则转移到国家内部和外部其他各种组织，包括伙伴合作机构甚至是一些私营部门（Laffin，2016）。从这一点上来看，这与上文所言的治理结构的自我调节性质有一定相似性，但新公共管理的方法本身可以对规划行动者产生影响，这样看来，对这一特性的解释是一种不同于网络治理理论的解释（参见第八章）。

治理进路的关键重点在于治理网络中行动者为了实现共同期望的结果而采取的各种资源交换的方式。治理进路的一个主要主张是，治理网络释放了原本在仅仅实施政策的条件下无法获得的资源，这就是治理网络能够发展出来行动能力的原因。这些资源不仅包括更明显的财政资源，还包括行动者可能为规划过程带来的更广泛的资源：例如合法性、政治资本和监管权力。这些也可以是"负面资源"，因为行动者可能会游说和抗议特定的规划政策或项目；即使最终不成功，这种冲突也是耗时的，需要回应，因此代价高昂。但是，到规划实施阶段，这种合作关系结构则可以减少冲突（Bache 和 Flinders，2004）。根据城市治理进路的观点，让拥有这种"负面资源"的行动者参与进来有助于规划工作，因为它能够降低冲突的成本。

在城市治理的文献中，对所谓的软资源进行了特别强调，并将其与行动者可能控制的货币和更正式的政治资源进行对比。这些软资源指的是能够通过互动和建立恰当的语境来说服相关人员达成共识、妥协和协议的能力。拥有这些资源的行动者的交互方式也与城市治理网络的运行方式有关。为了成功地进行这种资源交换，网络成员需要认识到它们是相互依存的。如果我想达到一个特定的结果，那么我需要其他人（另外的网络成员）同意为此目的而动用他们控制的资源。这适用于所有网络成员。他们不仅相互联系，而且相互依赖以满足他们的需求、欲望和利益。治理网络对这种依赖性有充分认识。

在治理网络中，有大量独特工作是在地方尺度或城市尺度的治理过程中完成的（Stoker，2000），但是，有许多研究也表明在政策领域里，还有许多超越地方尺度的网络在发挥作用。因此，多层级治理（multi-level governance）的概念被提出，这表明在政策过程中通常会涉及行动者们和各种组织之间的跨尺度关系。因此，在城市尺度上进行规划的行动者往往与区域、国家甚至国际尺度上的行动者有关联，这对于通过调动不同尺度上的资源来实现城市规划目标变得越来越重要了。这不仅涉及不同尺度之间的资源流动（包括金融和知识），还涉及谈判："在多个层面的既有政府之间进行持续谈判的系统"（Bache 和 Flinders，2004：3）。

例如，一个城市内的城市更新，可以通过与中央政府甚至国际层面的联系来促进。对于欧盟国家的城市来说，这种联系特别涉及与欧盟委员会的联系。同样地，在地方层面采取可持续发展行动，除了得到"地方 21 世纪议程"运动的支持外，还得到由可持续发展积极分子构成的国家和国际网络以及热衷于促进可持续发展的城市政府的支持。在城市气候保护政策（寻求减少城市碳排放和减轻气候变化的影响）中，巴尔克利（Bulkeley）和贝兹尔（Betsill）展示了这种多层级治理联系的重要性（Bulkeley 和 Betsill，2003）。这些多层级网络在资源流动方面（包括软资源）的重要性一再得到证明，但为了促进积极协商，它们在获取民主资格上的表现较差。

胡赫和马克斯（Hooghe 和 Marks，2001）提出了广为使用的两种多层级治理网络类型。类型 I 指的是具有通用管辖权和非交叉成员特征的网络。在这种类型中，管辖权的层次是有限的，并且网络系统的结构是既定的。比如说，这种类型就可以用来描述欧盟的正式网络结构。类型 II 侧重于特定任务的管辖权，一般来讲它包含交叉成员，这些成员在灵活的网络结构中相互作用，其治理层级没有数量限制。这种类型更适合用来讨论关于气候保护或交通等政策领域的特定网络。因此，巴尔克利等人（Bulkeley 等，2015）针对城市参与跨国气候治理的活动，列出了不少于十个国家和区域的治理网络。这些治理活动包括成员资格的界定、活动的特别支持、关系网络的建立、各种活动的展示、网络的集体承诺及其执行等。而这些治理网络则表现出多种形式，如独立机构、地方政府的协调和现有非政府组织的分支机构等。这些网络的一个关键特征是它们是跨越多个政府层级运行的。

网络中的社会资本运行

除了探索网络内的资源流动以及网络成员之间的交往方式外，一些治理理论家还关注网络关系产生的社会资本在解释治理结果方面的作用。社会资本是社区研究中经常使用的一个概念，用来描述社区作为一个集体是如何运行的，但它也可以应用于政策环境中，当然也可以应用于任何涉及社会行动者的网络环境中。

社会资本被定义为网络中行动者之间的关系以及适用于所有行动者的准则。这些关系涉及不同行动者之间的联系，即他们的社会交往。这种关系或多或少都会频繁发生，且都具有重要性。两个政策行动者，比如地方规划人员和地方土地所有者，他们可能会在各种政策会议上频繁会面，但不会有很多交流，也可能不仅在会议上频繁接触，还可以通过个人电话和电子邮件等方式深入讨论政策问题，或者他们可能仅在会议上偶尔见面，但这些会议可能对当前的政策制定具有决定性意义。

与社会资本相关的准则包括三个方面：共同性、互惠性和信任。共同性是指网络有一个共同的目标，行动者有共同的兴趣来追求这个目标。互惠性是指一个行动者做一些事情，会使网络中的另一个行动者受益，并且有理由相信这种收益将在未来得到回报。这种互惠性可以是特定的，比如 A 为 B 做了有益的事情，那么期望 B 日后能为 A 做同样的事。但这种互惠性也可以是普遍的，比如 A 做了对 B 有益的事情，可能是网络中的其他人而非 B 给予回报。网络成员可能会普遍参与到行动之中，从而使各个网络的成员都能够受益。

最后，还有信任，尽管有些人可能认为严格来说信任不是一种准则。然而，对信任关系的期望可以被视为一种准则。具有高水平社会资本的网络对网络成员的相互信任的期望很高。成员们将履行承诺、坦诚相待、不损害他者。信任与互惠性和共同性相结合，形成了一个强大的组合。可以预见，具备这些社会资本的网络在谈判和实现资源互换方面将更为高效。

人们普遍认为，社会资本存在多种形式（Rydin 和 Holman，2004）。与紧密联系的地方社区相关的社会资本被称为"粘合型社会资本"（bonding social capital）。这种社会资本包括许多高密度的联系和共同的准则，这些联系和准则存在于相对同质的行动者之间。这通常与"桥接型社会资本"（bridging social capital）提供的"弱链接"（weak links）形成对比。桥接型社会资本将异质行动者联系起来，通常包括密度较低的纽带。桥接型社会资本通常是将同一层次（地方层次、地区层次和国家层次）的行动者联系起来，因此其被认为是横向的。与之对应的，还有另一种链接型社会资本（linking social capital），即跨越不同层级而实现垂直联系的社会资本形式。最后，还有一种支撑型社会资本（bracing social capital），指的是一种相当特殊的组合，即粘合型社会资本与桥接型（或链接型）社会资本的组合，从而形成其他的联系。这会形成一种相当特殊的网络形式，即中心辐射形式（hub-and spoke form）。

从理解城市治理动力过程的角度来看，网络中存在的这种社会资本的价值在于它改变了网络中行动者的激励结构。社会资本的存在意味着在网络中相互合作更有益。网络中的准则支持这一利益关系，行动者之间的联系则强化了这些准则。如果有人违反准则，比如说通过违反互惠安排或以不可靠的方式行事或拒绝共同性，那么行动者间的联系可能会演变成为"软性制裁"（soft sanctions）。通过指责、"点名批评"或其他形式的社会谴责来使违反准则的行动者恢复符合准则的行为。可以将治理理论中的这种分析与理性选择视角联系起来，因为这种对个人激励结构的关注正是理性选择理论家所关注的关键动力过程（见第三章）。不同的是，治理理论家认为这只是分析的一部分，必须将个体行动者的行为方式放在整个网络或网络集群的运行背景中考察。

研究实践中的研究主题

在这里一节，我们将讨论的规划研究，主要着眼于探讨治理在实践中是如何运行的，探讨社会网络分析（SNA）如何帮助我们加深对这些网络运行过程的理解。治理既是一个分析术语，也是一个规范术语，我们也将审视一系列案例研究，探讨它们兑现治理承诺的程度，尤其是治理在规划中实现合作和协商的承诺。

实践中的治理

治理框架支持对规划过程的研究，此类研究专注于阐述不同行动者如何参与到治理之中。一方面是批判性阐述（critical accounts），主要探讨社区团体或商业团体（或其他团体）在多大程度上能够主导规划过程；另一方面是规范性阐述（normative accounts），主要探讨规划实践如何受益于不同行动者共同合作的协作网络。

伊兰德和古斯塔夫松（Elander 和 Gustavsson，2019）将瑞典可持续城市发展规划置于项目从政府管理转变为政府治理这一叙事语境之下，对 2008—2012 年瑞典可持续城市代表（Delegation for Sustainable Cities，DSC）这一项目进行了实证分析。他们的目标是"根据这一叙述定位和检查 DSC 项目的实施情况"。在此研究焦点之外，他们还补充了另一个兴趣点，即探究在这一过程中社会可持续性是如何被解读的。所采用的研究方法是基于对 DSC 和团队成员所产生文件、访谈和现场观察的分析。为了详细研究，他们重点关注了 DSC 资助的 9 个项目。此外，学者（包括作者）参与了跟踪和评估该项规划（这是瑞典的常见做法），其经验以及活动报告也被用于构建整体的治理情况。在研究中，他们非常谨慎地考虑了自身立场影响，努力做到客观中立，仅依赖于自我意识和研究人员之间的相互核查。

他们讲述了在瑞典受到欢迎的政府模式（Swedish Popular Government Model）如何推动政策过程与一般意义上的政府模式的紧密结合，也讲述了这种模式因公共部门面临过度的要求、因财政危机而引起的无法治理以及社会日益复杂而受到破坏的过程。有人认为，这促使瑞典转向治理模式，在政策过程中引入更大的灵活性，强调开放和协商，并在实施上构建更大的治理网络。他们区分了治理网络可能采取的不同形式，包括从高度整合的政策社区（policy community）到更松散的问题网络（issue networks）。前者的特点是政府组织内部各代表的功能利益、广泛的成员资格、政策实施的垂直相互依赖关系和横向的部门化结构，这些网络能够使一个政策社区与其他社区不发生冲突。在瑞典，特别是在住房政策方面，这种社团主义网络（corporatist network）在20世纪80年代占主导地位，中央政府、地方当局及其住房公司（提供一种社会住房）和其他主要住房利益集团之间形成了紧密的治理网络。

DSC是在国家补贴减少和国家住房部门管理碎化的背景下发展起来的，这主要是由于中右翼政府的一项计划削弱了严格的住房政策网络。尽管如此，国家对规划和建设的监管权力仍然存在，并致力于广泛协商。DSC处于国家政策制定和地方实施之间的中间实施层面。就DSC中的行动者而言，它由一名政治家担任主席，成员包括来自私营建筑部门的顾问、市政住房公司的代表、地方政客、地方当局负责人和两名教授。在2008—2012年期间，它向9个主要投资项目和89个小型项目颁发了3.57亿瑞典克朗，由瑞典国家住房建筑规划委员会（Boverket）负责指导和监督这些项目。

研究人员随后对DSC计划的运行模式与之前的社团主义和政府模式进行了比较。他们指出，许多"在参与的旗帜下所采取的举措具有强烈的协商规划倾向"，但DSC作为一个整体是政府和治理之间的混合体，而不是后者取代前者。他们指出，中央政府仍然通过控制财务和行使监管权力发挥主导作用，同时试图引导实施并将既定的政策社区分解成各种问题网络。事实证明，可持续性是这种碎化的实施结构（fragmented implementation structure）的"完美保护伞"，它具有多种解释可能性。因此，可持续发展议程不仅支持更具参与性、协作性或协商性的政策过程，而且掩盖了政府管理进路和治理进路混合存在的现实。

此类研究的一个基本论点是：治理结构已经取代了政府结构（如第二章所述）。然后在研究中使用经验数据来评估这一论点的说服力。因此，伊兰德和古斯塔夫松的研究发现，向治理的转变只是部分的，实际上它产生了更加复杂、多层叠合的治理模式。

瓜利尼和弗里克（Gualini和Fricke，2019）提供了另一个例子，即以治理叙事为起点，对实践中的规划进行了更细致的分析。该案例研究的是柏林市和其周围的勃兰登堡州（Brandenburg）的地方经济发展政策。除了讨论尺度的概念是如何随着时间的推移而不断重新构建之外，该论文还关注了"政策驱动的治理和合作的实践"。它考虑了这些实践本身如何对"既定的政府领地表述（established territorial articulations of government）"提出了挑战并帮助创建新的表述的。由于这些研究考虑了尺度和领地是如何成为治理实践的积极要素的，因此可以认为其是对传统研究文献的一种扩展。作者认为这种框架所隐含的经验研究具有挑战性："这带来了挑战，即如何将有关尺度过程（scalar processes）的中观理论转化成为关于这些过程如何在具体复杂情况下所展开的经验性、情境特定的研究"。他们采用的方法主要是对相关政策文件进行研究，侧重于"纲领性声明以及对互动过程、互动舞台和互动模式的形式分析"。他们明确表示，对具体过程或结果的分析超出了他们的研究范围。

该项工作不仅深入探讨了几个主题性叙事，还系统研究了该地区经济规划的历史。历史研究从 20 世纪 90 年代提出的柏林和勃兰登堡州（Länder）领土合并的提案开始。遗憾的是，该提案在 1996 年的公民投票中未能获得通过。随后的联合规划和治理机制虽然建立并旨在实现合并，但这些努力遭到了勃兰登堡政府的拒绝。然而，被称为"小合并"（small merger）"部分合并"（partial merger）或"共存"（cohabitation）形式的倡议在拒绝任何合并的困境中都得以幸存，从而产生了临时的洲际合同。这巩固了柏林和勃兰登堡之间的合作，并通过机场发展等战略项目进一步推动了空间规划方面的联合倡议。

从 20 世纪 90 年代中期开始，在空间规划中的各种合作，通过嵌入各种组织安排而发展起来了，这些组织安排包括为区域规划而成立的市政间协会、为了协调柏林边缘地区更具地方化的规划而建立的市政间社区论坛等。依据一项政府间协议，柏林—勃兰登堡空间规划联合机构得以建立，并设立了部长级规划联合委员会。研究人员将其描述为："在联合国土规划框架内，以一种较为柔和且非高度制度化，却更具灵活性和针对性的方式，在现有各种国土单元之间建立合作倡议"。以欧洲都市区域（European Metropolitan Regions）形式开展的联邦层级的空间规划强化了这一点，采取这一形式的原因在于允许通过自下而上的方式对其进行划定。根据这一规则，柏林和勃兰登堡共同将自己命名为"首都区域"（capital region）。

该项研究的作者总结道："空间规划和区域政策方面的政府间合作几乎没有影响柏林和勃兰登堡政府机构的法定权限，而是在几个政策领域为开展灵活和暂时性的合作治理构建了一个一般性框架"。然而，在 2005 年，勃兰登堡新联合政府重新制定了其区域政策，导致区域政策更加聚焦于增长中心。该政策的实施采取的是更加深远的治理结构，依靠的是权力的下放和与微观区域的合作，让微观区域成为主要利益相关者参与合作的临时场所。其结果是 2011 年的柏林—勃兰登堡联合创新战略，该项战略"使得参与特定经济网络的行动者的非正式倡议成果得以正式化"。其结果是建立了一系列典型的合作讨论会，让公共和私营部门利益相关者在制定地方经济发展战略方面开展合作，其中"集群"

（cluster）和"集群对话"（cluster dialogue）的概念是核心。

因此，本研究讲述了各种治理安排是如何随着时间的推移而演变的。该演变过程涉及不同的尺度，对州政府以单方面或合作的方式促进地方经济发展都产生影响。这是一个将治理理念与经济地理学中重点讨论的空间、领地和尺度等概念相结合的案例。这篇论文的大部分语言主要来自第九章讨论的关系进路（relational approach），并参考了政治经济学（见第七章）、福柯（见第八章）和行动者网络理论（Actor-Network Theory）（见第九章）。然而，在这里讨论这篇论文只是因为它是一个与治理相关的例子，目标在于说明如何通过经验案例研究并结合来自其他领域的见解和批判来重新审视治理的概念。在整个过程中，强调的是探索治理是如何随着传统政府的失败而演变的，不同部门和不同尺度的不同行动者是如何相互作用的，以及这些相互作用对治理过程的影响。

运用网络分析

最近，使用更正式的社会网络分析（SNA）方法来研究治理实践中运作机制日益增多。这种研究不是仅讲述治理网络中各种行动者参与程度的差异，而是关注网络的结构，以及该结构分析在有关规划过程的问题上能够给我们提供怎样的信息。

2001 年，英国推出了"英国城市增长"（English City Growth）政策。在此政策下，许多合作伙伴都参与到了经济再生活动之中。霍尔曼（Holman，2013）对此进行了研究，可以说是运用网络分析方法开展此类研究的一个典型例子。该政策倡议在全国范围内创建了 17 个伙伴关系，每个伙伴关系都负责制定地方战略规划。正如霍尔曼指出的那样，"突出的一点就是方案数量巨大，在充斥着各种类似政策的领域中，这些方案还在不断地引入新的'专家'伙伴关系及其伴随的战略规划"，从而运用多方利益相关者参与其中的战略以应对"棘手"问题。与聚焦于研究这些伙伴关系的内部功能运行不同，霍尔曼考察的是由城市增长伙伴（City Growth Partnership）组织与地方上的其他类似组织通过交叉关系所创建的网络形式。该研究的基本假设是："强有力的伙伴互通关系……与良好一体化的地方战略规划具有直接相关性"，这反映了彼此的优先事项。因此，其结果可能是基于知识共享的更综合的问题解决方案，并能够得到业务利益相关方的更好支持，从而避免伙伴关系趋向疲软。

霍尔曼使用的方法包括两个部分。首先，霍尔曼建立了一个由参与到城市增长伙伴（City Growth Partnership）项目的十个英国城市中的各种跨组织会员构成的关联矩阵。使用的数据包括参与到城市增长伙伴项目、地方战略合作伙伴（Local Strategic Partnerships）（另一个地方经济治理网络）项目、商会和工业联合会（Chambers of Commerce and Industry）（代表地方企业）以及其他地方经济发展组织和更新组织的董事会成员名单。利用这些数据，她创建了二模网络（two-mode networks）和图（graph）以方便分析，从而展示了每个城市中各组织共有的绑定会员（tied memberships）的数量。这使霍尔曼能够根据网络延展度（spread of the networks）、网络密度和连接程度以及与其他治理组织之间与城市增长伙伴的关联性质，对各个城市进行区分。因此，圣海伦斯（St. Helens）和德比（Derby）等城市（此类城市的图接近小世界结构）与曼彻斯特（Manchester）和卢顿（Luton）等城市（其网络更趋向非联系）形成了对比。

在第二阶段，霍尔曼进一步对城市增长伙伴组织为这四个城市制定的关键战略文件进行了分析以作为补充。这些文件包括地方当局的企业规划（Corporate Plan）（更多的是总体业务规划）、社区战略/规划（Community Strategy/Plan）（核心战略文件）和地方协议（Local Area Agreement）（规定了中央和地方政府之间商定的优先事项，具有很强的经济发展指向）和一些相关文件。分析的重点是政策目标、运用的语言和项目层面协调的内容，考虑的是这些文件之间所追求的共同目标。由此，霍尔曼得出结论，一个联系紧密的地方治理组织网络能够使特定的合作关系（比如说上文提到的城市增长伙伴关系）能够更好地融入地方治理结构，这就使得他们的共同目标能够更好地反映在关键的地方政策文件中。

正式的社会网络分析允许对治理网络进行具体说明、可视化和测量。然而，在进行此类研究时，霍尔曼提醒不要仅仅根据网络的形式来解读任何形式的治理实践，如认为网络能够实现协同效应。一般的建议是，网络如何在实践中运行，应该是在下一阶段开展基于网络的治理分析（另见 Rydin，2013）。有人认为，她的研究确实说明了要开展进一步研究的必要性，其要点是：如果预设的治理结构的益处（知识共享、政策创新、资源利用效率、社会凝聚力和竞争优势）能够实现的话，则需考虑各种治理伙伴关系是如何形成这种网络结构的。

另外一个例子来自迪斯等人（Deas 等，2013）的研究。在梳理英格兰的地方经济规划的基础上，迪斯等人对四个地方企业伙伴关系（Local Enterprise Partnerships，LEPs）进行了网络分析。针对地方政府管理的变动，他们将研究置于这样一种框架之下：认为政府管理的这种变动具有"尺度多样性"（scalar multiplicity），其相关议题包括多样性、灵活性和安排的暂时性等。他们的目标是"理解在次国土空间治理（sub-national territorial governance）过程中各行动者的相互关系和相关机构的动态变化"。选择 LEPs 是因为它们在某种程度上是由自下而上的选择而定义的，并试图让来自民间社会和企业的广泛利益相关者参与其中。他们还对 LEPs 如何融入正式的政府结构，例如市长领导的地方当局或多个地方议会组成的联合当局等感兴趣。

虽然许多学者认识到（并警告）低估更广泛的社会经济和政治影响以及过分强调行动者之间关系的微观层面的分析可能存在分析偏差的危险，但是社会网络分析还是被用来"开发一种客观和系统的方法来描述治理网络"。学者们认为，就揭示治理安排结构而言，社会网络分析是一种有用的启发式工具。该种方法的一个特别的好处是强调了行动者作为信息经纪人、桥梁、早期参与者和边界跨越者的重要性。他们还指出可以将网络划分为如下类型：分散碎化型（scattered fragments）、中心辐射型（hub and spoke）（围绕单个经纪人组织）、小世界型（中心辐射的分形模式）和核心/边缘型（core/periphery）。

利用董事会成员数据，他们研究了伯明翰、布里斯托尔、利兹和利物浦的LEP，以创建关联矩阵和图。选择这些城市，其目标在于期待这些城市能够反映不同的城市—区域治理结构（city-regional governance structure）。行动者之间的链接关系是根据地理位置、子群体成员关系、主题领域或政策领域以及其他LEP 子结构推断出来的。正如研究人员指出的那样，这排除了在 LEP 安排之外所建立的非正式关系或联系。yEd 软件（一种跨平台免费的流程图制作软件——译者注）用于生成网络图并计算网络中每个节点（行动者）的中心度（通过Kamada-Kawai 算法确定每个节点与网络中心的最短距离）。此外，yEd 还用来配置网络的表现形式，以便于解释。

通过社会网络分析生成的图使迪斯等人不仅能够展示每个城市中的网络与其他城市相比的差异性，还可以找到其与 LEP 应该体现出来的理想模型之间的差异，这种理想模型本可能会降低整个网络的交易成本。伯明翰被认为接近中心辐射模型，其他城市在不同程度上更加接近"小世界"模型。研究人员认为，城市之间形成差异的部分原因，在于一些城市具有在城市区域尺度上建立治理结构的历史经验。然而，在每种情况下，都有证据表明"LEP 倾向于表述宽容的立场，而中央政府出于政治原因趋向于控制和审查，这两者之间存在非常明显的紧张关系"。因此，这再一次说明这是在政府影响下运行的治理。

这些论文表明，可以从正式的 SNA 中获得新的见解，但它们确实对研究人员提出了特殊的要求，包括以输入 SNA 软件的形式收集数据，并充分理解就治理实践而言，软件提供的指标能告诉我们什么和不能告诉我们有。SNA 揭示的任何正式的网络结构都必须由行动者来执行，这就涉及行动者的选择和自由裁量权，而这些最终都会影响治理结果。这些方面的内容则需要通过其他方式进行调查。

合作与协商的失败

最后，我们来看一些关注其他议题的案例研究论文，这些论文试图理解为什么治理方法往往没有实现所设想的理应实现的合作。这就涉及要考虑这些网络中的交往是如何发生这样的问题的，这正是分析维度（analytic dimension）和规范维度（normative dimension）之间紧密联系的核心所在。从分析的角度来看，研究可以调查这种交往是如何发生的；从规范的角度来看，可以提出建议，以改善这种交往，使其符合理想的标杆。特别是，这些论文探讨了合作和协商（deliberation）的失败，常见做法是检验哈贝马斯式的交往行为发生的条件是否存在，而达到这个条件的要求非常严格。交往理性预先假定在谈判过程中，参与行动者首先追求的是寻求相互理解的共同方向，而不仅仅是寻求博弈以实现谈判过程中的战略性进展。这就意味着参与其中的行动者应该能够充分理解自己的利益和立场，他们不应该被任何流行的意识形态所误导。理想的发言条件（speech condition）应该成为常态，它应该是开放的，而不是扭曲的以有利于某些行动者。

关于如何通过各种不同的参与式规划实践来促进真实交流行动的问题，已引发广泛思考。有人建议，为了实现这一目标，研究认为参与实践中的讨论必须对不同类型的发言行为开放，包括讲故事和戏剧独白，而不仅仅局限于对行动者的立场和观点的枯燥和中立的阐述。鉴于此，已经设计和研究了有助于促进交流行动和创新的特定制度安排，如公民陪审团和审议小组。

比克斯塔夫和沃克（Bickerstaff 和 Walker，2005）研究了英国地方当局在制定地方交通规划时的两个协商实践案例。他们将协商实践置于更具广泛开放性的政策过程中，地方当局在此过程中开展了一系列实验，让利益相关者和公众以多种方式参与其中。比克斯塔夫和沃克将协商定义为"行动者展开互动、进行深思熟虑的辩论并根据所能获得的信息、共同认可的观点和对不同观点的尊重来修正他们观点的过程"。随后，他们提出了一系列问题：参与式的倡议事实上做到了什么？这是否带来了变化？这种变化是一种改进吗？他们使用的是使用哈贝马斯的框架，但是更加关键的是他们阐述了达到理想的发言条件的关键要素以及发言的可理解性、完整性、合法性和真实性的核心原则。他们没有把注意力仅仅集中在详细描述尝试协商的过程上，而且也关注了此过程带来的结果。在研究后者时，他们基于结果对政策影响、关系变化和制度约束进行了区分。

所采用的方法分为两个步骤。首先，比克斯塔夫和沃克对英国公路部门进行了调查，并对地方交通规划（Local Transpor Planning）文件草案进行了内容分析，由此建立广泛的背景。然后，他们转向对调查中出现的两个地方当局案例［沃灵顿自治市议会（Warrington Borough Council）和华威郡议会（Warwickshire County Council）］进行研究。为了让利益相关者参与其中，这两个地方当局采取了一系列不同的、创新性方法。这些案例之所以被选中，还因为它们反映了组织结构和文化的差异性。除了建立两个部门参与式实践所涉及的所有要素的时序列表外，研究人员还进行了大约 42 次广泛而深入（1.5—2 小时）的半结构化访谈。分析基于对转录后的访谈进行的编码。这些编码不仅参照了不断迭代分析所识别的主题，还借鉴了与交往理性及其批判相关的理论思想。

为了理解哈贝马斯式的交往行为，许多研究会采用"清单进路"（checklist approach）。比克斯塔夫和沃克对此进行了批评，他们没有使用此方法，而是使用访谈材料来理解权力关系是如何介入到各种参与式活动的。他们不是把自己定位为哈贝马斯主义者，而是认为自己是受到来自理论和实践批判的影响，对协作和协商规划（collaborative and deliberative planning）的批判的影响。这就需要对受访者如何谈论参与的过程和结果都予以高度关注。他们认为，这对于获得"对当前英国在实施参与式议程（participatory agenda）时的权力表现和权力动态的更复杂、更具反思性的理解"是必要的。

分析揭示了参与式活动所固有的紧张关系，围绕的问题主要包括"包容性问题、咨询疲劳（consultation fatigue）、权力不平等和实际成果不足"等。访谈和文本分析表明，地方政府官员使用的技术语言和现有框架往往对审议中使用的材料会产生过滤作用。受访者普遍认为"参与式倡议往往由特定的和强有力的利益主体（公民、商业组织或机关）主导，或者这些利益主体被用来拉拢和压制任何不满或反对的声音，从而强化了一种明显不平等的权力关系"。此外，在研究中他们还特别指出了影响或避开"所谓的共识立场"的策略和战术。

许多受访者认识到参与式实践在关系建立和促进学习方面的作用，但他们认为，这只不过是因为他们不能带来更直接的影响，所以才会在话语中强调这些方面。此外，知识的获取在很大程度上仍然局限于"精英公民"，而不是更广泛地向普通公民传播，也不是将地方公民的所知向规划官员传达。

这个例子向我们展示了如何将交流行动和协商作为实际实践的标杆，即在参与式实践的理论框架下，运用实现理想交流和协商所确定的先决条件。然而，这里的结论表明，需要采取一种不同的方式来理论化规划，因为治理框架与实践相去甚远，无法提供一个合理的模式，尽管治理框架可以像比克斯塔夫、沃克和其他人展示的那样，为批判治理结构中隐含的各种参与和介入活动提供一种方法。

虽然许多关于协商实践和协商创新的研究强调了这些方法的局限性，但奎克（Quick，2018）提供了一个有趣的例子，即一个失败的治理过程是如何转变为一个成功的治理过程的。她采取了一种非常详细的方法来调查利益相关者介入其中时所采取的叙事操作，并不聚焦于对框架建构和故事讲述的讨论，而是考虑规则的制定是如何运行的，即考虑对现实的叙事构建。在这里，叙事操作不仅指叙事本身，还指叙事所带来的效果。可以说，这里的研究框架建构与第八章中关于话语作用的讨论存在重叠关系，这就表明在运用理论来开展经验研究时，各种理论之间并没有坚不可破的界限。结合上面两种概念性思想，奎克在分析数据时关注三个方面：作为谈话的叙事（框架建构、故事讲述、劝说、解译和想象）、具有建构参与期望作用的主叙事（master narrative）以及推动参与过程的叙事逻辑。

所采用的研究方法，主要是对贝尔纳普（Belknap）的土地利用规划编制过程开展民族志研究。贝尔纳普是美国密歇根州大溪城（Grand Rapids）的一个邻里。由于奎克通过调查受访者对密歇根州的参与情况进行了纵向研究，因此她对贝尔纳普这一案例有所了解。在贝尔纳普这个案例里面她投入了极大关切，试图了解行动者是如何理解该规划制定的。数据来源包括访谈、观察和公开的材料。核心的材料是一组 63 个保密的、非结构化的、积极的访谈，对其中大部分访谈进行了记录和转录。分析的第一阶段是将这些访谈整理成事件年表，生成一份 8 万字的文件。然后将其用于分析，聚焦于识别行动序列中的事件、节点、动力和混乱，识别其中分歧和趋同的解译，以及识别其中期望的结果与感知的结果之间的冲突。奎克认为，她的方法"使学者和从业者能够观察和重塑不同利益群体在公众介入、调解、民主协商或合作治理中所表现出来的重要参与特征，而这些特征可能是用其他方法无法观察到的"。

这个案例研究的有趣之处在于，一次失败的参与式实践（以"大喊大叫"结束）变成了一次成功的社区规划实践。贝尔纳普是一个位于市中心但与外界有所隔离的地区，是该市最多样化的社区之一，但面临着越来越大的绅士化压力。紧邻该地区的区域被重新开发为主要的医疗服务、教育和研究中心，使人们产生了预期（对某些人来说是希望），期待高收入员工会搬到贝尔纳普的隔壁地区。奎克详细介绍了从 2000—2010 年这十年间社区参与事件的编年表。通过这一细节的分析，揭示了隐性的相互竞争的主叙事（对公众参与实践到底应该包含哪些部分的叙事）是如何导致第一次规划编制尝试失败的："冲突的爆发不是因为恶意和故意滥用参与，而是因为在理解如何制定'参与过程'的主叙事这个问题上存在分歧"。

在分析的第二阶段，作者展示了社区成员如何找到一种叙事逻辑，使他们能够继续推进邻里商定的规划方案。故事本身非常丰富，但其重点在于说明利益相关者如何共同努力创造一种共同的叙事逻辑，以及他们如何介入富有想象力的故事讲述来介绍可能的规划解决方案，由此生成"小屋零售"（cottage retail）的概念，并将之确定为邻里可接受的商业发展形式。在这项分析中，奎克使用了第六章中更充分讨论的争胜主义（agonism）概念，以表明允许冲突和在冲突的基础上开展谈判可能比寻求共识更有成效，这是研究协商实践时的一个常见发现。

在本节标题之下，还有最后一个例子。在这个例子中，博蒙特和卢普曼斯（Beaumont 和 Loopmans，2008）运用了荷兰鹿特丹和安特卫普地方居民社区参与的两个案例。与其他案例相似，对实践中的交往理性的批判性考察的起点，还是转向治理理论、哈贝马斯的框架和协商思想。这项经验研究工作所基于的数据来自文件分析、深入访谈和焦点小组法（focus group）。通过在每个城市的一个社区至少一年的实地调研，总共获得了大约 140 次讨论的数据。选择这两个社区，主要是因为他们在如下方面具有可比性：社会和种族构成、城市变化的历史、需要考虑的问题和地方政府对权力去中心化的追求。然而，它们的政策框架还是存在不同之处。鹿特丹的地方当局倾向于这样一种结构，在这种结构中，市政部门类似于具有相当自主权的准公司（quasi-company），而安特卫普在这方面的发展则要慢得多。鹿特丹这个城市具有自上而下的社团精英主义（corporatist elitism）传统，同时也具有工人阶级城市的文化特征。它采取的是技术官僚主义的方法，并被贴上了官僚主义市政当局的标签。相比之下，安特卫普在经济结构（包括钻石贸易、时尚和旅游业）方面更加多样化，并采用了一种更加多元化的民主模式，由"彩虹联盟"（rainbow coalition）（译者注：指由不同的小政党组成的联盟）统治。它还有一个脆弱的官僚机构，政治家们的影响力更大。

协商倡议（deliberative initiative）包括根据哈贝马斯的理想发言原则建立居民委员会，以回应基层的抗议。尽管鹿特丹政府极力避免让任何一个社会群体享有特权，但还是在某些情况下不能有效照顾到某些少数群体。此外，理想的言论原则很快就与当地政府系统的社团精英主义决策发生了冲突，因此该市试图将居民委员会纳入其官僚结构和技术官僚结构之中。安特卫普则拥有一个更加碎化的政府系统，居民更有能力利用这种机会渗透到城市的多元化政治中。然而，这也意味着安特卫普政府更注重工具性方法，更注重具体项目具体分析。因此，相应地就会减少对代表所有居民的追求。这最终导致居民在居民委员会治理结构之外开展了更多的基层活动。

这些发现使我们能够对哈贝马斯治理的假设进行评论："我们的两个案例研究表明，……理想化的哈贝马斯交往理性和理想的发言条件……（不足以）确保深化民主参与和多元的激进治理"。在得出这一结论时，博蒙特和卢普曼斯选择将协商式民主的概念框架与第六章中进一步讨论的"争胜主义"思想进行对比。该思想认为应更加重视冲突，而不是寻求协议和共识。

结论

治理框架为思考 20 世纪末和 21 世纪初规划体系中出现的新形式的治理提供了非常有用且广泛使用的基础。其主要关注点是行动者之间的关系，这导致了对这些关系的研究探索，主要是定性的，但也有（通过社会网络分析）定量研究。其部分优势在于它与协作式规划和协商式民主等更广泛的理论框架相联系，尽管以这些理论框架为指导的研究似乎经常会凸显出当前规划工作的不足之处。尽管在这些理论框架指导下开展的研究似乎经常会凸显出当前规划工作的不足之处。这样，它就有可能为改善规划实践中的合作和协商层面的问题提供潜在指导，从而实现规划作为治理的规范性愿望（normative aspirations）。

但这种联系也带来了局限性。在实践中，真正的协商条件很少存在，许多人认为对网络中利益相关者的相对权力关注不够。已有人提出了疑问：规划人员和其他管理这些网络的人是否有能力控制互动和结果，以防止出现不平等现象？（Tewdwr-Jones 和 Allmendinger，2016）。此外，还有人质疑：在治理进路的分析中，权力在多大程度上被概念化到了其中？因为从实践来看，治理进路倾向于关注资源流动，并且资源流动被认为是通过网络内的互动来缓解和协商的。因此，瓜利尼和比安奇提出了以下相关问题（Gualini 和 Bianchi，2015：44）：

- 协作的解决策略是否可行？
- 它们真的能解决冲突吗，还是只能提供折中的解决方案？

- 通过对话有可能克服权力差异吗?
- 当政策和措施也影响到非直接参与的利益相关者时，谁有权作出决定?
- 在一个非协作的世界中，协作式规划是否可行?

这使得人们对争胜主义产生了更大的兴趣，对冲突、权力和利益的关注也更加明显，从而使这些论述更多地进入了第六章所讨论的城市政治学领域。

关键理论阅读材料

Campbell and Fainstein (2003), Ch. 13.

Hillier and Healey (2008), Chs. 5, 6, 7 and 13.

Hillier and Metzger (2015), Chs. 3, 13, 23 and 24.

Gunder et al. (2018), Ch. 8.

关键研究阅读材料

Beaumont, J., and M. Loopmans. 2008. Towards Radicalized Communicative Rationality: Resident Involvement and Urban Democracy in Rotterdam and Antwerp. *International Journal of Urban and Regional Research* 32(1): 95–113.

Bickerstaff, K., and G. Walker. 2005. Shared Visions, unholy alliances: Power, Governance and Deliberative Processes in local transport planning. *Urban Studies* 42(12): 2123–2144.

Deas, I., S. Hincks, and N. Headlam. 2013. Explicitly Permissive? Understanding Actor Interrelationships in the Governance of Economic Development: The Experience of England's Local Enterprise Partnerships. *Local Economy* 28(7–8): 718–737.

Elander, I., and E. Gustavsson. 2019. From Policy Community to Issue Networks: Implementing Social Sustainability in a Swedish Urban Development Programme. *Environment and Planning C: Politics and Space* 37(6): 1082–1101.

Gualini, E., & C. Fricke. 2019. "Who governs" Berlin's Metropolitan Region? The Strategic-Relational Construction of Metropolitan Scale in Berlin-Brandenburg's Economic Development Policies. *Environment and Planning C: Politics and Space* 37(1): 59–80.

Holman, N. 2013. Effective Strategy Implementation: Why Partnership Interconnectivity Matters. *Environment and Planning C: Government and Policy* 31: 82–101.

Quick, K.S. 2018. The Narrative Production of Stakeholder Engagement Processes. *Journal of Planning Education and Research.*

参考文献

Bache, Ian, and Matthew Flinders, eds. 2004. *Multi-Level Governance.* Oxford: Oxford University Press.

Beaumont, Justin, and Maarten Loopmans. 2008. Towards Radicalized Communicative Rationality: Resident Involvement and Urban Democracy in Rotterdam and Antwerp. *International Journal of Urban and Regional Research* 32(1): 95–113.

Bickerstaff, Karen, and Gordon Walker. 2005. Shared Visions, Unholy Alliances: Power, Governance and Deliberative Processes in Local Transport Planning. *Urban Studies* 42(12): 2123–2144.

Brownill, Sue. 2009. The Dynamics of Participation: Modes of Governance and Increasing Participation in Planning. *Urban Policy and Research* 27(4): 357–375.

Bulkeley, Harriet, and Michele Betsill. 2003. *Cities and Climate Change: Urban Sustainability and Global Environmental Governance.* London；New York: Routledge.

Bulkeley, Harriet, Vanesa Castán Broto, and Gareth A.S. Edwards. 2015. *An Urban Politics of Climate Change: Experimentation and the Governing of Socio-Technical Transitions.* London: Routledge.

Campbell, Scott, and Susan Fainstein, eds. 2003. *Readings in Planning Theory.* 2nd ed. Oxford: Blackwell.

Deas, Iain, Stephen Hincks, and Nicola Headlam. 2013. Explicitly Permissive? Understanding Actor Interrelationships in the Governance of Economic Development: The Experience of England's Local Enterprise Partnerships. *Local Economy* 28(7–8): 718–737.

Dryzek, John S. 2000. *Deliberative Democracy and Beyond: Liberals, Critics, Contestations*. Oxford: Oxford University Press.

Elander, Ingemar, and Eva Gustavsson. 2019. From Policy Community to Issue Networks: Implementing Social Sustainability in a Swedish Urban Development Programme. *Environment and Planning C: Politics and Space* 37(6): 1082–1101.

Fairbrass, J., and A. Jordan. 2004. *Multi-Level Governance*. In *Multi-Level Governance*, ed. I. Bache and M. Flinders. Oxford: Oxford University Press.

Gualini, Enrico, and Irene Bianchi. 2015. Space, Politics and Conflicts: A Review of Contemporary Debates in Urban Research and Planning Theory. In *Planning and Conflict: Critical Perspectives on Contentious Urban Developments*, ed. Enrico Gualini. New York: Routledge.

Gualini, Enrico, and Carola Fricke. 2019. 'Who Governs' Berlin's Metropolitan Region? The Strategic-Relational Construction of Metropolitan Scale in Berlin–Brandenburg's Economic Development Policies. *Environment and Planning C: Politics and Space* 37(1): 59–80.

Gunder, Michael, Ali Madanipour, and Vanessa Watson, eds. 2018. *The Routledge Handbook of Planning Theory*. London: Routledge.

Han, Heejin. 2019. Governance for Green Urbanisation: Lessons from Singapore's Green Building Certification Scheme. *Environment and Planning C: Politics and Space* 37(1): 137–156.

Healey, Patsy. 1997. *Collaborative Planning: Shaping Places in Fragmented Societies*. Basingstoke: Macmillan.

Heinelt, H. Local Democracy and Citizenship. In *The Oxford Handbook of Urban Politics*, ed. K. Mossberger, S. Clarke, and P. John. Oxford: OUP.

Hillier, Jean, and Patsy Healey, eds. 2008. *Contemporary Movements in Planning Theory*. Aldershot: Ashgate.

Hillier, Jean, and Jonathan Metzger, eds. 2015. *Connections: Exploring Contemporary Planning Theory and Practice with Patsy Healey*. Farnham: Ashgate.

Holman, Nancy. 2013. Effective Strategy Implementation: Why Partnership

Interconnectivity Matters. *Environment and Planning C: Government and Policy* 31(1): 82–101.

Hooghe, Liesbet, and Gary Marks. 2001. *Multi-Level Governance and European Integration*. Lanham, MD: Rowman & Littlefield Publishers.

Innes, Judith E., David E. Booher, and Sarah Di Vittorio. 2010. Strategies for Megaregion Governance. *Journal of the American Planning Association* 77(1): 55–67.

Lafferty, William M., and Katarina Eckerberg. 1998. *From the Earth Summit to Local Agenda 21: Working towards Sustainable Development*. London: Earthscan.

Laffin, Martin. 2016. Planning in England: New Public Management, Network Governance or Post-Democracy? *International Review of Administrative Sciences* 82(2): 354–372.

Pierre, Jon, ed. 1998. *Partnerships in Urban Governance: European and American Experience*. Basingstoke: Palgrave.

Quick, Kathryn S. 2018. The Narrative Production of Stakeholder Engagement Processes. *Journal of Planning Education and Research*. https://doi.org/10.1177/0739456X18791716.

Rhodes, Rob. 1997. *Understanding Governance: Policy Networks, Governance, Reflexivity and Accountability*. Maidenhead: Open University Press.

Rydin, Yvonne. 2013. The Issue Network of Zero-Carbon Built Environments: A Quantitative and Qualitative Analysis. *Environmental Politics* 22(3): 496–517.

Rydin, Yvonne, and Nancy Holman. 2004. Re-Evaluating the Contribution of Social Capital in Achieving Sustainable Development. *Local Environment* 9(2): 117–133.

Salet, Willem, Andy Thornley, and Anton Kruekels, eds. 2003. *Metropolitan Governance and Spatial Planning: Comparative Case Studies of European City-Regions*. London: Spon Press.

Schlosberg, David. 1999. *Environmental Justice and the New Pluralism: The Challenge of Difference for Environmentalism*. Oxford: Oxford University Press.

Stoker, Gerry, ed. 2000. *The New Politics of British Local Governance*. Basingstoke: Macmillan Press.

Stone, Clarence N. 1989. *Regime Politics: Governing Atlanta, 1946–1988*. Lawrence, KS；London: University Press of Kansas.

Tewdwr-Jones, Mark, and Phil Allmendinger. 2016. Deconstructing Communicative

Rationality: A Critique of Habermasian Collaborative Planning. *Environment and Planning A* 30(11): 1975–1989.

World Commission on Environment and Development. 1987. *Our Common Future.* Oxford: Oxford University Press.

第六章
城市政治学：冲突、权力与正义

构建研究

城市政治学视角的出发点，就是认为规划过程中的冲突是不可避免的："政治上存在分歧的行动者之间激烈的争论是规划的一部分。"（Trapenberg Frick，2018：1）但城市政治学视角并没有遵循治理框架所持有的观点，也即认为有可能以一种有效甚至结果一致的方式来处理这些冲突。与此不同，政治经济学的框架认识到权力在规划过程中的作用，并且也认识到结果存在不平等性。这并不是说采用这种分析框架，就是预先确定了规划研究的结果，而是说每种框架都有其重点关注的一些问题。就城市政治学而言，这些问题包括在规划过程中处理冲突时涉及的公正、平等和权力问题。

城市政治学为城市规划和城市规划人员提供了一个具有挑战性但可能涉及更多规范性的视角。在这个概念背景下，规划人员不能保持中立。规划过程可能会让被剥夺者（the dispossessed）和被卸权者（the disempowered）处于不利地位，这就意味着规划人员不能成为技术中立者，而需要表现得像规划倡导者一样。因此，正义问题与城市政治学视角密切相关，规划人员（和规划研究者）的任务是考虑如何进行公正的规划。人们越来越认识到，这就要求与冲突打交道，而不是依靠假定的协议甚至是共识来消除冲突。不论是考虑社会中不同群体之间、社区与开发商之间，还是各种群体与国家之间的冲突，都是如此。

在此，需要指出的是，城市政治学视角既关注精英行动者，也关注非精英行动者，以及他们之间的权力关系。只有考虑到那些从规划活动中获益最多的人的立场、策略和资源，才能理解那些似乎从规划活动中获益甚少的人的立场。因此，这种方法既考虑私营部门和民间社会中经济资源较多、享有特权的群体如何能够行使权力以实现其目标，也考虑社会群体对此的反应。它既涵盖城市增长和开发的关键支持者如何在规划体系中获得支持的问题，也涵盖因规划问题（如基于肤色或种族的分区、强化种族分化的空间隔离以及高档化对低收入社区的影响）而产生的行动主义（activism）问题。

研究的一个关键点在于搞清楚社会群体是如何形成的，以及为了实现他们想要的发展议程是如何开展社会运动的。这涉及大量各种各样的城市运动，包括反对发展的抗议、关键社区资产（如开放空间）的丧失、对更高质量城市服务的需求以及对多元化身份认同的关注。城市政治学视角超越了多元主义思想，该思想认为：当有需求解决特定问题时，群体就会形成。在多元主义思想下，社会行动是通过压力群体行动主义（pressure group activism）而获得的一种基于现实需求的供应（Dahl，1998）。这是在19世纪的美国广泛传播的一种理论，到20世纪末被广泛认为是天真的。不同群体之间在权力和资源方面存在明显的不平等，这不等同于在行动需求上的差异。此外，在多元主义思想下，还有一些问题从未成为城市行动主义的焦点。实际上，多元主义对城市行动主义的看法是将中产阶级压力群体（middleclass pressure group）予以合法化。

相比之下，城市政治学关注的是中产阶级压力群体之外的政治活动形式，特别重视被卸权和被忽视群体寻求有效政治影响的方式。这包括认可和支持比一般制度化的公众参与更广泛的城市政治活动。在持有城市政治学观点的人看来，非暴力占领和暴力破坏财物不仅可以被视为城市被卸权者表达不满的一种方式，还可以被视为一种合法的社会抗议形式。有些时候，这些政治活动可能既涉及地方关切，也涉及全球发展议程。在环境抗议中尤其如此，因为人们对全球的相互关联的意识很强。

基于城市政治学视角的研究，总是关注政治上活跃的群体以及他们是如何动员起来。所有的这些研究都强烈地关注一点，那就是正义问题。虽然这种关注在规划的不同领域都很明显，但在环境方面尤为明显。这通常可以追溯到美国环境正义运动（enviromental justice movement）的兴起。该运动的源头来自于这样一个事件：有毒废物处理场设在了有色人种住宅社区的附近。拉夫运河（Love Canal）开发项目是一个出发点，在一个旧垃圾填埋场之上建造了一个低收入群体的开发项目，在这个场地上发现了有害的渗滤液，并且记录显示，此地出现了高水平的儿童疾病（Blum，2008）。虽然环境正义发生的源头在美国，但是该理念可以在世界范围内找到，环境正义问题与工业活动和基础设施投资有关。

阿杰曼识别了正义的多个不同方面。第一，在规划过程中承认所有群体，这不仅仅是简单地给予一个群体发言权（Agyeman，2005），而是承认他们作为一个自主群体的主张，并在此基础上与他们进行交涉。他举了美国黑人社区及其规划的例子。第二，是关于过程，要确保规划过程，特别是更开放的远景制定过程，要公平地对待不同群体。第三，是正义，涉及程序的公正行使，例如与规划决定的监管和实施有关的程序。第四，还是正义，涉及公平的结果，确保规划帮助塑造的城市环境以公正的方式满足不同社会群体的需求。该框架已被用于研究城市中的社会正义，但也广泛应用于评判环境"坏"的影响以及自然环境在服务不同社会群体时表现出来的不公平方式。

另一个与正义相关的主题涉及"城市权"（Right to the City）运动。该运动以世界各地的抗议行动为标志，这些抗议行动既是对限制他们获得城市服务和资源的回应，也是对城市资产被不公平地用于满足不同社会群体的利益的回应（Butler，2012）。例如，在2008年金融危机之后，占领运动（Occupation Movement）成为呼吁"城市权"的焦点。这些抗议和运动本身就值得关注，一方面是因为它们本身就很抢眼，另一方面是它们提出了这样一个重要问题：规划作为一项政治和专业活动应该如何对正义问题予以回应。城市政治学进路看待这些问题的独特之处在于，它不仅对平衡的治理（even-handed governance）的前景持批判的态度，而且认为这些因争取"城市权"而产生的矛盾在一定程度上与社会中更广泛的权力和不平等问题有关。这通常与第七章进一步讨论的结构主义方法有很强的联系。这意味着，关于规划体系本身能够实现什么观点就变得很微妙，并且城市政治学进路更加强调只有通过更广泛的社会变革才能够更大程度上促进社会和环境正义。

分析的动力过程与关键概念

通过对城市地区产生塑造作用，规划由此介入一系列的基于社会和政治原因的抗议和争取利益需求的活动。从城市政治学角度出发，可以提出这样一个问题：地方规划过程是支持资本主义利益（例如促进城市开发），还是支持中产阶级利益（例如保护某些城市地区免受开发），以及它们是否没有满足其他社会群体的需求和有关城市社会运动的要求。鉴于这里的重点是研究规划过程，而不是研究城市和城市社会，因此关键任务不是解读不同行动者之间冲突的社会学研究，而是解读规划人员、规划组织和规划体系对社会冲突的响应。根据对这些潜在冲突解读的不同，人们对规划过程的解读方式也有所不同。下文着眼于讨论增长联盟和城市政体所涉及的动力过程，城市社会运动发挥作用的动力过程以及争胜主义所涉及的动力过程。

联盟与政体

增长联盟最早是由莫洛奇（Molotch，1993）在 20 世纪 70 年代提出的一个概念。正如其名称所暗示的，其重点是关注联盟如何聚合在一起，以实现在城市层面推行促增长的议程（prog-growth agenda）。如果认为规划是运用技术官僚的方法，那么识别此类增长联盟的目的就是对此做出的一种回应，其核心就是强调权力关系、社会阶层和地方精英在地方规划过程中的作用。此类增长联盟与从土地所有权和房地产开发中获得预期和实际的利益密切相关，因此，控制此类土地和开发被视为塑造城市政治的关键因素。联盟本身是由那些在土地和开发决策中获益最多的行动者组成的（Lauerman 和 Vogelpohl，2017）。这些行动者聚集在一起，联合起来，以确保以房地产为主导的增长条件的实现（特别是政治条件）；这包括与地方政府建立的关键联系，甚至可以演变为与更具企业家精神的地方政府形成合作伙伴关系。

不过，已有研究对增长联盟的概念提出了许多批评。其中一些是从政治经济角度提出来的（见第七章），它们认为增长联盟的进路过于以行动者视角为基础，因此批评者更加倾向于采用更具结构主义的方法。然而，也有人试图对增长联盟的概念进行细微的调整，认为它发现了一些重要的东西，但过于简单化。在城市中形成的联盟往往是分散的，并不总是稳定的，也不仅限于城市地区。此外，它们并不总是以促进增长为主导，优先事项有时也会主导城市政治。在这种批评中，城市政体的概念应运而生。

城市政体概念是由斯通（Stone，1989）在研究美国佐治亚州亚特兰大市的城市政治时提出的。城市政体的本质在于，它是在地方政府和其他国家机构未能实现其所期待的议程的情况下，为了获得行动能力而产生的。这种行动能力只有通过整合各种资源才能实现，这是认识到行动者在实现其个人目标方面存在相互依赖的关系的结果。城市政体旨在产生某种权力，但这是一种根据某些目标运用"行动权"（power to）去实现变革的能力，而不是（即一个行动者对另一个行动者）的"控制权"（power over）。"政权分析认为权力是分散的，政权是地方政府和私人行动者通过合作安排来聚集治理能力的"（Mossberger and

Stoker，2016：812）。这种权力并不总是可见的，它是在正式的城市规划和城市政治之外运行的，甚至是和两者在一起运行的。正如霍尔曼（Homan，2007：437）所说，"政体分析关注的是行动者之间不那么明显的联系，这些联系使他们能够集体行动，并'推出'（crowd out）其他方式的行动"。

斯通（Stone，1989：4）将城市政体定义为"一个非正式但相对稳定的群体，能够获得体制资源，使其能够在制定治理决策中发挥持续性作用"。后续关于城市政体的文献提出了几个定义政体特征的列表，或者更确切地说，展示了在什么情况下可以确定政体已经发展起来了。城市政体被定义为具有如下特点：稳定，具有一致的目标，本质上是非正式的，主要基于资源的相互依赖和交换，涉及各种跨组织、部门甚至领土边界的合作。道丁等人（Dowding 等，1999）为实证研究中识别政体提供了一套八项标准：存在独特的议程，议程长期存在，议程由行动者联盟维持，联盟跨越边界，在人员变动过程中依然可以存在，发动外部资源，存在强有力的领导以及能够创建公私伙伴合作关系。

城市政体的关键见解，是要认识到参与者之间的合作不能被视为理所当然，而必须通过行动才能实现，这可能涉及跨越国家、经济和公民社会边界（基于治理理论）。因此，在不同地方可能会识别出不同的政策议程，而同一个城市政体在不同地方可能关注截然不同的目标。斯通确定了四种这样的政体：维护或照看、开发、中产阶级的改革和下层阶级的机遇拓展。以此为基础，这一理论随后得到了扩展或修订（Mossberger 和 Stoker，2016）。

然而，与增长联盟一样，在许多情况下，城市政体仍存在偏向企业利益的倾向。皮埃尔（Pierre，2014：867）认为城市政体理论的一个重要优势在于它基于如下逻辑："通过与资源丰富但政治上较弱的社会参与者结成联盟，克服制度治理能力的不足。"这通常意味着，"为了获得企业部门的'系统权力'（systemic power），政治领导层必须愿意迎合企业利益"。这种动力过程在美国的案例中尤为明显。城市政体分析最初应用于对美国地方政府的分析，但后来的评论学者将美国地方政府的具体特征考虑进来，包括考虑城市政体对地方财产税的依赖以及州政府相对于中央政府的相对自治。有一部分人质疑这一概念在其他地理语境下的可转移性（transferibility）。从比较分析的框架出发，霍尔曼（Holman，2007）识别了城市政治的四个方面，认为这四个方面能够降低城市政体的效能：城市政治中行动者多样性的增加，地方自治的跨国差异性，经济体制结构和给企业参与城市政治所提供的激励的差异性，以及全球化的影响。事实上，研究的侧重点往往是探讨城市政体概念在各种其他环境中如何进行修改或补充以使其具有实用性。

城市社会运动

对于许多自视为城市政治学的进步左派理论家来说，政治经济学所认为的结构变革需要通过危机和革命实现（见第七章）这一鲜明要旨，令他们感到非常沮丧。因此，他们寻求一种更渐进的方法，即关注城市政治本身的性质。这引起了人们开始关注不同社会群体为实现政治目标而被动员进而形成社会力量的方式。在对资本主义动力过程所塑造的社会和经济进行广泛分析时，认为不同社会群体之间普遍冲突的想法仍然存在。但是，此类分析并没有将政治简单看作是这些社会经济结构的仆人。相反，从一个更具希望的能动性角度出发，政治过程被看作具有一定程度的自主性，能够在资本主义制度之外制定议程，从而追求进步目标。

20 世纪 80 年代，经常被引用的推动城市政治关注焦点前进的理论家是安东尼奥·葛兰西（Antonio Gramsci），他是 20 世纪初的左翼理论家和政治犯。在被关进法西斯监狱期间，安东尼奥·葛兰西在他的狱中笔记中发展了与主流马克思主义政治经济学不同的新理论。这些笔记开辟了政治行动能够在不进行全面革命的情况下实现变革的可能性。关键的社会群体（如工人阶级、被剥夺权力的人）被概念化为在主流社会经济结构中具有一定程度的自主权的群体。如此，这些群体便能够认识到他们自己的利益，并制定促进这些利益的行动规划。不再需要像经典政治经济学所固有的那样，依靠先锋群体来认识被压迫者的利益。

值得注意的是，这些政治活动被贴上了"运动"的标签。城市政治被视为属于一种社会运动，这些运动在社会上比个人压力群体（individual pressure group）更重要。它们代表了更深刻的东西，即社会割裂（social cleveage），这是社会结构的一个基本方面，而不是某一群人关心的某个特定问题。这就提出了一个问题，即这些社会割裂及与之相关的社会运动是如何形成的。

20 世纪 80 年代，曼纽尔·卡斯特尔试图将城市社会运动与围绕"集体消费方式"（the means of collective consumption）而产生的冲突和行动主义联系起来（Castells，1977）。通过这种方式，他重新将城市社会运动与新马克思主义对资本主义的动力过程的理解联系了起来（更多细节见第七章）。集体消费是指使劳动力再生产得以实现的方式。这一术语的意思是，劳动力不能仅通过私人手段、家庭或家庭内部来再生产，而是需要一些集体手段，这通常意味着公共部门的参与。因此，围绕公共服务的争议以及公共服务满足所有社会群体需求的程度是有关社会运动形成所需要讨论的问题。这些运动一方面抵制中产阶级群体对城市公共服务的占用，另一方面抵制将这些服务局限于服务资本主义利益的需求。城市社会运动的抗议就是追求这样的权力：拥有足够的城市公共服务以满足他们需求（Castells，1983）。

但是，城市社会运动已经与其他形式的组织和动员运动联动了起来，这是基于这样一种认识，即城市不仅是劳动力的集中地，也是差异性、绝对他性（alterity）和自由的空间（Nicholls，2008：843）。这就使得城市社会运动的兴起与身份政治（identity politics）联系在了一起。如此一来，这就将卡斯特尔最初表述的观点与更具结构主义形式的政治经济学的观点区分开来了，聚焦于围绕捍卫特定地方的文化和社会身份的政治动员运动，寻求实现对地方的空间、机构或资产进行控制和管理（Gualini 和 Bianchi，2015：46）。迈耶将城市社会运动分为四个阶段：前两个阶段与 1960—1980 年代的工业生产危机有关，然后是 1980—1990 年代福利国家政策的削弱导致了对集体消费的关注，然而，接下来的两个阶段涉及 1990—2000 年的绅士化和城市更新运动，以及自 2000 年以来针对全球化和金融化的响应（Mayer，2010）。

通过这种方式，城市社会运动的基础得到了进一步扩大。然而，由于忽视了性别等关键社会维度，这些运动仍受到批评（Beebeejaun，2017；Levy 等，2017）。由于他们的研究大多基于北美和北欧的政治活动，因此有人呼吁进行其他研究，以弄清楚这些问题在其他地理环境中是否具有类似结论（Leontidou，2010）。城市社会运动的独特性，仍然表现为其需要基于特定地点的物理基础，这使得它与其他非政府组织所有不同。除此之外，人们还关注并解读社会运动的利益相关方、社会基础、提出的需求以及动员的方式，并且始终将社会运动这种地方行动置于更广泛变化的背景下，而这些更广泛的变化能对社会产生更为根本的影响。

争胜主义和冲突的延续

公民社会是多样化的。它由不同类型、具有不同价值观和利益的人组成。既然公民社会的异质性和碎片化是如此广泛，那么少数能够实际参与城市治理网络活动的人是否能够代表我们经常所说的公众或社区？长期以来，规划人员一直在寻求以可管理的方式来代表多样化和异质化的公民社会的方法。有一种趋势是将那些通过社区自组织而出现的人作为关键代表。然而，这里存在许多问题。那些没有自我组织的社会部门呢？这些部门被描述为"难以达到"（hard to reach）或"沉默"（silent），这表明他们在面对参与关键治理网络的机会时表现得很顽固。如何处理这些群体之间的分歧？

城市政治作为规划研究的一个视角提出的关键问题是：是什么决定了参与冲突、抗议和行动主义行为的社会群体？什么才算作是一个群体、一个阶级或一个社区？事实上，各种各样的依据可以用来区分这些实体。传统的阶级是基于经济利益的。工人阶级、中产阶级、资产阶级都是由他们参与到经济过程时的关系决定的：资本所有权、工资收入和劳动力出售等。但这可能与人们的一般看法不一致。因此，自我认同可能是群体形成的基础。这可能包括不同的身份基础：种族、性取向、地位和政治联盟等。群体也可能是由身份认同形成的，而这种身份认同可能是强加的，然后可能会被收回，以方便进行政治动员。因此，许多种族群体的形成是自我表达和身份认同的混合，也是种族主义政治和社会制度的结果，这些制度只从人们的肤色或种族来看待他们（Beebeejaun，2006）。而且，由于规划具有基于地点的特性，因此这就涉及与地点相关的身份认同问题和利益问题，这其中的一些问题也被地方依恋（place attachment）的思想表达了出来。使用地方依恋这一术语是为了努力避免使用"不在我家后院"（not in my back yard, NIMBY）这个具有贬义内涵的标签（Devine-Wright，2009）。

最近，人们开始以积极的方式将不同群体之间的冲突置于中心地位予以关注。这种进路借鉴了穆夫关于争胜主义方面的研究工作（Mouffe，2013），驳斥了治理进路能够达成一致甚至共识的主张，认为这误导了人们对政策和规划行动潜力的认识。争胜主义的进路仍然关注不同群体之间如何相互对立以及如何合作，但它的基础既不是内在的共识倾向（见第五章），也不是部门利益之间的公开谈判。相反，它是在一个规范性框架（normative framework）下运行的，该框架将冲突视为不可避免的，而且是富有成效的。不同群体之间相互关系的"我们和他们"（us-and-them）的表述仍然存在，但与这些不同群体接触的目的，比如在规划情况下，是使他们能够相互尊重地共存。本质上，争胜主义涉及各方愿意认可分歧的存在。这将使行动者从相互之间的敌对者（opponents）转换为能够认识到彼此观点并与之合作达成潜在协议的对立者（adversaries）。穆夫认为，从根本上来看这比虚假协商承诺更具民主性。

这种进路在规划理论中（作为协作规划之后的一种潜在的新规范性理论）以及在规划研究中都受到了广泛关注，其中规划研究关注的是对立行动者和团体之间的互动方式。这种进路很有吸引力，因为它没有将冲突、变化和不确定性视为规划失败的特质，而是认为这在规划实践中可以被接受。有些人认为，这是对压制规划争议中的冲突以及后政治社会中更广泛的冲突的一种抵制

（Raco，2014）。然而，有些人质疑，聚焦争胜主义这种做法将在多大程度上导致对现有权力过程和不平等现象的接受（Yamamoto，2017）。这促使人们进行了大量研究，研究如何在各种规划实践和规划后果中处理冲突。

研究实践中的研究主题

本节述评的几篇论文，一方面是批判性探讨城市政体的概念，另一方面是研究规划实践如何解决种族主义问题和冲突问题。

对城市政体概念的再审视

目前，许多研究工作不仅将城市政体概念应用于各种情境，而且还利用这些研究来探讨这一概念，特别是考虑将其转移到美国以外的其他国家情境中是否可行，因为这一概念最早起源于美国。

拉瓦奇和贝尼尼（Ravazzi 和 Belligni，2016）探索了这一概念在意大利都灵案例中的意义，目标是利用它来理解领导该市并引导其走向后工业未来的治理联盟。在走向后工业未来的过程中，当地经济实现了多样化。他们特别感兴趣的是，"行动权"是如何通过该联盟的行动表现出来的，并导致了新议程的出现。他们首先研究了孵化阶段，在此阶段，"当地精英提出了一个共同框架"。然后他们研究了这一框架是如何作为议程出现的，考虑是否涉及部门政策谈判或集体努力。在这方面，他们将斯通（Stone）的研究工作（上文已引用）与金顿（Kingdon，2003）关于政治议程（political agenda）的研究工作联系起来。他们提出了这样一个问题："关注的问题点是如何被具体化为目的的，它们是如何被联系、扩大和细化为行动的？"这个问题的提出基于城市政体特有的语境：非正式的关系、反复的互动和基于资源的谈判。

他们的方法是采用深入的案例研究。该研究持续了七年，在此期间，从文献资料中收集了相关数据，并与关键行动者进行了 50 次半结构化访谈。在进行网络分析的同时，还进行了过程排序，前者用于考虑行动者之间的联系，后者用于澄清事件和相关行动的时间顺序。

该分析详细介绍了都灵市从 20 世纪 90 年代中期开始不断变化的政策。出台的政策包括住房开发、市中心改造和重大基础设施，特别是交通设施的建设，为知识产业的发展创建一个城市新区，通过活动和项目推广旅游、娱乐和休闲产业等。虽然社会和环境政策并没有完全被边缘化，但它们没有得到足够的资源来解决都灵市问题的规模。在考虑该城市政体到底属于福利型（pro-welware）还是市场型（market-centred）时，作者认为该案例经历了从前一种类型向后一种类型的明显转变。

与这一转变有关的联盟，是由中左翼政治家、来自 70 人集团并由一位强大的银行家领导的商务阶层自由派人士，以及都灵理工大学的一群学者所组成的"大联盟"，他们带来了城市设计和规划专业知识，以应对城市面临的问题。这个联盟同意采取促增长的措施来推动变革。研究人员随后追踪了详细的发展议程是如何通过命名（形成对城市主要问题的共同认知）、责备（构建关于过去未采取的现代化道路的叙述）和主张（为城市的共同目标设定核心信念和关键目的）的过程而产生的。

通过详细的阐述，展示了联盟是如何巩固和制度化的。它还指出了少数关键组织是如何领导联盟并因此建成了该政体：地方当局、区域当局、两所大学、两个银行基金会和（早期）菲亚特这个重要的地方产业。然而，现任市长仅以微弱的优势赢得选举胜利，这表明该联盟缺乏足够的选举支持，于是这个联盟随后向更广泛的社会民间领导人开放。由此产生了所谓的城市对话，这创造了一种集体努力的感觉，而不仅仅是一组有限的利益部门之间的谈判。冲突仍然存在，但这些冲突通过内部管理以及更有目的性和开放性的方法得到了克服。该过程表现出了多声音（multi-vocal）的特点，这就为不同群体开辟了新的"机会之窗"（windows of opportunity）。这项研究对识别公共的、非正式的和结构化的讨论过程的组织很感兴趣，因为这些过程使该政体能够解决冲突，并超越城市政体内纯粹基于自身利益的谈判。

此类研究超越了更开放的治理框架，考虑了一系列行动者如何巩固其影响力，从而明确指定各行动者，并将各自的权力与城市变革的各个方面联系起来。

在关于中国的相关研究中，李和刘（Li 和 Liu，2018）同样使用并扩展了城市政体的概念，使其与他们的研究背景和具体研究问题相协调。他们研究了广州的城市更新和"三旧改造"（Three Old Redevelopment，以下简称 TOR）政策，该政策涵盖了旧城镇、旧村庄和旧工厂。他们被城市政体概念所吸引，因为它关注的是非正式联盟、资源交换和不同种类的跨界合作。他们认为这比增长联盟模型更为合适，因为后者假设居民与支持增长的联盟之间、使用价值与交换价值之间存在冲突。由于该研究聚焦的是 TOR 政策，因此其是一个自上而下的制度变革的案例研究。TOR 政策由国家推动，但刺激了城市政体典型的跨界合作的产生。它主要依赖于一个"共享利益机制"（shared interests mechanism），将来自当地政府、市场和社区的利益相关者聚集在一起。

然而，研究人员认为需要修订城市政体概念，以便充分理解中国的情况及其 TOR 政策。特别是，他们认为私营部门的影响力相对小于美国的私营部门，而民间社会力量则相当薄弱。因此，他们选择使用"碎片化威权主义"（fragmented authoritarianism）和"战略选择性"（strategic selectivity）的概念。前者指出了运用威权风格的政策来克服行动者所拥有的各种碎化资源这样一种城市政体的起源。不过，这种威权权力也被用来授予地方改革的自主权。后者的概念着眼于政策如何有选择性地惠及某些群体、某些利益和某些战略，这是由国家应该发挥作用的历史决定的。尽管如此，他们仍然保留了城市政体在政策工作的某些关键方面的作用，如为城市政体提供一些小机会，完成这些小机会需要相互依存的行动者之间的合作、选择性激励和跨界协作。

为了探究这些想法，李和刘在广州进行了两轮实地调研，两次都进行了半结构化访谈（共 35 次）。此外，他们还根据之前在城市中担任规划人员的工作进行了参与式观察。从政府文件、媒体报道和研究报告中收集了二手数据。随后，他们还进行了额外的在线访谈，以补充一些细节。

研究发现，核心的"共享利益机制"建立在碎化的威权主义环境以及国家推动的四项制度创新之上：放宽土地管理条例对土地法律地位的规定，分享地方当局从土地交易中获得的财政收入，向社区分配资源，以及放宽城市规划中关于密度和土地利用的限制。这些作为政体促成了城市政体的出现，并创造了"行动权"。

然而，作者还发现，在城镇、村庄和工厂用地方面，TOR 政策存在一些有趣的差异。由于社区委员会与城市政府之间的关系具有正式性，旧城镇的重建与城市政体的建立过程并不相符，因此在这方面几乎没有建立政体的必要。相比之下，在旧村庄中，有证据表明存在政体的建立。在琶洲，政府、村庄志愿者和实施重建的企业之间建立了双赢联盟。在赋权村民权力的条件下，他们发现选择性激励措施的部署、长期信任的建立、非正式联系和合作都存在。其他村庄的情况并非如此，在这些村庄中，发现了一些但不是全部的完整城市政体要素，通常是缺少长期信任。同样，在旧工厂方面，虽然发现了城市政体的大多数要素，但也是缺少这种长期信任。

有人认为，这样的格局的形成是因为战略选择性这种模式发挥的作用，因为这种模式在城镇和村庄之间，以及中国的不同村庄之间进行差异化的资源分配。这种资源分配涉及一系列资源，包括土地使用权、与国家和媒体的联系以及社会资本。研究发现，战略选择性不仅对"三旧"区别对待，对城市政体内的行动者和及其所追求的项目也都实施区别对待。这为城市政体概念在本研究中的运用增加了一层细节。

因此，通过增加与地区相关的治理理念并考虑历史模式的影响，城市政体概念得以适应了中国的语境。城市政体概念的核心要素是强调跨部门行动者如何为实现共同目标而团结在一起，就这一点来说，无论什么语境都是适用的。

对城市规划与政治中种族主义的挑战

城市政治学进路关注的一个重点是不平等问题，该问题会影响城市社区参与规划政策和实践。种族主义出现在很多有关城市规划政治的实证研究之中，该话题容易激起怨恨。城市规划政治包括但不限于环境正义问题。这里考虑了两个例子，分别来自土耳其和美国。

伊芙琳·尤塞尔（Evrim Uysal，2012）提供了一个经典案例，即围绕城市更新规划冲突和弱势社区进一步边缘化的问题，他研究了伊斯坦布尔苏鲁库勒（Sulukule）地区的规划，该地区主要是罗姆人居住的社区（Romani Community）。该研究关注的问题，是苏鲁库勒平台（Sulukule Platform）的行动分子如何获得了抵制的能力，也即抵制国家主导的以促进旅游业为基础的城市更新的能力。它特别考虑了行动分子如何提出他们的要求，以及该平台如何围绕城市更新问题为斗争作出贡献，并影响城市变革。

研究分为两个阶段，分别在大规模拆迁前后进行。除了实地考察外，分析还基于对行动分子、专业人士和当地居民的八次访谈。对行动分子和专业人士的访谈聚焦于苏鲁库勒平台的反对活动上，对苏鲁库勒居民的访谈着眼于模糊产权和流离失所产生的问题，另一组访谈是与邻近社区恰尔桑巴（Çarşamba）的居民进行的，重点是记录了他们对罗姆人的偏见。此外，还补充了其他数据来源，如报纸、请愿书、法庭文件、统计数据、调查、报告和网站数据等。

伊芙琳·尤塞尔将当地社区的活动定义为城市社会运动（Urban Social Moverment，以下简称 USM），遵循卡斯特尔将 USM 与集体消费需求、社区文化和政治上的自我管理三个目标相结合的原则，卡斯特尔所言的 USM 与社会和国家都息息相关，并且能够意识到自己的政治角色。然而，伊芙琳·尤塞尔指出，USM 随着时间的推移发生了变化，变得更加有组织，全球联系也更加紧密。重要的是，它们是针对特定利益而出现的，具有特定的社会基础，并围绕特定的需求进行动员，从而创造了行动，使其成为一种社会力量。USM 通常会关注特定的社区，当贫困问题出现时它们就会出现，并关注受到压迫的少数群体，所有这些方面在苏鲁库勒都适用。

苏鲁库勒地区与罗姆人及其作为经济基础的娱乐业有着悠久的历史联系。这个社区遭受了几个世纪的偏见。最近，他们的娱乐活动场所被关闭，基本市政服务也被中断。因此，当伊斯坦布尔大都会市政府（Instanbul Metropolitan Municipality）、法提赫（Fatih）当地市政府和大众住房管理局（Mass Housing Administration）于 2006 年宣布该地区重建时，他们处于弱势地位。该规划涉及大规模拆迁，为大面积的新开发腾出空间，这将"保护文化遗产并……促进旅游业"。鉴于在该地区购置房产的成本很高，为了获得全额赔偿，大多数罗姆居民被迫迁往伊斯坦布尔郊区的住房。

苏鲁库勒平台是为了应对这一威胁而开发的。它被描述为一个城市联盟，该联盟的成员包括：非政府组织、罗姆文化与团结进步协会（Association of Advancement of Romani Culture and Solidarity）组织的当地人，以及包括专业人士、艺术家、学者和研究人员在内的独立行动分子。这些独立行动分子大多来自该地区以外。该联盟反对更新项目，包括反对规划拆除大部分建筑，并提出了一项满足当地需求的提案。他们的要求主要集中在他们认识到的这个问题上面：更新项目实际上是为了绅士化，而不是满足当地需求，也不是为了停止拆除。

他们通过会议、示威、集会、节庆和展览等多种方式动员起来，以提高公众意识。结合社会资本的概念（在第五章有讨论），研究发现，平台的运行涉及弱关系和强关系。研究还发现，不同行动者扮演着不同的角色，非政府组织关注公众舆论，行动分子提供各种活动来提高当地人的行动能力，并且也将运动推广到不同的地点。与此同时，当地居民越来越多地扮演主要角色，强行捍卫自己的主张。该平台还激发了一项名为"停止"（STOP）的学术倡议，学术型规划人员还为该地区制定了一个新规划方案。该研究论文识别了该平台作为社会运动的几个显著特征：它是在反对绅士化的情况下出现的，并且是以长居于此的当地人而非外来人为基础的；它具有以罗姆人社区为基础的独特民族和文化特征；它吸引了相当多的国内和国际关注和支持；它在关于社区参与的政治辩论中发挥了重要作用。

然而，它未能阻止拆除规划。研究表明，这有三个原因。第一，该地区的产权不明确，由此减少了当地居民的正规法律利益；第二，该项目助长了土地投机，增加了允许开发商采取拆除措施所能带来的利益；第三，由于不愿与罗姆人站在一边，苏鲁库勒平台无法动员广泛的公众支持；第四，当地的罗姆人社区缺乏资源，已经在政治上被边缘化；第五，苏鲁库勒平台经历了碎化过程，由此削弱了其效力；第六，参与更新项目的行动者（包括地方议会）施加了很强的反对压力。有权势者保留了权力，能够控制城市变革，使当地社区这一被边缘化的社会群体处于不利地位。在撰写该研究论文时，该联盟仍在就未来的让步进行谈判，这表明该联盟仍然存在一些希望，这是因为该平台活动具有广泛的政治影响。

本研究采用了一个宽泛的概念库来讲述了城市规划中涉及歧视的一个强有力的故事。这些概念包括 USM 的方方面面、行动者所拥有的差异化的资源（通常基于制度安排）以及社会资本的力量（可用来有力讲述城市规划中歧视的故事）等。然而，该项研究仍然为识别如下问题留下了空间：一个是 USM 是如何产生影响的，另一个是如何才能扩大这种影响。

米勒·坎茨勒和休恩（Miller Cantzler 和 Huynh，2015）在环境正义框架内进行了一项研究，探讨了美洲原住民在太平洋西北部三文鱼渔业纠纷中的地位。通过"认真对待历史"，他们对环境正义这一进路进行了补充，并在美洲原住民长期种族化和（去）殖民化的背景下，将当前关于环境资产和权利的冲突置于其中。他们试图将当前社会和政治中的种族分层与其历史根源联系起来。但他们的研究也突显了为公民权利而斗争的群体的能动性，在这种情况下，是对支撑美洲原住民文化和生计的捕鱼权的认可。收集数据的方法依赖于档案分析和访谈，然后将这些数据置于关于种族形成、环境正义和（去）殖民化的丰富理论文献中。研究关注的重点是美洲原住民为维护捕鱼权而使用的策略。

历史框架分析表明，承认土著人民自然资源权利的方式具有更广泛的意义，就像 1974 年重要的博特法律裁决（Boldt legal decision）一样，因为它"确立了土著群体对其领土的政府自治权，并基于其他文化和政治逻辑使这些权利合法化"。因此，研究人员研究了博特裁决后 40 年来围绕美洲原住民捕鱼权的斗争，他们使用了环境正义的框架来讨论分配正义、程序正义和认知等问题。他们展示了如何通过对博特裁决进行灵活的解释来满足部落不断发展的社会、文化和经济需求，从而加强分配正义。在程序上，部落采取了双重方法，既与当地其他社区建立伙伴关系，又利用法院形成司法上可执行的部落立场，即要求当地社区与部落进行接触。最后，研究还指出了该纠纷的一个重要转变：将当地知识纳入环境资源管理并将其作为环境资源管理基础。

他们得出结论，为捕鱼权而斗争的策略，是使国家机构非殖民化和废除歧视性殖民逻辑的一部分，因为这些殖民化和歧视性的逻辑仍被用来合法化有关这些环境资产的法律、政策和实践。这充分表现了"土著机构对长期支持种族不平等的法律和文化基础的成功挑战"。不过，这些成就不应被夸大，目前仍然存在诸多挑战，如持续的栖息地破坏、与旅游业的冲突以及资源管理制度的复杂性等。但是，在殖民化和非殖民化的漫长历史背景下，这些策略表明了"人类在解决民权行动分子与国家之间争端时所具有的能力"。

这再次表明，在城市政治框架内进行的研究可以讲述诸多有助于解决冲突的故事。这与框架强调的行动者能动性有关，这种能动性是通过包括资源利用在内的各种手段以及动员模式实现的。

管理实践中的冲突

最近基于城市政治进路的研究最大的增长点在于对争胜主义这一话题的关注，在于讨论规划互动中争胜主义在多大程度上是存在的，以及其对不同社会群体的影响。下面的一组论文将研究如何在具体的实践案例中管理冲突。

特拉彭贝格·弗里克（Trapenberg Frick，2018）的一项分析，探讨了在美国通常相互对立的群体如何围绕可持续基础设施问题形成战术联盟的问题。她特别关注了来自茶党（Tea Party）的进步团体、行动分子和其他反对此类基础设施的团体所形成的联盟。其中，茶党掀起了一场基于保护财产权和个人自由的保守运动。弗里克将这项研究置于争胜主义的框架之中，但也借鉴了社会运动研究和联盟研究中的思想，以确立如下方面的重要性：争论策略库（即社会运动中活动的范围，包括互联网通信）、触发事件或威胁的作用、故事情节或叙事的形成以及他们自己支持的话语联盟（有关最后一个方面的进一步讨论，请参见第八章）。分析的焦点在于：即使不同政党共同认为在其他（通常是根本性的）问题上存在分歧，但我们如何能够找到趋同的领域。

她选择了三个案例展开研究，并在每个案例中使用了相同的方法。这种方法包括文件审查（包括政策文件、新闻媒体报道和在线材料）以及 39 次半结构化访谈，其中 35 次与案例相关，4 次是与茶党行动分子的访谈。案例访谈的对象是茶党和产权附属机构（12 人）、包括环境和社会正义团体在内的进步活动家（9 人）以及公共机构和规划人员（14 人）。所有这些人被选中是因为他们对案例研究所涉及的规划有所了解或参与了相关规划活动。访谈是深入的（长度为 1–3 小时），访谈主要围绕如下问题进行：规划问题的性质、受访者对过程和结果的解释以及相关联盟的形成、参与动机和参与方式等。研究人员还利用了她自己作为规划人员三年以来的参与式观察，因为他自己也为另一个联盟提供关于有争议的基础设施政策干预支持。

第一个案例是华盛顿州和俄勒冈州的哥伦比亚河大桥（Columbia River Crossing），该桥取代了1917年建成的老桥，新桥的承载能力是旧桥的两倍，高度足以让高大的船只从下面通过。在这里，一个自由市场智库（free-market think tank）和一个环保/可持续土地利用非营利组织联合起来，主张翻修现有桥梁，阻止新建大桥。为了达成一致，两个组织就公共交通在该地区的作用问题站在了一边，虽然从根本上讲他们在对此作用的认识上存在分歧。第二个案例也是反对一项交通规划，即佛罗里达州的快速公交系统（BRT），该交通系统获得的资助来自于增加的销售税收。在这里，联盟的一方是茶党和一些保守的行动分子，另一方是东盖恩斯维尔（East Gainesville）的低收入非裔美国人社区，他们认为服务资源将从他们的社区转移出去。这些群体之前曾合作反对过当地的一家生物质燃料发电厂，这为持续的合作奠定了基础。在本案例中，他们不仅反对快速公交系统规划，还支持对东盖恩斯维尔地区的传统公交服务进行改善。最后一个例子是在佐治亚州。在这个案例中，地方上成立了一个由保守派（茶党）和进步人士组成的绿茶联盟。这些进步人士包括环保组织塞拉俱乐部（Sierra Club）的一个分会。他们再次合作反对为了交通而征收销售税。在稍后的阶段，美国促进有色人种进步协会（National Association for the Advancement of Colored People）（一个成熟的种族正义运动组织）加入了绿茶联盟，反对快速公交系统，支持修建一条通往弱势社区的铁路线。这个联盟后来转向支持太阳能发电，但前提是不讨论（同时不认可）气候变化本身。

三个案例的分析表明这样一个观点，即激进的两极化公民可以在忍受一定程度的痛苦的基础上共同影响规划决策。特拉彭贝格·弗里克进一步认为，这些联盟在性质上可能不同，形成了短暂型、新兴型和已建型三种联盟类型，每个联盟类型都有不同的特征。哥伦比亚河大桥的案例涉及一个短暂的联盟，佛罗里达州快速公交运输运动的案例涉及一个新兴的联盟，佐治亚州的绿茶联盟具有已建成联盟的特征，使其能够在其活动中改变规模和部门。这些联盟的参与者能够在公共场合保持其核心身份，同时"以同等的地位讲话，并搁置分歧领域"。

这项有些令人惊讶的研究，强调的是关心冲突和共识在解决规划问题的联盟中是如何能够共存的，并鼓励我们质疑这些联盟是具有高度凝聚力的实体的这样一种假设。相反，在争胜主义的条件下，这些联盟在同意开展共同工作的过程中可能是非常务实的。

罗杰斯（Rogers，2016）的研究考察了一个非正式的社区驱动的介入策略的例子，该策略游离于正式的参与式规划之外。该研究从对基于治理启发的规划参与的批判（见第五章）出发，将自己置于认同争胜主义并转向争胜主义的立场。然而，该研究也借鉴了监督民主（monitoring democracy）的理念，这涉及议会之外的代表或其他非正式代表这样的新模式，以行使权力同时也挑战权力。运用这一理念，罗杰斯拒绝寻求共识，而是专注于以更大的透明度和问责制为名，通过非正规空间来监督强权者的正式行为，并促进新政治力量的形成。

根据这些理论探讨，他构建了自己的研究框架并对 REDWatch 进行了研究。REDWatch 是一个位于悉尼中央商务区南部地区的当地社区组织，该地区拥有大量土著人口和低收入公共住房。REDWatch 成立于 2004 年，是对政府所做各种规划的一种回应，这些规划旨在将该地区重新定义为全球的一部分。REDWatch 随后发展成为一个正式的组织，开展各种活动，并集中使用一个网站。鉴于这些规划都希望通过公私合作重新开发该地区以释放土地价值，REDWatch 决定作为一个监督性的民间社会集体，监督政府政策并进行宣传，以确保结果将惠及当地社区。

分析数据来自对地方和州政府官员、高级政府规划人员和 REDWatch 成员的 10 次半结构化访谈，以及对社区组织五年来的广泛参与式观察和对 31 份政策文本的分析。研究问题一方面集中在正式的规划治理机制上，另一方面集中在（为应对会改变该地区的规划）当地居民所获得、创建或运用的各种正式 / 非正式的行动工具上。特别的兴趣点在于：REDWatch 是如何处理国家与私营部门利益相关者之间，以及当地居民与非政府组织之间的不可调和的紧张关系的。

罗杰斯展示了 REDWatch 是如何开展如下行动的：识别出国家组织的正式社区参与活动的局限性的，并决定创建自己的非正式公民空间，以密切关注公共部门与私营部门共同为该地区制定的规划。这是一种强调冲突的进路，也是一种强调挑战当地强权者的进路。特别是，他们使用自己建立的网站来存储和公开从国家网站上消失的文件，充当"惹是生非的'企业记忆'"。该网站成了该地区地方知识、政府式规划以及向当地居民做出的各种规划和咨询承诺的存储库。由此，该网站形成了巨大的社会影响力。

REDWatch 鼓励差异、分歧和辩论，它并不寻求谈判或协商以取得一致的结果。虽然有人担心 REDWatch 在多大程度上代表了当地诉求，但罗杰斯的研究表明，"政府规划人员确实利用 REDWatch 的监督地位，以在内部倡导不同的规划结果"。因此，REDWatch 秉持争胜主义使其能够产生一些影响，比纳入国家主导的咨询活动的利益集团的影响更大。罗杰斯承认，这两种代表方式相互补充，基于争胜主义的参与方式并没有取代传统的参与方式："公民监督行动并没有受到政府战略规划和控制性规划所约定的政治参与框架的限制，而是与之并行发挥作用"。

在争胜主义框架下，公民社会团体行动的各个方面（这些方面可能会被忽视，此处指不受到监督）成了研究的焦点，并用于识别这些方面如何在地方规划过程中产生影响。在这些互动中，知识的重要性将在第八章的讨论中进一步探讨，并在下一篇论文中得到体现。

使用争胜主义框架来分析规划过程，其研究的主题之一，就是我们生活在后政治时代，规划往往用于消除异议和压制公开的政治冲突。福奇瑞和邦德（Fougère 和 Bond，2018）在研究新西兰奥特亚罗瓦（Aotearoa）东海岸拟建煤矿的案例时对此进行了研究。该案例的背景，是 1991 年《资源管理法》（Resource Management Act，1991）的实施。该法案规定了这样一个程序：开发方案必须由一组独立的顾问或专员听取提交的方案后，才能决定是否应授予同意该方案。这为社区参与提供了许多正式的机会，但在煤矿提案这个具体案例中，社区行动分子还进行了公开抗议和"生物多样性普查活动"（Bioblitz），这是一项以社区为基础的活动，用于收集煤矿所在地区丹尼斯顿高原（Denniston Plateau）的生态数据。

研究人员一方面研究了正式监管程序如何与维权活动相结合，另一方面还研究了在规划决策中针对争议或不同意见而组织的民主参与提供了何种空间。数据来自对环保主义者、议会工作人员和委员会的 16 次深入的定性访谈（他们都参与了此案），以及文献资料（决策报告、申请文件和媒体材料）。

他们考虑了话语的生成，以及通过意义构建的秩序稳定的支配权，是如何与对抗主义（antagonism）和争胜主义之间的平衡相关的。在此基础上，他们详述了不同行动者采用话语的方式，以及由此形成的两种相互冲突的叙事："拯救丹尼斯顿高原"或"开采高原"。他们考察了持有不同叙事的各方之间的这种分歧是如何以及在多大程度上被废除或剥夺合法性的，从而将分歧的空间缩得足够小，使得其不会从根本上挑战支持增长的这样一个现实方案。他们寻找的是对抗主义（而不是争胜主义）在哪些方面可以"破坏后政治化"。

他们的研究表明，"规划框架之外的权力关系（特别是支配式的实践）以及在框架内运行的代理人塑造了异议的性质，无论异议采取的是何种形式——争胜式、对抗式或其他形式的政治"。他们指出，最具对抗性的时刻发生在议会和环境法庭（Environment Court）听证会的正式程序中。但研究还表明，有些领域的讨论是在对手（adversaries）之间进行的，而不是在敌人（enemies）之间进行的，这些领域涉及对某些要素进行保护以及基于生物多样性普查的知识生成活动等共识。在这些领域凸显的时刻，非正式的社区参与和正式的基于规划程序的参与都趋向于采用争胜主义的做法而不是发动冲突的做法，这种冲突的做法在公众抗议和正式听证程序中很常见。他们还认识到，争胜式参与和对抗式参与是相互关联的，并且在某种程度上相互依赖：对抗主义为争胜空间（agonistic spaces）创造了可能的条件。正式的参与过程为争胜主义创造了可能性，但也迫使它进入非正式的空间。就像在 REDWatch 案例中一样，这些过程可以共存。

然而，在这种情况下，制度化保障的专家和技术知识的优先地位，意味着这些争胜事件的影响是有限的，而支持发展和反对发展的立场之间的对抗性冲突则占据着主导地位。上述所言的知识的优先地位也促成了这种互动的后政治定位。这种知识总是超出讨论范围，或者在讨论中被消除了更具情感色彩的表述。他们得出结论，虽然争胜主义是目标，但在为争胜主义创造空间的过程中，也为对抗主义留下了一席之地。此外，行动主义是防止异议被压制的一种必要形式，例如，通过诉诸公认的专家知识和专业知识。

本研究使用争胜主义框架展示了行动者是如何在敌人（enemies）的角色和对手（adversaries）的角色之间转换的，也展示了正式过程所促成的对抗性冲突和不同关系所促成的争胜主义行为是如何相互关联的。当然，在这些互动中，还是强调了知识的核心作用（更多内容见第八章）。

结论

城市政治学进路的长处在于，它将不平等、冲突和权力问题置于规划研究的前沿，同时也关注对普遍非公正的规划实践的抵制事例。它非常关注社区，并表明规划研究可以支持因城市变迁而处于劣势的社区。事实上，一些规划研究已经进入了行动研究模式（action research mode）（McNiff，2013），在这种模式下，与社区的联系是研究活动的组成部分。但即使在行动研究模式之外，这项工作也可能让规划人员和社区了解到更消极的规划运行方式，从而提供比述评的研究框架更具有批判性的视角。

从城市政治学角度进行的研究往往主要采用定性研究方法，以尝试了解各类群体是如何形成、是如何参与行动主义活动，以及是如何感知其活动并理解规划体系的公正性的。但是，这并不意味着不能使用定量材料来支持对不同群体表现的分析，例如，基于统计分析的细节在清晰描绘不平等现象的图景方面非常有用。然而，城市政治学研究强烈的规范性维度（normative dimension）往往使定性研究超越分析人员的外部视角，进入对行动研究人员而言更具介入性的视角。采用城市政治学范式的研究人员持有价值承诺，这种价值承诺会减弱社会科学研究人员的明显中立的立场。但是，这些行动研究人员还是趋向于支持被研究的群体的。任何城市政治学研究的一个共同关键点，在于它强调社会群体对规划情况的自我看法：规划是如何发展以及规划人员是如何处理这些发展的。这种所谓的主位视角（emic perspective）对城市政治学研究至关重要，因为它从被卸权和被边缘化的群体的角度出发。因此，需要通过访谈、焦点小组法、非参与式观察或更具介入性的行动研究来理解这一视角。

关键理论阅读材料

Campbell and Fainstein (2003) Chs 11 and 18.

Hillier and Healey (2008) Chs 9, 19 and 20.

Hillier and Metzger (2015) Ch. 17.

Gunder et al. (2018) Chs 9, 12, 13, 21 and 23.

关键研究阅读材料

Uysal, Ü Evrim. 2012. An Urban Social Movement Challenging Urban Regeneration: The Case of Sulukule, Istanbul. *Cities* 29: 12–22.

Fougère, L., and S. Bond. 2018. Legitimising Activism in Democracy: A Place for Antagonism in Environmental Governance. *Planning Theory* 17(2): 143–169.

Li, B., and C. Liu. 2018. Emerging Selective Regimes in a Fragmented Authoritarian Environment: The "Three Old Redevelopment" Policy in Gaungzhou, China from 2009 to 2014. *Urban Studies* 55(7): 1400–1419.

Miller Cantzler, J., and M. Huynh. 2016. Native American Environmental Justice as Decolonization. *American Behavioral Scientist* 60 2: 203–223.

Ravazzi, S., and S. Belligni. 2016. Explaining "Power To": Incubation and Agenda

Building in an Urban Regime. *Urban Affairs Review* 52(3): 323–347.

Rogers, D. 2016. Monitory Democracy as Citizen-Driven Participatory Planning: The Urban Politics of Redwatch in Sydney. *Urban Policy and Research* 34(3): 225–239.

Trapenberg Frick, K. 2018. No Permanent Friends, No Permanent Enemies: Agonistic Ethos, Tactical Coalitions, and Sustainable Infrastructure. *Journal of Planning Education and Research*.

参考文献

Agyeman, Julian. 2005. *Sustainable Communities and the Challenge of Environmental Justice*. New York: New York University Press.

Beebeejaun, Yasminah. 2006. The Participation Trap: The Limitations of Participation for Ethnic and Racial Groups. *International Planning Studies* 11(1): 3–18.

———. 2017. Gender, Urban Space, and the Right to Everyday Life. *Journal of Urban Affairs* 39(3): 323–334.

Blum, Elizabeth D. 2008. *Love Canal Revisited: Race, Class, and Gender in Environmental Activism*. Lawrence, KS: University Press of Kansas.

Butler, Chris. 2012. *Henri Lefebvre Spatial Politics, Everyday Life and the Right to the City*. New York: Routledge.

Campbell, Scott, and Susan Fainstein, eds. 2003. *Readings in Planning Theory*. 2nd ed. Oxford: Blackwell.

Cantzler, Julia Miller, and Megan Huynh. 2015. Native American Environmental Justice as Decolonization. *The American Behavioral Scientist* 60(2): 203–223.

Castells, Manuel. 1977. *The Urban Question: a Marxist Approach, translated by Alan Sheridan*. London: Edward Arnold.

———. 1983. *The City and the Grassroots: a Cross-Cultural Theory of Urban Social Movements*. London: Edward Arnold.

Dahl, Robert Alan. 1998. *On Democracy*. New Haven；London: Yale UP.

Devine-Wright, Patrick. 2009. Rethinking NIMBYism: The Role of Place Attachment and Place Identity in Explaining Place-Protective Action. *Journal of Community & Applied Social Psychology* 19(6): 426–441.

Dowding, Keith, Patrick Dunleavy, Desmond King, Helen Margetts, and Yvonne Rydin. 1999. Regime Politics in London Local Government. *Urban Affairs Review* 34(4): 515–545.

Gualini, Enrico, and Irene Bianchi. 2015. Space, Politics and Conflicts: A Review of Contemporary Debates in Urban Research and Planning Theory. In *Planning and Conflict: Critical Perspectives on Contentious Urban Developments*, ed. Enrico Gualini. New York: Routledge.

Gunder, Michael, Ali Madanipour, and Vanessa Watson, eds. 2018. *The Routledge Handbook of Planning Theory*. London: Routledge.

Hillier, Jean, and Patsy Healey, eds. 2008. *Contemporary Movements in Planning Theory*. Aldershot: Ashgate.

Hillier, Jean, and Jonathan Metzger, eds. 2015. *Connections: Exploring Contemporary Planning Theory and Practice with Patsy Healey*. Farnham: Ashgate.

Holman, Nancy. 2007. Following the Signs: Applying Urban Regime Analysis to a UK Case Study. *Journal of Urban Affairs* 29(5): 435–453.

Kingdon, John. 2003. *Agendas, Alternatives, and Public Policies*. 2nd ed. New York: Longman.

Lauermann, John, and Anne Vogelpohl. 2017. Fragile Growth Coalitions or Powerful Contestations? Cancelled Olympic Bids in Boston and Hamburg. *Environment and Planning A* 49(8): 1887–1904.

Leontidou, Lila. 2010. Urban Social Movements in 'Weak' Civil Societies: The Right to the City and Cosmopolitan Activism in Southern Europe. *Urban Studies* 47(6): 1179–1203.

Levy, Charmain, Anne Latendresse, and Marianne Carle-Marsan. 2017. Gendering the Urban Social Movement and Public Housing Policy in São Paulo. *Latin American Perspectives* 44(3): 9–27.

Li, Bin, and Chaoqun Liu. 2018. Emerging Selective Regimes in a Fragmented Authoritarian Environment: The 'Three Old Redevelopment' Policy in Guangzhou, China from 2009 to 2014. *Urban Studies* 55(7): 1400–1419.

Mayer, Margit. 2010. The 'Right to the City' in the Context of Shifting Mottos of Urban Social Movements. *City* 13(2–3): 362–374.

McNiff, Jean. 2013. *Action Research Principles and Practice*. 3rd ed. Hoboken: Taylor and Francis.

Molotch, Harvey. 1993. The Political Economy of Growth Machines. *Journal of Urban Affairs* 15(1): 29–53.

Mossberger, Karen, and Gerry Stoker. 2016. The Evolution of Urban Regime Theory. *Urban Affairs Review* 36(6): 810–835.

Mouffe, Chantal. 2013. *Agonistics: Thinking the World Politically*. London: Verso.

Nicholls, Walter J. 2008. The Urban Question Revisited: The Importance of Cities for Social Movements. *International Journal of Urban and Regional Research* 32(4): 841–859.

Pierre, Jon. 2014. Can Urban Regimes Travel in Time and Space? Urban Regime Theory, Urban Governance Theory, and Comparative Urban Politics. *Urban Affairs Review* 50(6): 864–889.

Raco, Mike. 2014. The Post-Politics of Sustainability Planning. In *The Post-Political and Its Discontents: Spaces of De-politicisation, Spectres of Radical Politics*, ed. Japhy Wilson and Eric Swyngedouw. Edinburgh: Edinburgh University Press.

Ravazzi, Stefania, and Silvano Belligni. 2016. Explaining 'Power To': Incubation and Agenda Building in an Urban Regime. *Urban Affairs Review* 52(3): 323–347.

Rogers, Dallas. 2016. Monitory Democracy as Citizen-Driven Participatory Planning: The Urban Politics of Redwatch in Sydney. *Urban Policy and Research* 34(3): 225–239.

Stone, Clarence N. 1989. *Regime Politics: Governing Atlanta, 1946–1988*. Lawrence, KS；London: University Press of Kansas.

Trapenberg Frick, Karen. 2018. No Permanent Friends, No Permanent Enemies: Agonistic Ethos, Tactical Coalitions, and Sustainable Infrastructure. *Journal of Planning Education and Research*.

Uysal, Ülke Evrim. 2012. An Urban Social Movement Challenging Urban Regeneration: The Case of Sulukule, Istanbul. *Cities* 29(1): 12–22.

Yamamoto, Arata D. 2017. Why Agonistic Planning? Questioning Chantal Mouffe's Thesis of the Ontological Primacy of the Political. *Planning Theory* 16(4): 384–403.

第七章
政治经济学：危机与响应

构建研究

规划体系一般都是为公共利益服务的。其表述方式可能不同，可能强调环境、社会或经济利益，也可能强调这些方面的组合或平衡。然而，在高度政治化的 20 世纪 60 年代，开始有大量著作质疑国家规划（state planning）的公正甚至善意的性质。第六章概述了这是如何导致了人们开始关注积极的抗议活动、社会运动以及争取"城市权"（和环境权）的行动。然而，本章所述评的论著却截然不同。它探讨了资本主义作为一种制度是如何与不均衡的规划结果以及其他国家活动相联系的，并质疑了建成环境及其规划在维护资本主义制度中扮演着怎样的角色。

这一观点的核心是关注资本主义危机与稳定之间的相互作用关系。使用"资本主义"一词表明，这种研究进路源于卡尔·马克思对经济体系的传统理解所提出的挑战（现在仍然如此）。对经典马克思主义兴趣的回潮有其特定的历史根源。一方面，社会评论家和理论家发现自己对 20 世纪 70 年代初期的阿以战争（Arab-Israeli war）引发的危机，以及与之相关的石油销售禁运和石油价格上涨以及随后的经济衰退对负债累累的房地产行业的影响产生了兴趣。另一方面，他们也对资本主义制度在第二次世界大战后的几十年间是如何避免此类危机的这个问题进行了发问。在此期间，工人阶级的生活水平似乎有所提高。国家的作用是什么？作为一种国家活动，规划体系（planning system）的作用是什么？

在提出这些问题时，政治经济学进路给出了一系列相互关联的研究假设：第一，国家最终是为了资本主义制度的利益而运行；第二，资本主义制度本质上容易出现危机倾向。它将规划框定为资本主义国家活动的一部分，这类国家最终必然是为了资本主义制度的利益而运行，但这并不意味着它总是为了资本家的利益而运行。例如，在某些情况下，资本主义的长期稳定可能是通过对非资本主义利益（特别是劳工利益）作出让步来保证的。这就需要重新审视规划活动，并对规划活动提出一系列新的问题，如提供公共住房、投资基础设施、为新的城市发展重新开展区划或允许开采环境资源等活动。

但是，为了避免过于简单的观点，这种进路还提出了关于资本主义制度的利益如何能与特定资本家或"部分"资本的利益不一致的论点。它也开始讨论采取结构主义方法的必要性，在这种方法中，资本主义经济的运行是变革的主要驱动力，这导致了关于结构和机构在决定结果方面的相对重要性和相互关系的辩论，吉登斯的结构化进路（structuration approach）试图解决基于结构性影响的解释和基于社会团体的能动作用的解释之间所形成的矛盾困境（Giddens 1986）。

这是针对社会民主主义规划论调（social democratic planning）的激进解读。它认为，规划的许多好处只不过是为了收买工人阶级或向他们承诺让步，以防止他们采取政治行动实现更激进的变革。最后，不管怎么说，资本主义经济和社会的结构性维度被看作是造成社会不平等和社会弱势群体持续存在的原因。

政治经济学是一种理解规划如何运行的结构主义方法。这意味着，整个社会层面的结构对规划在特定情况下的运行方式影响最大。此外，社会不能被理解为与经济截然不同的东西，而是包含了经济。资本积累的经济过程是社会运行的核心，因此也是规划的核心。

政治经济学框架背后的关键分析性和规范性思想，是认为工人阶级对创造价值和利润的贡献没有得到认可。相反，社会结构允许资产阶级剥夺这种价值，即劳动价值（labour value）。这种剥夺的利润归资本所有者所有。这些不同类型的资本所有者包括土地所有者、金融资本所有者以及其他类型资本（如制造设备）的所有者和控制者。这些利润也可以通过国家在某种程度上进行重新分配，也可能给予中产阶级不成比例（不公平）的份额。可能有人会问，为什么资本所有者愿意将他们在资本主义体系下获得的金融回报的一部分交给国家或中产阶级。这里的关键问题，是资本主义作为一种制度的连续性是否受到威胁。如果发生这种情况，那么对被剥夺的劳动价值进行一些再分配可能是有意义的。

国家在资本主义中的角色可以有多种形式。它可以成为向工人阶级让步的途径，以回应他们所进行的斗争，这些斗争可能被称为革命性的斗争。国家也可以在"劳动力的社会再生产"中发挥作用，即满足不断发展的资本主义所需要的劳动力的再生产所涉及的成本。这可能涉及对更健康、受过更好教育的劳动力的支持，这是因为资本主义企业不再能够用仅靠工资支持的劳动力来积累利润。

工人阶级对剥削的抵制可能导致国家提供福利来"收买"这种抵制。有时很难区分，比如，提供优质的政府住房是为了回应工人阶级的具体斗争和要求，也有可能是为了确保拥有更高质量的劳动力和能够产生更多利润的劳动力。因此，20世纪后期的分析强调公共部门对工人阶级住房的支持日益增加，这是改善工人阶级条件的重要途径（借用恩格斯的话），而不必增加支付给劳动力的工资。城市规划的起源与公共部门对住房的规划、供给甚至管理有着内在联系，因此规划体系被视为劳动力社会再生产的一部分。它通过创造一个更具生产能力的工人阶级，使资本主义能够更有效地运行，而不直接影响资本主义活动的营利能力。

另一个策略是不向工人阶级让步，比如通过国家实现这一点，把重点放在中产阶级上。让中产阶级在剥夺的劳动价值中占有更大份额，这可以被视为一种应对方法，也就是创造一个与资本主义这个运行系统有利益关系的社会阶层。如果中产阶级认为他们的地位是由资本主义支撑的，那么当工人阶级意识到他们被剥削并抵制时，中产阶级将在任何可能发生的斗争中成为资产阶级的盟友。

因此，对规划的政治经济学分析主要关注国家如何运行，以确保资本主义制度的连续性和营利性，以及与建筑和自然环境相关的规划活动如何促进这一点。许多基于政治经济学进路的研究都集中在建成环境规划如何影响其在资本主义体系中的作用，而政治生态学领域也有类似的问题，即关注自然环境的作用，特别是资本积累所需的关键自然资源的作用（Robbins 2012）。这种资源开采往往与资本主义向低收入国家的渗透以及殖民主义的扩张和较贫穷国家对较富裕国家的经济依赖有关。

土地与城市增长、发展以及自然资源开采紧密关联。政治经济学也关注土地如何在资本主义体系运行和利润产生之中发挥关键作用。马克思主义的地租理论试图识别土地所有权，特别是资源开采或开发对土地进行的改造，是如何产生利润的源泉，并为资本积累提供动力的。这也是政治经济学进路更加注重经济过程的一种表现形式，认为规划必须融入经济过程之中。由此，政治经济学进路提出了这样一个核心问题：即规划活动如何促进利润的产生、资本的积累，并确保资本主义体系的平稳运行不受威胁。

分析的动力过程与关键概念

在这里，我们将要对分析的动力过程进行概述，该动力过程涉及理解资本积累的重要性以及建成环境在其中所起的作用，理解经济中反复出现的危机以及国家对此的反应，理解全球关键趋势的重要性以及这些趋势如何塑造国家的角色。

资本积累和建成环境扮演的角色

政治经济学借鉴了马克思主义的分析方法，特别是以卡尔·马克思的理论为核心。马克思的分析框架强调将社会划分为不同的阶级，其中工人阶级和资本所有者（资本家）是两个最关键的类别。这是因为资本主义社会所基于的经济体系是由资本家剥削工人阶级来运行的。剥削之所以产生，是由于工人阶级成员需要出售自己的劳动力以获取生活资料，他们没有资本（包括金融资本、土地、生产设备等形式）可以依靠。这种分析是在 19 世纪的欧洲发展起来的，当时的社会经济特征主要体现在两个方面：一是制造业从家庭手工业向工厂生产的转变，人们集中在工厂内出卖劳动力以获取报酬；二是人口从农村地区向城市工厂所在的城市或地区的迁移。在农村地区，人们可能有一些土地来提供生活来源。这一时期，一个没有任何资产但能够以出卖劳动力为生的工人阶级逐渐形成。

马克思主义对资本主义的经典分析认为，价值完全来源于劳动，即工人阶级的工作。资本家可以通过投资固定资本，（如机器）来提高剥削率。其想法是，配备这种机器的工人将能够生产更多，并成为更高利润率的来源。然而，通过这些手段提高利润和劳动剥削率的能力是有限的，这一过程符合收益递减规律。这被认为是资本主义内部反复出现危机的关键原因之一，这些危机在 19 世纪工业化的欧洲是显而易见的。

这种政治经济学理论显然是一种关于经济如何运行的理论，而不是关于规划过程本身的理论。但在 20 世纪后期，许多理论家从经典马克思主义中寻找灵感，以激发人们对国家如何运行的新看法。这些理论家（有时被称为新马克思主义者）反过来启发了城市理论家，并由此产生了关于城市规划的新观点（Broadbent，2007；Dunleavy，1980；Harvey，1988）。随着政治经济学家对 20 世纪和 21 世纪不断变化的经济背景的理解的发展，这些观点也各有差异。马克思主义方法的本质，在于每个历史时期对于这·时期的关键趋势都有自己的分析和解释。

在 20 世纪 70 年代和 80 年代，政治经济学的主要观点是：在整个 20 世纪过程中，不断增长的公共部门在劳动力的社会再生产中发挥着越来越大的作用。实际上，这意味着国家正在承担各种职能，使工人阶级在资本主义生产中更有效率。其中改善工人阶级的健康状况以提升其生产效率。例如，国家早期在住房条件方面的投资与第一次世界大战期间士兵征召期间开展的体检有关，因为体检揭示了工人阶级堪忧的健康状况；同时，这也与马克思的合作者弗里德里希·恩格斯、布斯（Booth）和查德威克（Chadwick）在19世纪末记录的快速城市化地区住房标准低下的情况有关。

自20世纪70年代以来，政治经济学的相关论述倾向于不再将城市规划视为通过福利国家为工人阶级提供帮助来支持资本主义，而是将这种规划视为受到限制，仅限于促进城市发展并提高其利润。

帕斯捷尔纳克（Pasternak）和达夫诺斯（Dafnos）关于加拿大基础设施发展的研究以及土著人民的土地权利如何与此纠缠在一起的研究，是经济体系中资本流通如何与建成环境的变化以及社会群体所遭受的相关压迫联系起来的绝佳案例（Pasternak和Dafnos，2017）。他们的论点是，物流部门在资本主义体系中发挥着越来越重要的作用，实际上正在向着更精简、更快捷的资本积累路线重组资本主义体系。确保基础设施的可用性以支持物流所支撑的分销活动至关重要，国家则通过基础设施规划参与其中。土著人民对其土地权利的坚持可以被视为对这种新积累模式的威胁，因此国家对这一问题的反应方式值得深入分析。

帕斯捷尔纳克和达夫诺斯从土著权利对资本积累造成的不确定性角度出发，分析了两种应对措施，即由此产生的两种风险缓解形式。第一种措施是将土著管辖权视为中央政府的"法律风险"（legal risk），并在此基础上实施社会经济规划，通过政治和金融投资将土著社区融入市场经济。这使得国家和私营部门能够进入土著管辖范围内的土地、资源和交通网络。如此一来，资本就可以真正地在这些地区流通起来，否则资本在这些地区可能会遭到禁止；第二种是将土著管辖权设定为因国家所需而建设基础设施条件下的潜在"紧急情况"（emergency），在此情况下国家允许对土著土地权利采取行动。通过这些方式，物流主导的经济中的资本可以很容易地流通，而基础设施规划则在此过程中起到了促进作用。

规划作为对危机的响应

1973—1974年的石油价格危机造成了自两次世界大战以来最严重的经济萧条。许多工业化国家似乎再次受到商品和服务生产量与全球支付能力之间不平衡的危机的影响，即生产过剩危机（或如奥康纳所称的消费不足；O'connor，

1973）。这些危机的核心是资本主义无法通过支付工资来提供足够的收入进而来支撑购买。通过进出口手段，可以将工资过低的劳动力的地理位置与有购买能力的市场地理位置分开。工人阶级和具有这种重要支付能力的中产阶级之间的社会分化加剧了这一问题。但根据政治经济学，资本主义体系的核心具有内在的不稳定性，这使得经常性危机不可避免。

这为政府提供了一个新的角色，即关注资本在资本主义体系中的配置方式。主要的可能情况包括努力加快资本流通的速度，并在不同的投资机会之间调配资本。这可能涉及贬值已经以固定形式投资的资本，如机器和建筑物。实际上，这种新马克思主义（neo-Marxist）分析为城市衰退提供了解释，提出了土地和建筑物为何被遗弃并等待重建的系统性原因。因遗弃而造成价值下降代表了资本贬值，因此对这些领域的新投资将（最终）获得更高的回报率。城市规划与城市资产贬值的过程直接相关，也与通过城市更新而实现的遗弃资产再估值的过程有关。

大卫·哈维对城市规划在应对此类危机时可以发挥的具体作用进行了重要阐述（Harvey，1982，1985，1988，2010）。他指出，危机可能需要资本贬值，以便在较低的价值基础上开展新一轮的资本积累。他还认为这是一种在不同类型资本之间进行转换的形式，并认为建成环境是固定资本（fixed capital）沉入建筑物和土地的一种形式，在这方面发挥着特殊作用。当资本主义出现营利危机时，就需要贬值资本，资源将从建成环境转向其他形式的投资，导致建成环境中房地产的大幅贬值。

哈维识别了资本在以下环节之间流通的相互关联回路：价值和剩余价值生产过程，商品消费和劳动力再生产，国家发挥作用，以及包括金融和国家中介在内的资本市场。除了劳动力（工资）与消费品之间的主要支付交换外，还有与固定资本、消费基金、社会支出（教育、卫生、福利、政策等）以及科学、技术和管理有关的回路。系统中的危机可以通过在回路之间调配资本、在一个回路中贬值资本并在另一个回路中建立资本来解决。建成环境既是固定资本，也是消费基金的一部分，因此，建成环境部分的定期贬值和对建成环境其他部分的再投资可以被视为解决资本主义内部营利能力和回报危机的策略。这为一些房地产市场迅速衰退提供了独特的解释，也为在地方政府土地转让等规划政策和行动的帮助下，投资资金流入新领域以创造有利可图的城市发展机会提供了独特的解释。

20世纪70年代初，在阿拉伯—以色列战争（Arab-Israeli war）后，利率的上升以及阿拉伯石油生产国的卡特尔（Cartel）利益集团对石油供应的相关限制，使伦敦债务推动的商业地产热潮突然停止。其结果是经济衰退以及一系列的空间后遗症导致通货膨胀和失业。利率迅速上升，这使得许多债务融资的开发项目无法生存，加剧了潜在用户对新建筑需求下降的影响（Ambrose 和 Colenutt，1975）。

2008 年，引发更大范围经济危机的导火索是过度使用债务来推动房地产市场。但这一次，具体的问题是美国和其他国家的国内市场贷款。不仅抵押贷款导致债务收入比（debt-to-income ratio）和债务权益比（debt-to-equity ratio）非常高，而且这些债务被打包成投资组合，然后证券化，即被分割成一纸债务所支持的资产（paper debt-backed assets），以便于后续销售。这种证券化甚至一再发生。这些债务所支持的资产的售价远远超过基础债务的价值。此外，证券化资产与原始抵押贷款之间的联系往往被证券化过程所掩盖。然而，当资产估值过高时，这种联系则又回到了源头的房地产市场和资产价值，导致房地产价值下跌。向这些抵押贷款市场大量放贷的银行也发现自己资本不足，面临倒闭的危险。

在上述各种情况下，响应情况均符合政治经济学框架的预期，具体表现为土地及财产资产的贬值。20 世纪 70 年代，商业和工业财产空置且无法出租，直到其价值下降，经济重组，规划引领了新一轮的以房产为主导的更新浪潮。规划作为公共部门活动，既受到直接攻击，又被要求在私营部门而不是公共部门主导的城市变革的背景下运行。主要的公共部门所开展的住房建设和其他发展项目，如 20 世纪 60 年代和 70 年代的新城建设，逐渐被城市发展公司（Urban Development Corporations）所主导的城市更新所取代，这一过程由私营部门领导，并通过向私人开发商提供土地及其他补贴来推动。

2008 年后，美国密歇根州底特律市成为房地产市场贬值的典型代表。通用汽车等主要雇主在此破产。随着大量家庭放弃房屋和相关抵押贷款（在美国存在这种可能性），该市大片地区被废弃，当地经济因此崩溃，人口外迁随之而来。在此背景下，缩小城市规模的想法开始推动城市规划，大量整片的地块和社区被推土机推平。社区活动开始占用一些在财政金融上无价值的土地，比如开展城市农业和相关活动（详见第十章），最近（至少在 2020 年新冠病毒流行之前），则慢慢出现了绅士化及相关发展的迹象。

全球趋势及其对规划的影响

马克思主义者也指出，许多民族国家应对这场危机的办法显然是为了部分资本，特别是金融资本的利益。银行机构（金融资本的主要代表）得到了大量的财政支持以开展"资本重组"，这显然是以牺牲低收入群体为代价的。受影响的国家采取了紧缩政策，通过大幅削减公共开支来减少公共部门债务。公共服务大规模减少，公共部门内的规划服务再次受到影响。在这里，政治经济学的论述在很大程度上支持这样一种观点，即规划体系被减少、剥离和限制，以避免对私营部门利益造成任何实质性限制。

如此一来，规划则与国家和经济所强调的各种不同过程纠缠在一起。国家资产私有化的趋势使得它们成为私人资本流通的一部分。政策转向紧缩，公共预算和国家活动减少，包括地方各州及其规划职能。这些因素都被纳入更广泛的新自由主义意识形态中，该意识形态主张市场过程的首要地位和改变国家角色的必要性（Tulumello，2015）。缩减国家干预已被确定为一种新自由主义战略，但除此之外，还有其他建议，即重组国家以适应新的经济环境。在这种市场占主导地位、国家作用减弱的情况下，地方特别是城市认为它们的未来在于吸引私人资本，相互竞争以获取流动资本资源。

与此同时，一项分析表明，占主导地位的经济利益存在于资本的金融部分。早在20世纪80年代，梅西和卡塔拉诺就认为，主导19世纪资本主义的工业资本正日益屈从于金融资本，尤其是银行资本，但也包括其他渠道，如投资商业土地所有权（Massey和Catalano，1978）。因此，规划的作用不再是促进工业资本的营利活动，而是帮助金融资本的投机性营利，主要是通过放松城市发展和建设投机性商业地产。到21世纪，评论家们补充说，资本主义正日益被金融化进程重塑，在这个过程中，包括建成环境在内的各种资产正以类似于股票（已经改变了工业资本主义）的纸质金融债权的形式流通。由于这些金融资产在全球尺度上流通，因此建成环境（或其部分）已经逐步转变为获取和持有金融资产的方式，而不是为了生活而设计的聚居之地。

从沙特金（Shatkin，2016）对亚洲城市化进程的研究中可以看到，是土地金融化推动了城市规划，而不是规划的努力带来城市的变化。在这里，土地价格的迅速上涨，推动土地管理新战略的探索，从而寻求释放价值，以增强公共财政能力或向国家强大的私营企业支持者分配资源。建立在历史论述的基础上，沙特金指出，这些都隐藏在政府改革议程的背后，"金融部门的自由化，城市土地利用规划框架的改革，财政分权化，以及其他——这些都非常明确地旨在赋予地方政府权力，并促使他们在土地管理中更加商业化"。沙特金使用史密斯（Smith，1996）的租金差理论（rent gap theory），认为许多因素导致了亚洲半城市化地区土地的当前使用价值与开发后的潜在价值之间的差距越来越大。其中，他列举了占据大片土地所有权、土地利用限制以及非正规性政治等内容。在这些地区，法外占用土地的现象出现了蔓延。这种租金差给半城市化地区的土地货币化和私营部门的发展带来了压力。

研究实践中的研究主题

本节所述评的论文从政治经济学的角度审视了规划的三个方面：环境的商品化、资本积累与剥夺弱势群体的关系（这种关系与对"绅士化"的研究密切相关），以及最近的金融化趋势及其如何支持企业型国家（entrepreneurial state）的理念。

商品化

许多公共物品或共有物品转化为私人资产以进行资本积累的过程已被广泛研究，这在环境商品和服务被纳入资本主义经济的情况下尤其如此。一个典型的例子，就是斯皮克（Speake，2017）对马耳他景观视域被商品化的研究。她考察了提涅角（Tigné Point）的更新项目。提涅角是一个可以俯瞰瓦莱塔（Valleta）老城及其独特建筑和海景的地方。她展示了全景式景观视域的商品化是如何按照新自由主义议程成为城市转型和更新的一部分的。在这样做的时候，她将政治经济学进路与文化地理学及其所使用的"凝视"（gaze）概念联系起来；她还将研究与列斐伏尔的作品联系在一起，包括列斐伏尔所使用的"感知"（perceived）空间、"构想"（conceived）和"生活"（lived）空间，这是一个跨文化维度和政治经济学的分析框架（Lefebvre，2008）。她探讨了在新自由主义下，"全景式景观视域如何变成待购买的商品，并成为富裕精英的财产"。

该方法框架使用了一种基于实地观察、公私营部门文件和访谈的定性拼凑方法。这包括对视觉观察的记录、对文本材料进行编码和主题分析，以及通过与房地产经纪人的访谈收集有关当地房地产市场运行方式的数据和信息。研究的文件包括房地产市场宣传材料和官方规划文件。研究问题集中在如何将马萨姆塞特港（Marsamxett Harbour）的全景式景观视域反映在设计及估值活动中，这就直接要求对材料进行人工编码以供分析。

这项研究关注全景式景观视域如何成为经济和政治交易的对象，以及这如何加速资本积累并导致进一步的空间不平等。在分析中，除了关注房地产开发的经济性和地方规划在其中的作用外，还平行关注了该项目的文化方面，如凝视（gazing）、标示（signaling）和表征（representation）："全景、凝视和城市形态的创造之间存在相互联系，这些联系在新自由主义将全景美学商品化为文化和金融'价值'的过程中得以揭示"。通过实证工作，斯皮克展示了提涅角的发展是如何遵循"经典"资本主义逻辑的，这使该地点的开发商受益，他们能够因景观而以溢价出售房产，也使那些能够支付新房产并享受独家景观的人受益。她指出了"凝视的商品化是如何操作的，以及观看主体如何以文书、有形物或其他物质形式（如公寓）拥有了被商品化的凝视"，并进一步追踪与这种商品化的凝视相关的市场价值。她指出，在这个过程中公众咨询的可能性有限，地方规划促进了这些过程，但不是以社区利益为导向。

这项研究非常详细地关注了景观视域如何成为可用于交换的商品化资产，但它仍然符合更广泛的政治经济学论点，即由于这种商品化和当地公众有限的抵抗，城市规划在实现公共利益方面的无能为力。

巴拉班（Balaban，2011）研究了土耳其城市中擅自占用土地和城市空间商品化之间的关系。这一研究的背景是土耳其战后快速的城市化以及在1960年代和1980年代初期出现的被称为"棚户区"（gecekon-dus）的非法工人住宅。这些棚户区是在奥斯曼帝国官方和半官方宗教组织的土地上以及20世纪初离开的非穆斯林少数群体的土地上建造的单层棚屋。研究按时间顺序对棚户区在20世纪末和21世纪初的转变历史开展，这种形式的历史叙事经常在政治经济学分析框架内被采用。研究方法主要是基于文献，尽管也提到了对大约17位市长的访谈，还包括了对伊斯坦布尔巴奇拉（Bağcilar）地区的案例研究。同样，基于政治经济学的叙述整理自各种材料，包括定量材料和档案材料，并且在他们的研究叙述中并不总是强调方法论。

在20世纪80年代之前，由于对所占土地缺乏合法权利，棚户区几乎等同于非法占用。围绕它们形成的社会运动关注的是为低收入工人阶层社区提供居住权，因此存在规范这些群体的土地权利的压力。到20世纪80年代，情况发生了变化，出现了大规模的建设热潮，并且开始转向为工人阶层提供多层公寓楼作为住房，而不是这些单层建筑。与此同时，居住也从占用转向了租赁。棚户区居民开始出租他们家中的空间，而多层建筑通常被租户租用。这开始了棚户区定居点商品化的过程。擅自占用者获得了确定的占有权利，这种确定性权利现在则被用来支撑所形成的房东—租客关系。此外，棚户区的业主还试图建造更多的多层公寓楼。

因此，巴拉班认为，"当早期擅自占地者为其住宅获得合法地位时，他们最初看似进步的自助社会运动就变成了城市空间商品化的主要机制"。基于此，一个保守的政府通过制度安排，完成了对城市土地的圈围和商品化。国家暴力也被用来防止对城市土地的进一步非法占用。受害者是工人阶级，他们现在依赖于租赁住房，并陷入了土地租赁关系之中。作者认为，这种做法导致了工人阶级的无产阶级化，也支持了旨在扩大出口的新自由主义经济政策。

在这里，对过去属于棚户区的土地进行商品化的过程与许多更广泛的结构性趋势相关联，包括正规租赁部门的增长、非正规住房的强制减少、工人阶级非工资资源的消失以及新自由主义对国家政策的影响。同样地，具体的细节也与更广泛的结构相互关联。

剥夺式积累

在全球范围内，政治经济学框架在研究市场主导的开发如何占据城市中由低收入群体定居的地区（通常是所谓的非正规居住区）时，具有特别的意义。这些非正规居住区的土地市场价值较低，使这些地方的城市开发比城市中心地带的开发更为有利可图。这里强调的不仅仅是低收入群体被剥夺土地的问题，而是与资本积累过程之间的联系问题。姆比巴（Mbiba，2017）在津巴布韦利用哈维的"剥夺式积累"（accumulation by dispossession）的概念研究了这一现象，以理解土地掠夺。

剥夺式积累的概念是从马克思主义的原始积累概念发展而来的。但重点在于强调资本主义进程得以扩张和加速的手段。姆比巴援引斯普林格（Springer，2017：445）的观点，将剥夺式积累描述为"新自由主义化改变城市空间的社会环境的一种方式，进而导致分化加剧、贫困人口流离失所，以及相当程度的冲突纷争"。他接着指出，在津巴布韦这样的国家的政治文化背景下，国家和地方行动者可能与全球行动者一样重要，甚至更为重要。新自由主义由此变成了"土生土长的"（home-grown）。但与政治经济学进路一样，重点在于国家的作用、国家行动者所运用的机制以及这种机制在多大程度上有利于特定的资本主义集团。金融机制的使用尤为重要，包括对不同群体的差别定价（贫困群体获得的较少）、差别信贷和债务安排（同样是贫困群体购买了更多不好的产品）以及从贫困群体向私人资本利益集团的直接资源转移。

姆比巴使用了公共机构提供的有关土地利用变化和所有权的档案数据。此外，还对高级政府官员等精英进行了访谈，并进行了实地考察。此外，还查找了特定地点的档案记录，"以解释每个地点改变用途或保护（规划指定）的历史和相关论据，并识别和描述不同参与者在每个开发项目中所扮演的角色"。姆比巴意识到他试图获取的某些数据的敏感性，登记了其从"城市历史和土地利用变化"的角度来介绍他的研究的必要性，并确认他是一名规划人员而不是记者。

这项研究的分析表明，在世界银行／货币基金组织推动的结构调整项目背景下，在新自由主义和出口增长的导向下，公共土地是如何转移到精英和企业实体手中的，而且往往是通过欺诈性的土地出售，每单位土地的价格明显低于向穷人出售类似土地的价格。"公民的资产就这样以低于市场的价格转让给了私人实体，剥夺了哈拉雷市政府（Harare City Council）为公民提供急需服务的资源"。据分析，这并不是少数腐败官员行为的结果，而是"国家主导的全面、系统的经济结构调整尝试，以建立和保护本土的资本主义代理人"。

随后，姆比巴通过两个案例研究对这一论点进行了阐述。第一个案例涉及哈拉雷的一个人民市场，这是一片公共空地，长期以来一直是出售手工艺品和蔬菜的场所。这块土地由社区使用，如果以商业目的出售，则可以获得一笔可观的收入。然而，在与津巴布韦商业银行（Commercial Bank of Zimbabwe, CBZ）的交易中，议会用这块土地换取了一批新车。该地区被围了起来，商人们被迁往城市周边地区。第二个案例涉及哈拉雷的一个自然保护区，该保护区与津巴布韦商业银行进行了有争议的交换，以换取车辆和现金，其中一个关键问题是国家在允许改变规划所指定的用途时是否遵循了合理的程序，而改变规划所指定的用途是将该地转为商业用途所必需的。

姆比巴认为，这些案例和辅助性的历史分析指出了本土的资本主义制度是如何通过转让公共土地等方式建立起来的，这些方式不利于贫困阶层的人口，也不利于当地的国家提供公共服务的能力。这里存在着各种资本主义利益之间的冲突：国际的和地方的、与国家结盟的和非国家结盟的、混合形式的（民团、商务人士和移民）与本土的。不过，这是在资本主义制度下，通过在各种投资选择之间转换资本来应对周期性危机的背景下发生的。姆比巴总结道，在20世纪90年代的津巴布韦，"资本从制造业转向投机性金融交易和房地产投资"。随着危机的加深，地方精英和资本主义利益集团与地方政府之间结成了欺诈性联盟，以实现土地转让，从而获得长期安全和收益。

这项研究深入探讨了土地是如何转化为可销售资产的，并在分析上花费了更多精力，将其与津巴布韦资本积累模式变化的分析建立了联系，同时使用了历史数据和案例研究数据来构建叙事。

德威特和加西亚（De Weerdt 和 Garcia，2015）针对 2008 年金融危机后西班牙应对抵押贷款危机的情况进行了研究，探讨了那些因此而面临被剥夺财产的人的处境。抵押贷款受害者平台（Platform of Mortgage Victims，PAH）于 2009 年在巴塞罗那成立，旨在为那些面临被驱逐而无法清偿债务的人提供支持。研究人员将其作为一种集体社会行动进行了研究，考察了政府机构的响应以及抵抗驱逐的运动如何影响政府的治理安排。该事件的背景是，在国家政策的推动下，西班牙的住房所有权实现了大幅扩张。在房地产泡沫破灭之前，住房所有权几乎覆盖了 85% 的家庭。危机爆发后，超过 40 多万户抵押贷款因无法偿还而被取消赎回权，并可能面临被驱逐的风险。根据西班牙的法律条款，债务人必须使用当前和未来的资产来偿还抵押贷款债务，因此驱逐并不会终止金融机构的债权。此外，在 2012 年之前，债务人不得在驱逐过程中在法庭上为自己辩护。

分析 PAH 的数据来源广泛且多元，不仅包括了各种统计数据源，还有来自对社会运动的参与式观察、对 PAH 会议参与、对 PAH 在线文件进行研究，以及有关驱逐案件的协议和数据等。此外，研究人员还通过对利益相关者和政府官员进行的十次半结构式访谈，建立了一个数据库，以监督媒体对 PAH 及相关问题的报道。最后，研究人员为当地利益相关者举办了一次研讨会。

PAH 成立于巴塞罗那，但这一模式迅速扩展到西班牙其他城市，到 2011 年年中已有 10 个地方平台，2013 年增至 144 个，2014 年更是达到了 205 个。在加泰罗尼亚地区，PAH 定期举行集会，并通过开设网页或 Facebook 群组等方式扩大影响力。他们成功吸引了媒体的关注，并将抵押贷款问题从个人问题转变为集体问题。这场社会运动取得了成效，得到了 80% 以上西班牙人的支持。此外，他们还准备了支持个体家庭抗争的工具，包括随时可用的文件。研究人员还强调了 PAH 团体与其他组织建立联系的重要性，包括在当地和跨地域尺度的联系，以及如何调动专业知识等。

PAH 的目标，是通过一项法律修正案实现暂时中止驱逐，并针对家庭群体的集体抵押贷款债务开展重新谈判。他们发起了"人民立法倡议"（Pcoplc's Legislative Initiative），收集请愿书以提出新的立法，并在政治家住所外举行抗议活动。他们还在欧洲范围内采取行动，要求欧洲法院作出裁决，支持法律修正案和法官的行动，以在一定程度上纠正金融机构和抵押贷款人之间的不平衡。本研究牢牢立足于经济危机时期，利用政治经济学框架来调查危机的根源，因为它影响了住房市场和那些因抵押贷款取消赎回权而一无所有的人。但这一详细的案例研究还表明，一场成功的社会运动能够产生结构性变化，支持弱势群体，而其中的行动和活动多种多样，广泛的社会基础和公众支持也非常重要。

金融化与企业型国家

接下来，我们将讨论以政治经济学为分析框架的三个研究案例，同时也对当前的金融化趋势予以关注。

首先，萨维尼和阿尔伯斯（Savini 和 Aalbers，2016）对意大利米兰进行了研究，了解了全球投资动态，以及地方政府如何通过城市发展政策来锚定流动资本，从而实现从城市用地中获取价值。因此，城市项目成为资本与城市之间谈判的关键场所。在这种谈判中，萨维尼和阿尔伯斯对城市政府的获益能力持怀疑态度。他们指出，房地产行业蓬勃发展的基础是廉价资金的供应、有利于大型开发项目的监管、长期投资的保证以及规划的更大灵活性，尤其是土地利用法规。土地成为全球资本的一种资产，具有流动性（可转换为货币），并脱离了其所在位置。"一块具体的土地可以是一个大型投资组合的一部分，由当地、全国甚至全球活跃的金融公司拥有。事实上，土地的金融化促进了土地的全球化"。因此，活跃在城市中的开发商类型发生了转变，从具有本地知识的本地金融公司转向全国性和全球性的开发商，这些开发商将多种来源的资本结合在一起，并在很大程度上与他们开展业务的地方脱钩。

与此同时，土地越来越多地被用于银行系统内的资本杠杆，这就是哈维（Harvey，1982：369）所预想的土地作为虚拟资本的发展趋势，即土地被用作越来越多债务的担保，为越来越多的城市发展提供资金。特殊目的机构（Special Purpose Vehicles，SPV）越来越多地被用于促进城市发展，该类机构涉及各种参与者，往往将地方政府变成企业合作伙伴。

萨维尼和阿尔伯斯利用20年来的历史数据，研究了米兰的塞斯托·圣乔瓦尼（Sesto San Giovanni）的一个特殊项目，也即法尔克（Falck）项目，并将其与发展趋势联系起来。该地块已出售四次，其价值稳步上升，但项目能否实现仍不确定。这块150公顷的土地位于中心地带，与铁路、地铁基础设施和外环路相连，但由于其工业历史，该地区污染严重。这个地块的发展，可以划分为不同的时期。在作为工业用途刚结束时，当地的开发机构和投资者对该地块开发进行了管理。但是，当地政府希望维持工业用途从而创造就业机会，这就与住宅市场的蓬勃发展之间形成了矛盾，因此规划遭遇难产。在第二阶段，成立了一个SPV，以促进该地区的住宅和商业开发，并由一个与当地政界关系密切的单一实体控制。SPV所有者与副市长进行了谈判，但规划方案从未获得批准。在第三个时期，SPV被卖给了新的所有者，一家在多个国家拥有土地的投资公司，这种模式在全市其他地块上也出现过。这些地块之间的竞争推动了总体规划的编制，现在的总体规划涉及多个"旗舰项目"，开发密度几乎翻了一番，高价值住房的比例也有所增加。"更雄心勃勃的房地产项目反映了为投资者和市政府带来更高收益的需要"。当市政府要求提供更多的公共设施时，开发商也提出需要更高的金融回报（部分用于偿还增加的债务）。

然而，进入到第四阶段后，2008年的金融风暴使SPV的发起公司（Risanamento SpA）濒临破产。规划谈判现在失去了所有杠杆作用，完全依赖于金融市场和参与者的决定。Risanamento SpA公司进行了资本重组，并将法尔克厂区出售给了一家新公司。根据这些投资者的要求，有必要对该地块进行项目改造："法尔克的土地被重新包装并分割给众多投资者，而这一过程得以开展的预期，是市政当局能够顺利完成该项目"。

当地政府不得不承担风险，但在项目变得越来越复杂（受投资者要求的驱动）、房地产市场崩盘破坏了开发的金融模式的情况下，政府还是承担了风险。市政府批准了一项总体规划，增加了零售和办公空间，减少了高端住宅和制造业，并在地区政府的现金注资下指定了用于医疗保健和医学研究的用地。在这种情况下，城市土地在金融市场中的作用以及由此产生的城市项目的复杂性就显而易见了。对地方规划的影响是限制性的，因为市政当局越来越依赖于从该规划中获得经济回报，并必须相应地调整其政策。

基于政治经济学研究框架的研究清楚地证明了哈维的论点（Harvey，1982），即土地正日益成为虚拟资本（fictitious capital）。不仅通过实体开发流入土地或通过土地流出，而且还被用作金融抵押品，为进一步的投资撬动债务。由于土地和场地变成了复杂的超空间的（trans-spatial）金融安排的一部分，因此相对于当地而言土地和场地就完成了去情景化（decontextualised）。同时，城市规划当局也失去了很多控制权，因为他们越来越多地受到从土地中获取价值的这一优先权的束缚，而获取价值是为使更多开发可以继续。

麦克唐纳（MacDonald，2019）介绍了悉尼的企业型国家或更准确地说企业型城市。她的研究探讨了以下关键问题：面对大规模的城市开发，地方企业型国家如何应对既要提供其承诺的公共福利，又要保持营利能力这一对矛盾带来的压力？这将对规划体系及规划实践有何影响？通过对悉尼中心城区最后一块空置的滨水区，也即巴兰加鲁（Barangaroo）滨水区在开发的案例研究，麦克唐纳回答了这些问题。她将此归入到金融化的新阶段这一分析框架之中，"在这一阶段中，国家以企业家的身份行事"。根据之前对金融化的研究，她推测投资者正依赖于开发商、规划人员和相关机构，通过共同创造高收益的建成环境来"锚定资本"（anchor capital）。如果地方政府可以将自己的土地用于开发项目，那么这就会促使他们将土地视为一种金融资产。

遗憾的是，案例研究对研究方法没有给予详述，但可以根据发表的研究进行重建。研究的重点是建立了关于项目的事件年表，并提供了与开发项目有关的一系列文件，以及项目在历经多重规划评审的情况，为研究者提供了参考。虽然没有直接引用受访者的资料，但它对案例的背景，包括该地区政府的制度安排、该地区不断变化的立法、政策和规划程序给予了相当大的关注。规划过程中的各种细微差别以及如何应对挑战也都有所涉及。这样，关于案例的具体细节就被纳入了对规划和城市开发的结构性配置的更广泛理解之中，从而支持了对这些细节的政治经济学分析。

麦克唐纳从她的实证研究中发现，作为企业型国家的政府面临着提高其资产收益率与实现开发项目的预期公共利益之间所形成的冲突，在这种情况下，项目各方重新谈判了公共利益，以提高公共资产的价值为优先。造成这种结果的部分原因，是澳大利亚新南威尔士州的规划权力集中在"州"一级，并赋予部长一级相当大的自由裁量权。这限制了公众咨询的进行，并导致前几届政府对公众咨询所作的承诺未能兑现。部长级的自由裁量权被视为一种"不相称的权力，可以允许对概念规划的修改，从而显著增加项目的影响但削弱承诺的收益"，此外，这种权力还"被用来增加开发强度的监管特许权从而最大化州政府的收入"。

案例研究的叙事是根据经验依据构建的，用来阐述这样一个观点，即国家优先考虑降低风险和增加开发回报。如此一来，这就影响了开发项目的性质，包括对视觉的干扰、对提供经济适用房的限制，以及缩小所提供的公共空间的规模。有观点认为，规划所宣称的公共利益，如更可持续的建筑和交通基础设施，同样可以被视为提高了房产价值，进而构成了私人利益。此外，在追求可持续发展的过程中，国家似乎承担了某些成本，但开发商作为企业角色的一份子，这些成本本应由他们承担，而不是由国家承担。结论是，"巴兰加鲁是一个高度'金融化'的项目，有两种意义：它起到了'资本锚定'的作用……通过改造建成环境，使投资者和开发商受益，但它也投机性地使用了公共土地，为州政府带来了可观的经济回报"。企业型国家的这一战略并非没有问题，麦克唐纳称它进一步削弱了人们对规划体系的信任，并加剧了对其合法性的质疑。

在这里，企业型国家或城市的概念使研究人员能够考虑城市发展的风险和收益是如何在公共利益和私人利益之间进行分配的。由此得出的结论是，公共部门承担着不成比例的风险，而收益则归私营部门所有。

福格波尔和巴克霍兹（Vogelpohl 和 Buchholz，2017）提供了一项更为乐观的研究（至少在初期），他们考察了德国汉堡的三项政策实验，这些实验对流行于该市的企业型城市的战略提出了挑战。他们对汉堡这个城市作为一个反例很感兴趣。自 2009 年以来，汉堡试图与新自由主义决裂，这一行动受到了两项内容的支持，一个是"为城市权利而战的无与伦比的德国城市运动"，另一个是"重新发现了对住房市场进行规范的政治意愿"。德国社会民主党（Social Democratic Party，SDP）市长的当选以及连任后的社会民主党—绿党联合政府推动了这一转变。因此，这一案例提出了一个问题，即在何种情况下政治官员能够推行此类创新政策，以及这些政策是否足以扭转当前的新自由主义方向。因此，该项研究运用了第六章中回顾的社会运动文献，但并不关注研究这些运动的内部动力过程，而是考虑他们的行动主义如何与新自由主义、金融化和企业型国家的明显结构性转变相关联。

研究叙事对所选的三项政策举措进行了历史回顾。首先是对易北河群岛（Ilbe islands）国际建筑展（International Building Exhibition，IBA）的研究。易北河群岛是一个低收入地区，与高价值的哈芬城开发区隔河相望，在德国，国际建筑展等类似的活动经常作为一种规划工具，用来帮助建立某个开发区域的发展愿景。第二个案例，是依据社会保护法令（Social Preservation Statute，SPS）实施租金管控法规（regulation for rent control）。第三个案例是汉堡政府成立了汉堡住房联盟（Alliance for Housing），以加快住房建设速度，建造经济适用房。每个案例的数据收集方法略有不同：在国际建筑展的案例中，数据收集的方式包括参与 IBA 的公共活动、采访当地活动家和 IBA 的项目经理，以及分析 IBA 的文件；对于 SPS 这个案例，作者查阅了 SPS 的文件，并采访了两个区负责实施的官员，对于汉堡住房联盟的案例，重点是收集关键政策文件和当地媒体报道。

分析表明，在 IBA 案例中，政府通过保障现有居民的居住权和提供低租金的租赁期，对低收入居民给予了更多的关怀，并防止了直接的流离失所现象。但是，它无法防止因房地产价格的上涨而导致的长期流离失所现象，而且它缺乏明显的公众参与，保留了专家主导的方法。易北河群岛被确定为奥林匹克运动会的申办地点，这表明在该案例中企业型城市方法所包含的要素依然存在。至于 SPS，强化后的法规阻止了某些类型的建筑改造，以此来防止租金上涨和现有租户的搬迁。然而，这些法规只涉及对建筑物进行非常具体的改动，其效果必然有限。绕过这些规定的办法太容易想象了。因此，作者得出结论，要挑战新自由主义范式，相关的法规需要"通过打击新自由主义的核心，如产权、最高租金、投机的法律基础等，来改变新自由主义框架本身"。最后，在汉堡住房联盟这个例子中，它提倡一种名为"概念招标"的新政策，以取代过去的公共土地政策，过去的土地政策以尽可能高的土地出让价格为目标，从而获得更多土地转让税收入。新政策的核心是要求三分之一的新建住房应为补贴性住房或经济适用房。虽然作者详细解释了这一要求并非总能实现，但他们的主要评论是，鉴于汉堡投资机会的稀缺性，通过强化住房政策应该可以推动更进一步的改革："住房联盟只是对城市新自由主义悖论的一种温和缓解措施"。

因此，他们得出结论认为，虽然汉堡各州试图与新自由主义决裂，但每项实验在实施过程中都显得模棱两可，并显示出企业型发展议程（entrepreneurial agenda）在州政府实践中的持续影响。在此，研究以地方州政府的企业主义（local state entrepreneurialism）为框架，探讨了对新自由主义的三种积极挑战，但发现每种挑战在抵制结构性趋势的能力方面均存在一定的局限性。

结论

政治经济学的核心是理解资本主义社会中资本是如何积累和产生的，然后进一步理解国家以及国家规划所能发挥的作用。这种国家活动可以是对工人阶级反抗剥削斗争的回应，也可以是通过某种方式改善劳动力来支持资本主义企业的发展。然而，分析也可以将资本主义作为一种易于爆发危机的系统予以剖析。从政治经济学的角度来看，对于规划的作用有两种截然不同的观点，尽管它们是相互关联的。从分析资本主义及其结构如何在很大程度上决定地方层面上的各种发展结果出发，规划体系被视为资本主义国家的一部分，与维持资本的获利能力、避免或应对经济危机息息相关。由此产生了一个悠久的规划研究传统，即探索规划如何未能优先考虑弱势社会群体的需求，也未能如其所宣称的那样为公众利益服务，而是受制于促进资本主义运行的需求。

但也有另一种规划观点认为，规划体系具有积极性的一面，即具有支持社会团体与资本主义利益展开斗争的潜力。这种观点认为，工人阶级不仅要通过传统的与工作场所相关的手段（如撤回劳动力），而且还要通过争取国家福利的运动，来应对他们所遭受的剥削。在这方面，通过公共部门的行动而提供的住房、更卫生的城区和更好的生活环境可以看作是工人阶级的胜利。公共部门的规划是支持资本主义的功能，还是回应工人阶级的政治斗争，这在很大程度上是一个将哪个方面当作重点的选择问题。

关键理论阅读材料

Campbell and Fainstein (2003) Ch. 5.

Hillier and Metzger (2015) Ch. 6.

Gunder et al. (2018) Chs 14 and 22.

关键研究阅读材料

Balaban, U. 2011. The Enclosure of Urban Space and Consolidation of the Capitalist Land Regime in Turkish Cities. *Urban Studies* 48(10): 2162–2179.

De Weerdt, J., and M Garcia. 2016. Housing Crisis: The Platform of Mortgage Victims (PAH) Movement in Barcelona and Innovations in Governance. *Journal of Housing and the Built Environment* 31: 471–493.

MacDonald, H. 2019. Planning for the Public Benefits in the Entrepreneurial City: Public Land Speculation and Financialised Regulation. *Journal of Planning Education and Research.*

Mbiba, B. 2017. Idioms of Accumulation: Corporate Accumulation by Dispossession in Urban Zimbabwe. *International Journal of Urban and Regional Research.*

Savini, F., and M.B. Aalbers. 2016. The De-Contextualisation of Land Use Planning Through Financialisation: Urban Redevelopment in Milan. *European Urban and Regional Studies* 23(4): 878–894.

Speake, J. 2017. Urban Development and Visual Culture: Commodifying the Gaze in the Regeneration of Tigné Point, Malta. *Urban Studies* 54(13): 2919–2934

Vogelpohl, A., and T. Buchholz (2019). Breaking with Neoliberalization by Restricting the Housing Market: Novel Urban Policies and the Case of Hamburg. *International Journal of Urban and Regional Research.*

参考文献

Ambrose, Peter J., and Bob Colenutt. 1975. *The Property Machine*. Harmondsworth: Penguin.

Balaban, Utku. 2011. The Enclosure of Urban Space and Consolidation of the Capitalist Land Regime in Turkish Cities. *Urban Studies* 48(10): 2162–2179.

Broadbent, Thomas Andrew. 2007. *Planning and Profit in the Urban Economy*. London: Routledge.

Campbell, Scott, and Susan Fainstein, eds. 2003. *Readings in Planning Theory*. 2nd ed. Oxford: Blackwell.

Dunleavy, Patrick. 1980. *Urban Political Analysis*. London: Macmillan.

Giddens, Anthony. 1986. *The Constitution of Society: Outline of the Theory of Structuration*. Cambridge: Polity Press.

Gunder, Michael, Ali Madanipour, and Vanessa Watson, eds. 2018. *The Routledge Handbook of Planning Theory*. London: Routledge.

Harvey, David. 1982. *The Limits to Capital*. Oxford: Basil Blackwell.

———. 1985. *The Urbanization of Capital*. Oxford: Blackwell.

———. 1988. *Social Justice and the City*. Oxford: Basil Blackwell.

———. 2010. *The Enigma of Capital and the Crises of Capitalism*. London: Profile.

Hillier, Jean, and Jonathan Metzger, eds. 2015. *Connections: Exploring Contemporary Planning Theory and Practice with Patsy Healey*. Farnham: Ashgate.

Lefebvre, Henri. 2008. *Critique of Everyday Life*. Trans. John Moore. London: Verso.

MacDonald, Heather. 2019. Planning for the Public Benefit in the Entrepreneurial City: Public Land Speculation and Financialized Regulation. *Journal of Planning Education and Research*.

Massey, Doreen, and Alejandrina Catalano. 1978. *Capital and Land: Landownership by Capital in Great Britain*. London: Edward Arnold.

Mbiba, Beacon. 2017. Idioms of Accumulation: Corporate Accumulation by Dispossession in Urban Zimbabwe: Idioms of Accumulation. *International Journal of Urban and Regional Research* 41(2): 213–234.

O'Connor, James. 1973. *The Fiscal Crisis of the State*. New York & London: St. Martin's Press and St. James Press.

O'Neill, Phillip. 2017. Managing the Private Financing of Urban Infrastructure. *Urban Policy and Research* 35(1): 32–43.

Pasternak, Shiri, and Tia Dafnos. 2017. How Does a Settler State Secure the Circuitry of Capital? *Environment and Planning D: Society & Space* 36(4): 739–757.

Robbins, Paul. 2012. *Political Ecology: A Critical Introduction*. 2nd ed. Chichester: Wiley-Blackwell.

Savini, F., and M.B. Aalbers. 2016. The De-Contextualisation of Land Use Planning Through Financialisation: Urban Redevelopment in Milan. *European Urban and Regional Studies* 23(4): 878–894.

Shatkin, Gavin. 2016. The Real Estate Turn in Policy and Planning: Land Monetization and the Political Economy of Peri-Urbanization in Asia. *Cities* 53: 141–149.

Smith, Neil. 1996. *The New Urban Frontier: Gentrification and the Revanchist City*. London: Routledge.

Speake, Janet. 2017. Urban Development and Visual Culture: Commodifying the Gaze in the Regeneration of Tigné Point, Malta. *Urban Studies* 54(13): 2919–2934.

Tulumello, Simone. 2015. Reconsidering Neoliberal Urban Planning in Times of Crisis: Urban Regeneration Policy in a 'Dense' Space in Lisbon. *Urban Geography* 37(1): 117–140.

Vogelpohl, Anne, and Tino Buchholz. 2017. Breaking With Neoliberalization by Restricting The Housing Market: Novel Urban Policies and the Case of Hamburg. *International Journal of Urban and Regional Research* 41(2): 266–281.

De Weerdt, Julie, and Marisol Garcia. 2015. Housing Crisis: The Platform of Mortgage Victims (PAH) Movement in Barcelona and Innovations in Governance. *Journal of Housing and the Built Environment* 31(3): 471–493.

第八章
话语、知识与治理术：福柯的影响

构建研究

在本章中，我将对一系列理论进路进行审视，这些理论将动摇我们对世界的固有认知。这些新理论进路选择当前规划的某个方面，以一种全新的视角对规划予以审视，进而为我们提供新的启发。特别地，这些理论关注行动者（actors）如何通过规划来理解对世界的治理，并鼓励我们对这种治理进行重新解读。考察这些理论如何对规划进行新的框架建构，将有助于我们对规划的本质产生新的理解。在第四章中，我们引入了"话语"的概念，作为理解文化维度如何塑造规划实践的一种方式。在那样的语境下，话语的运行与个人观点及组织的主流文化相联系。本章采纳了一种更为广阔的视角，来理解社会是如何被文化塑造的，并对行动者的认知所发挥的作用持有一种更为批判的态度。

这一理论进路在很大程度上源于 20 世纪法国思想家米歇尔·福柯的研究成果。福柯的作品内容博大精深，历史视野广阔，鲜有规划研究者能够效仿，当然也鲜有规划研究者认为在面对当代规划问题时有必要效仿福柯。然而，他的作品对规划研究者而言，已被证明是富有启发性的，这些作品让规划实践中一些迄今为止仍不够清晰或被忽视的方面得到了进一步突显。对福柯而言，话语如何塑造社会是其关注的焦点。通过对疯癫（madness）和性（sexuality）的历史研究，他探讨了特定方式的分门别类意味着什么以及这种分类是基于怎样的话语过程形成的。他进一步展示了在社会层面上，制度安排是如何参与创建和维护这些话语的。这就意味着，要深入理解社会的主导性理解是如何被塑造的，就必须密切关注语言的作用。大众媒体、组织内部乃至个体之间的讨论所涉及的交流，既受到语言促进作用的影响，也受到语言约束作用的影响。这不仅体现在可用的词汇上，还体现在特定时间和特定语境下人们如何理解这些词汇。

因此，这一范式的著作以如下洞见为起点：我们感知、谈论和交流问题的方式至关重要。

如果话语如此重要，那么这对构建研究规划过程的理论框架有何影响？一个起点就是研究规划过程中的语言、图像及其他规划交往方式，进而绘制出规划中所存在的普遍模式。为此，可以聚焦于作为文本被阅读和分析的各种文献，但也可以扩展到对规划实践实例的研究，重点是审视规划领域内各个行动者之间的交往方式。这就需要再次提到第四章所强调的社会建构过程和第五章讨论的交往行为。然而，福柯的进路更加关注多个互动实例中的交往方式，并且要求进行更加深入的理解，进而寻求更具广泛性的一般模式，而非研究行动者之间的个别交往行为。话语的理念在于，它坚信存在一些可以被理解并具有启示性的社会模式（societal pattern），它们可能塑造、促成或限制行动者可获得的机会，进而影响他们的能动作用。它还可能超越在某些组织机构语境下占主导的世界观。

这促使研究者通过考察社会或机构层面的话语体系与规划实践之间的相互关系来思考规划过程。这符合福柯在其研究生涯中不断强调实践而非言辞的趋势。规划的微观实践如何受到主流话语模式的影响，并反过来影响这些话语模式，这就为理解规划是如何运行的以及为何规划常常不按政策宣称的那样运行提供了新的视角。采取这样的研究视角，能够让我们触及规划过程中某些隐含要素，而不需要预先设定某些特定的结构，比如说预先设定存在促进资本积累的社会结构。因此，福柯式的研究为探讨社会结构与行动者的能动作用等问题提供了新的切入点。相较于第二、三、四、五和六章中建议的以规划人员为中心的研究方法，它较少以行动者为中心，但与第七章中传统政治经济学的许多研究相比，它又较少包含结构主义。正是福柯的这种研究视角，很好地揭示了规划体系中的制度化话语与这些规划体系内的微观实践之间的交互特点。

这为我们审视权力与规划提供了崭新的视角。规划研究深受傅以斌（Bent Flyvbjerg，1998）作品的影响，他借鉴了福柯的思想，针对丹麦的交通与城市规划进行了研究，分析中揭示了话语如何被用来合理化某些决策、策略和行动路线，从而惠及某些地方群体，有效地强化了他们的权力地位。绘制规划的话语地图并理解它们如何塑造我们的认知以及如何发挥影响，可以有效揭示被卢克斯（Lukes，2005）所言的权力的第三维度（third dimension of power）。重申一下，在以行动者为中心的视角下，权力的第一和第二维度分别指的是显性和隐性权力。第三维度则考虑的是我们看待世界的方式是如何被各种话语塑造的，以及这种塑造作用带来的结果，同时也考虑这种话语塑造对社会中不同群体的影响及其启示。由于这个世界总受到制度化话语的影响，因此个人和团体并不总是采取符合他们利益的行动。

这就意味着，某些规划政策看起来是某一套规划目标，但是实际上可能是服务于截然不同的另一套目标。规划常自诩为了公共利益，但这种自我陈述不应被视为必然。在规划体系中，某些特定形式的公共利益之所以表现突出，这背后有深植于制度的原因，这在实践经验中得到了印证。这里的关键论点是，围绕在规划过程及相关规划实践周围的话语模式，对如下问题都有深刻的启示：一是社会中权力是如何运行的，另一个是社会如何通过规划实现治理。因此，在此方法进路下，规划研究倾向于探讨规划如何与更广泛的治理模式相关联，以及话语、实践和制度之间的复杂互连方式如何对权力运行产生影响。

这种分析得以展开的途径之一，是将规划视为治理术的一种形式，行动者通过社会和政策话语的影响以及"治理技术"的运行，逐渐实现他们的利益与国家利益相一致。这包括分类、分级和统计表征等过程，稍后将对此作进一步讨论。福柯的这种视角并不是将上述过程视为政府行动策略的一部分用来"欺骗"民众，而是重点要理解在社会一般层面上类似表征这种过程的广泛传播，其将如何影响国家与公民社会之间的关系，以及在这种情况下，对规划体系运行的影响。

上述这些社会动力过程会导致行动者对自我利益的理解发生变化，并塑造他们的具体实践方式。这样的看法与使用表演性（performativity）概念所获得的见解相吻合。表演性概念来自于对语言的使用给予高度审视的分析方式，它认为通过特定实践使用话语的行为可以产生某些实体，这些实体原本并不是先于这些话语行为和实践而存在的（Rydin 等，2018b）。因此，在规划实践中，许多看似不言而喻的分类行为和规划要素——如社区发言权——只有通过这些规划行为和实践才能发挥效用。这一观点已被用于新文化经济（Callon，2010）中，用来讨论市场是如何生成和运行的，但它也与规划体系是如何运行的相关。关键的问题不是考察规划实践涉及哪些要素——社区、根据、场所、部门和行为类型——而是这些要素是如何通过规划体系的话语维度和微观实践被创造出来的。

分析的动力过程与关键概念

在接下来的讨论中，我们首先将更全面地解析话语传播的本质，随后探讨作为权力的知识的本质（反之亦然），最后在结论部分阐述治理术的研究框架。

话语的传播

从福柯的视角出发，我们首先获得的洞见就是要认识到社会话语的重要性，以及它将如何建构问题及其解决方案。这就引领我们要开展一系列工作，旨在描绘在规划实践中传播的话语的本质，特别是那些隐含在规划文档中的话语。这方面的著作，通常都是基于对这类文档的话语分析，尽管其具体性质可能有所不同。例如，托泽（Tozer）对加拿大地方气候变化规划话语作了分析，展示了语言扮演的重要角色，揭示了可持续性和气候变化等话语如何在加拿大地方政府内部传播（Tozer，2018）。在审视可持续性规划的基础上，通过话语分析识别出可持续性的不同方面（社会、环境和经济等方面），以及涉及文化和跨领域的相关议题。这种分析也可以用在制定政策过程中，以使得某些观点在此过程中占据主导地位（Sager，2015）。

然而，真正难以回答的问题，是这些传播的话语何以能够产生影响。一种方式是进行强制性分类，然后让这种分类被视为理所当然。在福柯的一个经典分析案例中，被认定的所谓的疯狂，实际上是依赖于特定时间、特定话语及特定制度的。类别并非不言而喻、预先存在或"在别处"（out there），而是由这些话语实践所创造的。话语分析质疑一切：表征世界的方式是如何产生的？这意味着什么？规划实践中充满了类别：地图上按类型配置的土地、出于各种保护和更新原因而设定的各种安排、需要获得明确同意的开发和不需要获得明确同意的开发等。话语分析方法质疑这些类别本身，而不是按照规划自己所指定的明确术语来接受它们。

污染就是一个很好的例子。玛丽·道格拉斯（Mary Douglas）将污染定义为"不在其位之物"（matter out of place）（Douglas，1966）。因此，将某物称为污染物，就意味着它们在本不属于他们的地方被发现，例如在空气、水或地下。有些污染物可能显而易见，比如可见的烟雾。而其他污染物则是无形的，但可以通过化学分析检测到。由于找到了它们有害的证据，通常是对健康，也会对环境系统造成伤害，它们就会被划定到污染物的范畴里面。对所谓污染要素的影响的科学理解的变化，以及检测现有污染物或新污染物能力水平的发展，都会改变对污染物的定义方式。经过了一场社会运动，空气中的铅才被认定为污染物，进而成为需要测量和监管的对象。美国环境署决定将碳视为一种污染，此举将由碳排放引起的气候变化重新定义为污染问题，从而将其纳入污染控制措施的范畴。类似的这些类别与稍后有关知识问题的讨论紧密相连。

除了对分类的讨论以外，分析中还经常使用各种其他概念来尝试精确描述话语为何具有影响力。在这里，我们讨论到的一篇论文使用了"老规矩"（ruts）这样一个观念，另一篇则采用了"幻想奇观"（fantasmic）的逻辑。在强调话语权威性的过程中，仔细计算通常是关键环节，它会将话语与其他依据、专业技能和知识并重起来（Rydin 等，2018a）。或者，可以诉诸各种具有影响力的文化修辞，如悲情，可以运用哀歌，可以援引作为转喻的重要图像，如国家象征等。在这种情况下，可以引入修辞分析的技巧以辅助研究，这在环境规划领域已被证明尤为有效（Myerson 和 Rydin，1996）。

哈耶尔（Hajer）通过其"话语联盟"（discourse coalition）的概念（Hajer，1995），为我们提供了进一步理解话语传播的影响力的途径。这一概念源于对福柯思想和哈贝马斯话语的综合（如第 5 章所讨论），强调了行动者们共同协商的聚合作用。话语联盟概念让我们注意到，作用效应是由行动者群体（联盟）协同运行所产生的。然而，尽管传统联盟由彼此见面并直接交流的行动者组成，话语联盟概念却指出，效应是由一群使用特定话语的行动者产生的。这种话语将群体紧密联系在一起，即使他们可能从未谋面甚至彼此不知晓。当不同行动者在不同情境下反复使用某种话语，这种话语的影响就产生了。这种重复将话语的关键修辞嵌入日常交流中，从而影响了行动者互动的方式及其结果。

对话语及话语通过微观实践运行的细节的细致考察，可以为规划这一人造物赋予新的重点。在此，受福柯启发的研究进路就有点儿接近第九章将进一步讨论的所谓的物质转向。这样说的关键点在于，文件、规划、模型和其他形式的人造物在生成、维护和传播话语方面可以发挥积极作用。最初来自博物馆研究的边界对象（boundary object）概念（Leigh Star，2010），已被证明有助于解释某些人造物如何跨越组织边界传递特定话语和政府管理技术。这方面的内容将在后续对一些研究的述评中再次予以展示。

作为权力的知识

在福柯的进路中，一个至关重要的方面在于要回答何为知识（以及何为非知识）。福柯特别强调知识在社会中的建构，以及这如何配置了社会中权力的运行。他将知识与权力或曰"知权力"（savoir-pouvoir）视为不可分割的二元体，如同一个硬币的正反面。因此，研究知识与权力的交织成为理解社会及规划在社会中角色的关键途径。在这里，权力并非一种被社会行动者所掌握的资源。福柯的影响伴随着一种关系进路（relational approach）的崛起（参见第九章），该进路认为权力分散在社会各处而非集中在某些社会群体中。这是一种毛细行动（capillary action）而非一种库存（stock），如同血液在社会和政治的脉络中的流动，而非仅仅储存在血库中的血袋。

知识即权力的理念对于规划研究而言颇具影响力。毕竟，约翰·弗里德曼（John Friedmann）曾将规划定义为行动中的知识（knowledge in action）（Friedmann，1987）。规划的大量工作涉及不同形式知识的综合——例如社会、经济和环境知识——并且存在多种构成知识主张的评估系统。夏普（Sharp）和理查森（Richardson）的研究有效地利用了福柯的框架来理解环境影响评估（Environmental Impact Assessment）（Sharp 和 Richardson，2001）。一般来说，人们会认为在调查——分析——规划这样的工作框架下，利用统计学的方法是其中的一个重要环节（参见第二章）。如此，数据、统计和信息都被视为规划活动的必要前提条件，无论是规划的制定还是法规的制定都是如此。在对生命政治（bio-politics）的研究中，福柯对这些数据、统计和信息的来源及其分类的重要性进行了分析，他认为人口变化的政治（politics of population change）是由定义这些变化的数据所塑造的。这里指的是已经内化在统计数据中的人口类别，且这种类别是通过政治过程制定。同样，这些类别是通过话语的传播而得以显现的，这里的话语就是作为知识构成的定量统计话语。

在更全面地考虑污染问题时，对知识，特别是定量统计知识的关注，凸显了审视污染测量方法的重要性。如何界定特定污染物的污染水平？这涉及一系列的假设和决策。在一定数量的相关介质，例如空气、水或土地中，有多少被定义为化学元素或化合物的污染物？为了计算这个数量，有多少介质被"抓取"进来了？是在白天还是夜晚？测量设备位于何处？污染物记录的频率如何？或者是否存在实时监督？一旦确定了测量污染物的细节，那么，与之相对应的基准是什么？并非存在污染物就一定会被视为污染事件或污染迹象。因此，诸如世界卫生组织、欧盟或美国环境署等关键组织必须制定指导方针。

可持续发展是一个极易受到具体计算实践（calculative practice）影响的问题。人们普遍注意到，这个问题涉及模糊性和多重定义等问题。由于可持续发展要么以通用术语来定义〔如布伦特兰（Brundtland）报告中所使用的定义，虽然优雅和迷人但相当令人沮丧，WCED 1987〕，要么通过组合经济、社会、环境和体制等方面的要素来定义，因此这种模糊性和衍生性或许不应被视为意外。但这确实意味着，在特定背景下，无论是特定的城市、国家、工业部门还是公司，人们都真切感受到有必要提供更具体的定义。为了消除模糊性并为测算可持续的进展提供工具，可持续性指标集尤为重要且已经有了相当大的发展。对可持续性的定义，不仅提供了计算过程的更多细节，也对政策制定和具体实践给出了一些暗示。墨西哥与法国、纽约与得克萨斯、住宅的建造与购物中心的开发、这家开发公司与那家开发公司，对同一问题可能会采取不同的定义，所有这些不同都会对各自的规划实践产生影响。

福柯的进路强调了在社会中什么才算是知识的重要性。这一观点可以深入运用到规划领域，以便更全面地理解规划实践。这与科学技术研究或科学知识的社会学研究有着密切的关联性。这些研究有助于我们理解特定的知识主张怎么产生的，这些知识又是如何不断被争论的，以及这种争论最终是如何解决的，以至于到最后是如何被确立为有根据或合法的。在环境政策的语境下，希拉·贾萨诺夫（Sheila Jasanoff）的工作尤为具有影响力，她提出了"能服务的真理"（serviceable truth）的概念，指出了在规划语境中可以找到类似的知识类型（Jasanoff，2015）。在这一过程中，识别哪些类型的知识足以指导规划实践和政策决策，与对这些知识进行批判性审视之间，存在着一条微妙的界限。这种批判涉及弄清楚通过这种构建知识的方式排除了哪些知识。一些研究还借鉴了行动者网络理论（Actor-Network Theory）的洞见，该理论根植于对科学实践的理解，这将在第九章中讨论，因为行动者网络理论特别关注装配理论中的物质性问题，而装配理论则契合第九章要讨论的关系进路。

治理术

尽管社会话语的研究本身可能颇具趣味性，但福柯在法兰西公学院（Collège de France）后期的一系列讲座中，暗示了这些话语如何可能牵连到国家规划等议题，因此有可能与城市政策和规划相关联（Foucault，2010）。这些讲座所提供的并非一套成熟的完整理论，而是一些启发性意见。这些讲座的影响在很大程度上是通过米勒（Miller）和罗斯（Rose，2006）的作品得以渗透和传播的，他们阐述了这些概念和当代新自由主义的相关性。

这里的关键概念是治理术。治理术这一思想回应了治理过程中明显缺乏直接能力的现象，这个现象很多治理理论学者也充分认识到了。但是，治理术思想采取的回应方式与治理理论学者相当不同。治理性描述了一套制度安排和主流话语，其中政府的规划并非通过明确的公共部门行动来执行，而是由代表国家行事的其他行动者来完成。因此，国家并非直接治理（如第二章和其他部分所假设的那样），甚至也不是与他人合作治理（如第五章所讨论的治理方法），而是站在某个远处进行治理。治理不是直接行动，而是对引导的引导，塑造其他行动者的行为方式（可参见 Bresnihan，2019）。

在这里，其关键点在于塑造行动者对自己应当甚至希望的行为方式的感知，这被称为自我责任化（self-responsibilisation），即其他非国家行动者感到有责任采取行动，以实现政府项目（Raco，2003；Raco 和 Imrie，2016）。另一个关键方面是重塑行动者的身份认同，使他们认为采取这些行动符合他们的利益或价值观。这里再次体现了话语结构的能动作用，即词语能够塑造人们对事物的理解、分类和认知。特别是，这些不断强调操控（steering）与自我责任化的话语形式，与第七章讨论的新自由主义发展趋势和后政治思想的发展具有一致性（Etherington 和 Jones，2018）。

这种在远处的治理，涉及多种政府治理技术（governmental technology），特别强调如何将知识和相关计算（如前所述）纳入其中。例如，治理术的进路可以为新公共管理（NPM）提供新解读，新公共管理是自 20 世纪末以来治理方式的一种转变。NPM 的核心特征在于，直接的公共供给日益被合同安排所取代，这些合同安排要求公共服务按照既定目标予以供给，并通过一系列指标对其绩效进行衡量，目的是确保指标与既定目标保持一致。对于某些服务，当绩效指标未达到预期目标时，会采取激励和制裁措施。从理性选择的角度（见第三章）来看，虽然 NPM 经常被证明是一种将个体激励与公共部门目标进行协同的决策方式，但它也可以被视为一种社会发展趋势，在这种趋势下，特定话语在机构或社会层面的积极传播，以实现更大规模的社会变迁，比如转向新自由主义。从福柯进路的角度来看，NPM 的能动作用在于，主流话语促进服务提供者调整其运作方式，无论他们面临何种激励和制裁。他们将目标内化为行动指南，这改变了他们的行为模式，而不再是基于绩效和成本效益的理性计算。新公共管理的话语与制度安排同样重要，它们是合同、指标和目标等机制的内在组成部分，这些机制合在一起可以被视为政府治理技术。

接下来，让我们来看一看德·怀尔德和弗兰森（2016）提出的一个案例。他们研究了荷兰阿姆斯特丹邻里政策中剥夺（deprivation）的测量方式，从而展示了这种剥夺是如何构建的，并如何通过规划文本中使用的特定测量工具使其成为社会事实。量化过程被视为构成政策本身的一种实践，而非技术性或中立性的活动。该项研究聚焦于量化为阿姆斯特丹正常水平（Normal Amsterdam Level，NAP）所指向的对象，这以正常水平被运用到了阿姆斯特丹邻里政策项目之中。德·怀尔德和弗兰森的研究分析追溯了 NAP 从诞生到其后续影响（政策项目结束后，NAP 仍被政治家们提及）的生命周期。他们还考察了 NAP 如何作为一个生成性发明（generative devise），帮助装配和组织其所关联的世界。这涉及多种技术，包括符号学、统计学和视觉技术。通过这些技术，有关被剥夺的邻里的"硬性"事实被生产出来，以证明针对这些地区实施特定政策和干预措施的合理性。通过这种量化方法，参照全市平均水平所代表的邻里理念对目标邻里进行判断，从而使规划方法合法化。这里涉及的动力过程包括：将复杂的社会现实简化为一个或少数几个数字，以一种看似透明的方式将问题客观化，以便政策问题和干预措施能够清晰地呈现，运用 NAP 来进行邻里间的比较并将这种操作正常化，创造依据以证明政策干预的合理性和合法性。

研究实践中的研究主题

在这里所述评的研究论文，主要关注规划中的话语映射（mapping of discourse）、知识的作用以及对治理术模式的抵抗。

规划的话语属性

上文已经提出，话语能够在规划过程中塑造出某些"理所当然"的观念。对规划中这些话语进行识别相当重要，因为这可以引出一系列的研究，旨在将这些话语明确并定义为不同的叙事或故事线索。然而，规划研究也可能采取更丰富、更复杂的形式，着眼于讨论话语如何产生、演变和相互关联的，以及这些过程如何受其语境的影响。在这里，我们将讨论三个案例。

第一个案例是戴利（Daly，2016）的研究。戴利探讨了爱尔兰在所谓的"凯尔特之虎"（Celtic Tiger）时期（2002—2007 年）执行的新自由主义议程对空间规划和城市发展的影响。他研究了"治理景观、制度理性以及规划重组的谱系，这些要素之间相互交织的动力过程，以及这一动力过程对规划政策决策的制定和合法化"。在方法论层面，戴利采用了话语分析进路，对关键的公共政策文件进行了分析，包括国家空间战略（National Spatial Strategy）以及不同时期爱尔兰规划的国家档案材料。同时，他还进行了两个案例研究，一个是上香农地区（Upper Shannon region）的住房开发，另一个是米斯郡（County Meath）的大规模商业开发。在此过程中，他还参考了地方当局的记录，包括规划官员的报告、规划统计数据和会议纪要，并辅以 2002—2007 年地方当局在线规划记录数据库以及国家住房调查中关于未完成的住房开发的详细记录。

研究的最初焦点是 2002 年国家空间战略的发布，主要关注它如何作为国家政府促进资本转向房地产开发的关键话语资源，从而促进 GDP 的增长（参加第七章）。这一战略是在"整个社会处于非常稳定的默契状态"的背景下确立的。这种默契认知表现为：第一，出于经济和社会原因，供给侧的宏观经济政策是必要的；第二，这种默契在意识形态层面产生了影响，并塑造了制度。在这一背景下，现代爱尔兰规划体系应运而生，而国家空间战略则反映了这一转变过程。不过，戴利也承认欧洲国家对规划理念的重塑也对现代爱尔兰规划体系产生了影响，这种重塑强调空间规划的作用，强调对增长节点的设定和对各类连通性的改善（包括人、货物和通信）。因此，戴利展示了新自由主义思想是如何通过关键政策文件融入爱尔兰空间规划的重构过程之中的。他进一步指出，这个过程表明，爱尔兰规划与"凯尔特之虎"时期的投机性房地产繁荣存在关联，当然也与其最终的崩溃存在关联。

这个过程带来的后果在两个案例研究中都有所体现。在上香农地区，新建住宅供应严重过剩，划拨用于住宅开发的土地足以容纳 75% 的人口增长，但其中大部分位于城市地区以外的不可持续的地段。他通过档案研究指出，在大型新开发提案的规划申请中，评估工作通常流于形式且多是顺势而为。在米斯郡，他发现一系列有关大型商业开发的规划申请，尽管开发地点偏远、缺乏分区依据且缺乏服务设施，但在通过草案之后，这些申请在没有任何反对的情况下就被授予了许可。

戴利并未将房地产泡沫归咎于爱尔兰的规划人员，而是指出了一种"智识视野的显著偏狭"（a distinct narrowing of intellectual horizons）以及缺乏批判性的反思。这意味着，规划行业一直不愿面对事实存在的繁荣与崩溃周期，反而只顾加速城市化开发的步伐。对这种"视野的偏狭"的揭示正是聚焦话语分析所精确识别的一种动力过程。并且，正如戴利所建议的，批判性反思对于挑战规划领域内被视为理所当然的观点是必不可少的，当然对于挑战规划中的观察、讨论和写作的方式也是必不可少的。

富勒和韦斯特（Fuller 和 West 2017）同样采用了话语分析进路，探讨伯明翰地方当局如何构建"城市紧缩"（urban austerity）的观念。他们认为关于城市危机的论述中对这一方面没有给予充分探讨，并以此为出发点，将新自由主义视为某种程度上的未完成的话语形式（第 2088 页），并着手对此进行探索。他们自认为运用了话语和霸权的后结构主义理论，并随后通过"逻辑"进路——识别了社会、政治和幻想奇观（fantasmatic）三种逻辑——进一步放大了这一理论，不过分析中主要聚焦于后两个逻辑。政治逻辑在于挫败争胜主义并防止新要求被提出以避免打破现状。幻想奇观逻辑涉及"既预测灾难又保证未来和谐"

以便于缓解困难，将这些内容纳入其中有助于确保主体的认同，并将其嵌入社会想象中。富勒和韦斯特对这种幻想奇观逻辑如何在紧缩城市主义（austerity urbanism）中的"危机传言"（crisis talk）中发挥作用特别感兴趣（见后文）。他们还承认，这些话语形式与社会空间之间的关系非常紧密。

伯明翰市议会之所以被选为研究对象，是因为该市政府在城市复兴和经济发展方面有着长期的实践，并且经历了相当多的紧缩政策（例如预算削减及其后果）。研究方法包括分析国家和地方层面的相关政策文件、政治演讲和媒体公开辩论。富勒和韦斯特总共分析了 70 份文件，并建立了从 2010—2015 年的 32 份媒体报道的数据库。此外，他们还对市议会中负责经济发展、城市更新和规划政策的部门的 15 名高级管理人员和官员进行了访谈。访谈的重点是探寻在预算和服务削减、服务业重组和效率驱动等现行紧缩政策背景下，政治修辞和情感的作用。所有资料均使用 NVivo 软件进行编码和分析。

他们的分析始于一种洞见，即将"缩城市主义"描述为一种"破坏性创造"的过程，紧随其后的应该就是"赤字政治"和"下放风险"至地方层面。在此过程中，"危机传言"很可能是一个关键因素。然而，富勒和韦斯特提出了一个问题："为什么缺乏对紧缩的大规模集体抵抗"，为什么被动似乎是常态。他们认为，许多关于紧缩城市主义的话语未能理解到，新自由主义的霸权和制度化的内容需要持续不断地强化执行以使得这些内容成为"常态"，以此正常化相关政策。基于话语的进路非常适合审视这种正常化过程。

他们的分析还揭示了幻想奇观逻辑的两个维度在话语中呈现的多种表达方式。例如，议会将紧缩政策归咎于外部的"他者"，宿命般地指出抵抗的徒劳。同时，他们构建了一个"美好的幻想"，其中"紧缩政策被视为伯明翰经济复苏的先兆"，话语的依据通常就是指向城市的工业基石和过去的经济生存能力。这种话语组合意味着紧缩政策、贫困和福利依赖可以合理地与地方经济增长和就业创造共存。事实上，紧缩政策甚至可能被重塑为一种美德，引领未来的经济发展。在此背景下，地方政府能力的下降和依赖市场商业模式的必要性被接受。因此，地方政府将自己重新定位为公民企业家。

由此可以看出，这些分析提供了一个整体图景，在这个图景中，"各种逻辑及其与日常生活的互动是复杂的，行动者在抵抗与默许的混合中调和了多种逻辑和社会空间关系"。他们的分析详细阐述了各种主流话语，但更重要的是，他们进一步揭示了这些话语是如何被维持的，并使得挑战甚至超越这些话语变得相当困难。

卢卡斯和沃曼（Lucas 和 Warman，2018）在他们的研究中提供了类似丰富且多方面的分析，探讨了围绕澳大利亚塔斯马尼亚州（Tasmania）林业和气候变化规划的话语联盟与故事线索。他们试图打破塔斯马尼亚州在环境问题上的两极分化，将对根深蒂固的话语联盟和故事线索的关注与"老规矩"（ruts）的概念相结合。所谓的"老规矩"会随着时间的推移使这种根深蒂固得以持续。此外，他们还将他们的分析与贝克在其《风险社会》（Risk Society）（Beck，1992）中提出的次政治观念（sub-politics）进行了联系。在这种次政治中，谈判超出了正式政治范畴或者主流经济利益团体范畴，并在去中心化的对抗中，让所谓的专家团体直接面对非专业团体的正面挑战。

他们的研究，目标在于理解如下情形："对使用自然资源的争论最终会形成极端化的立场，这些极端化的立场最后将如何影响社会组织和公众对后续环境冲突的理解"。这项研究采用了混合方法论。他们利用了霍巴特价值观调查（Hobart Values Survey），该调查涵盖了522名地方行动者，考察了被访者对气候变化的态度是如何与其他问题及价值观交织在一起的。随后，从行动者中抽取了9个样本，进行了一系列重复访谈，以便更深入地探讨这一问题。这些访谈记录被用于分析他们的叙事结构。关于林业活动，研究者查看了公开的谈判记录，特别是塔斯马尼亚议会《2012年塔斯马尼亚森林协议法案》（Tasmanian Forests Agreement Bill 2012）特别委员会听证会（Select Committee hearing）的记录。他们分析了12天的听证会记录，还一并考察了超过130个提案以及其他各种公开的文件。对整个数据集进行的话语分析，都是受到如下问题的引导：到底是哪些重要条件促成了这一过程？这一过程是如何影响或打破两极分化的话语联盟的？

他们的分析揭示了这些"老规矩"是如何从特定的话语联盟和相关的故事线索中形成的，以及这些所谓的"老规矩"是如何强调某些价值观和定义某些特定风险的。根据分析，他们识别出两个话语联盟：资源开发话语联盟和应对性保护话语联盟。每个联盟都与多个故事线索相关联，比如某一方提倡促进资源的"平衡"利用并避免自然资源被"封存"，另一方面则提倡保护被视为"野性"（wilderness）的本地环境。这些"老规矩"随着时间的推移显示出其持久性，从水电站建设引发的冲突到后来的林业活动争议。围绕大坝项目形成的环境保护论点与地方繁荣的经济论点之间的分歧，持续体现在这场有关林业的辩论之中。

研究者也展示了这些"老规矩"在气候变化辩论中的表现，尽管地方林业利益相关者与环保主义者在此议题上本应站在同一阵营。在这里，对霍巴特价值观调查（Hobart Values Survey）的统计分析对话语分析（discourse analysis）

进行了补充，使得他们能够识别出与两个话语联盟成员相关的共同因素。对于"支持林业发展"且"不关心气候变化"的话语联盟，这些因素包括对安全和社会秩序的关注，重视传统以及维持现状。而对于他们的对立联盟，主要因素则是对自然的关心。此外，对风险的理解也被置于不同的理论框架下，有的将风险视为对自然退化的威胁，有点将其看作是对传统等级制度的威胁，还有的则将其视为对个人自由的监管威胁，这些与第四章讨论的文化理论的运用产生了相似性。然而，研究者进一步详细考察了受访者的话语实践，向我们展示了这些不同的修辞是如何结合在一起以分别支持两种话语联盟，即支持自然原生态还是支持人类凌驾于自然之上的话语。

通过研究围绕林业问题的谈判案例，卢卡斯和沃曼详细阐述了在次政治领域内打破常规、进而培育更具协作特性的规划过程的尝试。在此案例中，他们发现了贝克（Beck）所提出的反思性现代化（reflexive modernisation）的证据，认为这是一种更为积极的政策和政治模式。他们识别出了促成谈判出现的有利条件：与环保非政府组织的次政治活动相关联的新故事线索的出现，以及林业部门的共同社会责任的增长、木材业市场条件的转变以及政府向绿党—工党联合政府的转变。这些条件就导致另一个故事线索的出现：强调冲突成本以及必要的"和平"。这就绕开了传统的谈判舞台而支持了次政治空间中的谈判，其结果是达成了一项在很大程度上经受住了后续政府更迭考验的协议。

与富勒和韦斯特的研究相似，本研究揭示了规划过程中话语运行方式的复杂性，以及挑战那些已经确立和制度化了的模式的可能性。研究者提出了三个结论：首先，次政治层面的谈判空间可能更有利于打破根深蒂固的两极分化。其次，为了使两极分化的话语联盟之间的风险谈判有效，需要让他们相互理解风险具有社会建构的本质。最后，政治或经济环境中的破坏性时刻可以促使新的故事线索的出现，并建立新的话语联盟。因此，除了绘制话语图谱和详细说明话语动力过程外，本研究还利用这些概念提出了改变已确立的话语和制度模式的新途径。

规划中的知识

受福柯理论的启发，关于知识在规划研究中的角色，其研究起点聚焦于话语在塑造知识定义中的核心地位的讨论。例如，塔丰等人（Tafon，2019）在研究爱沙尼亚海上风能项目时，将话语作为关注的焦点，他们重点研究了希尤县（Hiiumaa）拟建的风力发电厂项目以及爱沙尼亚首个海洋空间规划（Marine

Spatial Plan）的相关推广工作。这项研究包含两个要素：第一个要素涉及采取的政治动员策略，包括建立专业性和可持续性的对立话语。第二个要素则分析了如何使用话语和法律策略来弱化关键领域的争议，使问题去政治化，并使海上风能规划合法化。分析指出，海洋空间规划采用了理性技术官僚型规划（rational technocratic）的现代主义话语，促进了规划过程的去政治化，使反对者被边缘化，同时也进一步加强了对新自由主义治理术的推崇。

在这里，我们采取了对话语的六重概念化的做法：将话语作为一种关系性的社会实践（relational social practice），认识到其解释具有根本的偶然性，在特定时刻表述某些意义以形成特定的规则，充分运用枢纽性节点（nodal points）和空洞的能指（empty signifier），选择特定空间进行关联，将特定主体置于话语之中。这样的做法有助于指导对收集到的数据进行详细分析。他们的方法主要表现为：关注不同的社会行动者如何象征化和回应希尤县风力发电厂和海洋空间规划中所涉及的各种事件，从 2012—2017 年历时 5 年对此进行了追踪。特别令人感兴趣的是，居住在希尤县这些基础设施附近的居民表现出了一定的抵抗性主观行为。

此外，该研究方法还包括对地方居民反对者（13 人）、爱沙尼亚风能协会（Estonian Wind Association）（1 人）以及中央政府（3 人）进行的 17 次开放式访谈，每次访谈持续 2—3 小时。访谈过程被录音、转录，并通过归纳法进行编码，关注的重点是分析话语、利益、优先级及权力变动，并运用上述六重概念化的做法对话语特征进行分析。此外，还向县级规划代表发送了四份开放式电子邮件问卷。因此，调查涵盖了风力发电厂提案的三大反对群体：地方居民、代表地方政府的行动者和代表中央政府的行动者。最后，对相关文件进行了分析，并进行了实地考察。

研究发现，在对海上风电项目提出质疑的过程中，居民和市政府行动代表关于专业性和可持续性的敌对性话语（rival discourse）一直没有缺席。争议的焦点集中在居民所掌握的地方性知识上。地方居民了解希尤县喀斯特石灰岩地质及灰岩坑出现的频率，特别是在靠近皮赫拉（Pihla）村庄的区域。居民担忧风力发电厂的施工会破坏地下水层的稳定性并导致更多灰岩坑的出现，并要求进行独立的科学研究，以确保环境影响评估（EIA）能够给出确切结论。然而，这些研究被推迟，并且转向使用战略环境评估（SEA）来代替 EIA。SEA 侧重于海洋空间规划过程而非单个项目的审批，并降低了正式研究形式对科学证据的要求，同时也减少了详细分析。

他们深入研究了海洋空间规划的决策过程，也研究了话语是如何被利用从而实现对利益的协调的。他们观察到，"我们不想要风力发电厂"的话语，构成了其中一个利益联盟的枢纽性节点和空洞的能指："如此，空洞的能指就可以将差异绑定在一起，同时赋予联盟一种更加确定无疑的身份。但这样做，也可能掩盖了它们之间联合在一起的差异性原因"。行动者构建一个共同反对立场的能力，其前提在于假定这些持有共同立场的人在利益上具有同质性，但实际上他们的利益可能也具有对立关系。研究者随后还探讨了开发商、规划人员和法院如何利用话语——以及法律资源——来转移争议问题并使其去政治化。一方面，"他者化"（othering）是一种关键的话语手段，用于将对立方的关键行动者进行分化从而将其置于彼此对立的不同阵营中；另一方面，"去他者化"（dis-othering）被用来凸显群体间的共同利益，例如强调气候变化议程以唤起共鸣。这些策略的运用很好地瓦解了对风力发电厂规划的反对。

因此，在海上风力发电厂规划过程中，研究人员通过采用话语策略——包括构建相关知识体系——揭示了巩固和破坏项目反对力量的手段之间的相互作用。地方居民采用的策略是将"看似必要且无争议的海上风力发电厂（OWE）的规划问题重新纳入政治讨论范畴"，而该规划的支持者则试图"为岌岌可危的 OWE 规划提供意识形态的掩护并确保项目的确定性"。这促使研究者指出如下观点：在正式的规划流程开始之前的预规划阶段，是地方居民以有效方式表达关切的最佳时机。可以看到，此类研究的核心是将知识构建为一种话语，这种话语能够建立起一系列具有话语属性的互动，并且关系到利益联盟的变动情况。

在研究丹麦的气候变化规划时，伯图和埃布森（Berthou 和 Ebbesen，2016）从经典的话语分析形式出发，但随后将分析置于更广泛的治理术视角下，并考察了包括计算实践在内的知识的作用。他们考察了丹麦市级层面制定的十个气候变化规划，并研究了其中运用的话语，以确定文件中明显占主导地位的一些话语的主题和模式。然后，他们使用"溯因"推理来探索产生这些主题和模式的过程。在此过程中，他们所依靠的是在两个市政当局的调查工作，包括对会议和研讨会的参与式观察，对公共部门政策行动者的非正式和半结构化访谈，以及（在一个地点）对地方公民的访谈和聚焦某个主题的小组讨论。然而，值得注意的是，尽管他们依赖实地调研来构建起来了一个叙事，并用该叙事来解释规划的最终结果，进而探索话语分析带来的启示，但他们并没有将访谈和对话材料用于进一步的话语分析。事实上，他们注意到口头材料和文本材料之间有时存在矛盾或冲突，因此他们最终选择只关注政策文件，给出的理由是"我们主要对只对政策文件所产生的实际结果感兴趣"。

此外，他们还识别出了这些规划中的一种独特的话语模式：三条论证以证明采取气候变化行动的必要性，作为地方当局代表应该负有的责任以及潜在的共赢结果，基于碳预算确立采取行动的目标区域，用削减百分比表示的规划目标和其他一些目标的变化，倾向于将方法与公共服务挂钩并强调政府、企业和公民之间的合作。如此一来，这就引发了对地方层面气候变化政策中可能涉及的治理术的探究。他们通过使用结构化的标题来实现这一点：能见的领域、知识的形式、身份认同的形成以及技术要素。使用"能见的领域"这一术语，主要是用于考虑哪些问题被明确提出来了而又有哪些问题未被提出。通过这样的方式，研究人员揭示了市政当局如何成功将气候治理的问题转换成为治理系统本身的问题。此外，这种转换从表现形式来看，使得气候治理"成为科学明确且合理合法的干预领域，因为其结果切实可测，并且从逻辑上来讲这也是市政当局有权且有义务开展治理的领域"。这与公民日常生活的私人领域形成对比，尽管其中一个明显对另一个有影响。因此，面向公民的活动被"汇集到了另一个领域"，并将其目的表述为增强意识、推动行为和传播信息。

在探讨气候变化治理中所涉及的各种知识时，他们注意到了一种反复强调的趋势，即通过数字方式证明碳减排与经济目标是可以兼容的。随后，他们提出，寻找双赢方案可能会滑向一种新自由主义和对市场的顺从。在这种实践中，最为重要的是气候管理中的技术要素和计算实践，因为碳减排不能仅凭肉眼观察，而必须通过计算才能显现。随后，他们转向探索这些实践对公民的影响，认为这种计算实践的结果是使公民变得被动。最后，在探讨身份认同的形成时，伯图和埃布森对话语分析和个别文件进行了解读，结果显示：市政当局表现为"负责任的、权威的、确立问题和解决问题的行动者"，而公民则再次表现出被动性。被动的公民被假定为需要在气候保护（climate protection）的名义下作出"好的选择"并约束自己的行为，其路径是提高对气候变化的意识、获取更多关于如何改变行为的信息和知识。这与福柯所强调的自我责任化的看法相符，但有趣的是，伯图和埃布森的话语分析研究将这种现象与公民在政治领域的被动性联系起来。

因此，话语分析涉及对知识所扮演的角色这个问题的探讨，特别是通过计算性实践来扮演这种角色。此外，话语分析还探讨知识如何将专家和被动公民区分开来，并且同时要求公民进行自我约束。

治理术中的抵抗

治理术的研究框架强调了国家以外的行动者如何以"自我负责"的姿态来

实施国家的规划，从而使得在远处实现操控成为可能。然而，在这一框架下，许多规划研究已经开始探讨行动者如何抵抗这样的动力过程。本章最后讨论的两个研究实例就是针对这类问题。

罗索尔（Rosol，2014）从治理术视角出发，讨论了有关加拿大温哥华市的一起规划冲突案例。在罗索尔看来，该研究是史温吉道（Swyngedouw，2009，2011）等人给识别后政治时代这一问题提供了一种更为微妙的回应。罗索尔认同这样的看法，即在治理中引入治理术从而操控他人的行为，从而使得结果与争议问题的去政治化理念相契合。但是，他认为这种解释可能过于片面，无法全面且真实地反映实践中争议问题的解决方式。因此，他强调了抵抗的重要性，并将这种抵抗视为可持续性的，而非一次性的反叛行为。抵抗并非权力的外在表现，而是权力关系的内在组成部分。罗索尔使用反引导（counter-conduct）的概念来描述他的研究中对抵抗的框架建构（framing of resistance）。

该研究采取了个案研究的形式，以温哥华市南部边缘一个工业区重新规划为"大盒子"商店（一种面向高速公路的零售开发形式）的规划申请为例。该申请在 2007 年 11 月经过三天的公开听证会后获得批准。罗索尔的研究方法并未详细讨论，但似乎涉及通过文件和观察以及数量不明的访谈来密切跟踪此案例。特别是，罗索尔关注了被称为社区愿景实施委员会（Community Vision Implementation Committee，CVIC）的组织成员"在这场斗争中的行动和策略"，该组织被市议会授权"监督参与式邻里规划的实施"，即城市规划社区愿景（Cityplan Community Visions）。这一参与式过程在城市层面运行，但也在更地方的层面运行。因此，地方居民认为"大盒子"商店的申请与毗邻地区的日落社区愿景（Sunset Community Visions）存在冲突。

通过使用这些材料，罗索尔识别出了治理术中的一个关键方面，即通过边缘化社区愿景实施委员会来运行，"认定社区愿景实施委员会成员表达反对意见为不恰当"，并要求其"将自己定义为一个中立的信息共享论坛，不要把自己的角色定位为在特定问题上站队"。然而，罗索尔也发现了社区愿景实施委员会采取了三种抵抗模式来反制政府对该社区组织的这种定位。首先，社区愿景实施委员会努力争斗，目标就是要得到认可，认可他们在面对争议立场时是一个合法的行动者，因此他们以社区愿景实施委员会的名义公开反对。其次，社区愿景实施委员会阐述了他们的反对是基于对正式城市政策的捍卫，即日落社区愿景。第三，他们试图通过利用重新区划（rezoning）和城市愿景的过程（City Vision processes）等相关知识来影响他人的行为，以促使市议员和委员会成员重新考虑他们所做之事的适当性。此外，包括社区愿景实施委员会成员在内的地方行动者创建了其他论坛来表达他们的观点，这些都是对去政治化的挑战。罗索尔将其描述为"试图不被那样治理"。治理术的研究框架允许在一个原本可能被定位为后政治规划的案例中识别出抵抗策略，这是一个冲突中和化的过程。

舍图马和诺特博姆（Certomà 和 Notteboom，2017）的研究提供了另一个实例，展示了在远处的治理如何既奏效又遭遇抵制。他们的研究聚焦于社区园艺（community gardens）这一主题，这个主题在规划研究中日益受到关注。他们指出，对基于社区的行动主义的研究，往往将此类行动定位为城市反主流文化的一部分，与"城市权利"（right to the city）的传统观念相契合。因此，这是一种对抗性政治（oppositional politics），与第六章所讨论的进路一致。然而，舍图马和诺特博姆认为，"这一视角虽然提供了一把重要的解读钥匙，但依然无法深入理解这一现象"。因此，他们转向治理术框架，并提出问题："它（社区园艺）建立在何种治理术之上？"他们认为，这为理解由集体性园艺（collective gardening）所代表的非正式城市主义提供了新的视角，认为城市园艺不仅仅是一种自发的、草根的现象，而且还受到地方当局和私人土地所有者的介入和引导。城市园艺并不一定是地方当局主导的（如议会分配土地），也不一定是公民社会内部产生的。

他们的研究案例是比利时的根特市，这座城市有意识地塑造了一个"袖珍大都市"的自我形象，不是国际大都市，而是开放而富有创造力的城市。它吸引了年轻且受过高等教育的人群，他们对可持续的生活方式以及与自然亲近深感兴趣。市政府一直建立在联合政党（coalition of parties）的基础上，最近加入了绿党的政治家。两个城市园艺（urban gardening）平台的存在，将社区利益汇聚在一起，并将它们与政策制定者和市政管理联系了起来。因此，城市园艺运动可以被看作是根特展示自我及城市治理方式的一部分，力求在小尺度上打造绿色、紧凑、富有创造力且可持续的城市，这样的城市也被认为是最具经济效益的城市。

在根特，研究人员考察了三个具有共同特征的项目：它们都包含一些蔬菜地块、公共区块和公共设施，都涉及参与式过程，都位于曾经是工业用地的边缘地带，旨在生态恢复，与地方居民有很好的互动，特别是和文化少数群体和弱势群体的互动。研究方法包括六个月的内业研究和实地考察，其中包括对城市背景及相关的科学文献和灰色文献的分析。此外，还对城市园艺项目的创始成员、团队领导和关键领域的代表进行了访谈，其中至少包括一位自始至终都参与其中的人物。通过七次半结构化访谈，共计收集了 20 个小时的资料，此外还通过实地考察对资料进行了补充，其间收集了各种多媒体数据（可能包括照片、录音和视频）。

这三个项目展示了城市园艺群体与根特主流治理理念不同的互动方式。德波尔兹港（De Boerse Poort）的项目位于两个工薪阶层区和一个自然保护区的交汇处，该规划项目的理性是将其看作是"中产—波希米亚阶层将根特塑造成为一个现代、包容、进步、草根且环保城市的产物"，因此符合主流的治理模式。然而，赛特（De Site）的项目则涉及一个组织（Samenlevensopbouw，同居组织），该组织将社区园艺作为被边缘化、贫困及少数族裔群体提供福利的一种形式。通过自种食物的方式显著增加了这些家庭的预算收益。而兰德胡斯（'t Landhuis）的项目则源于"极左无政府主义者倡导的反主流的城市文化，旨在自立以重新占有城市空间"，其目标在于独立于市政当局运行。

舍图马和诺特博姆得出结论，这些项目有时涉及与正式系统交织在一起的抵抗形式，这种形式既非单纯遵循主流的治理模式，也非简单地挑战它们。他们看到了激活行动者与治理术所涉及的政府机构之间产生联系的潜力，以实现互惠，从而形成对新自由主义本身的挑战："由这样一种动态、不稳定性、暂时性和目标导向的网络（为了城市园艺）所产生的新型交互式治理术（在根特被定义为"绿色社会主义自由派"）能够催生多种非正式的规划模式"。在这里，治理术表现为一个更加不稳定的框架，它不表明新自由主义对公民社会的必然影响，同时也表明在此治理框架下可以包容抵抗。

结论

福柯的理论核心在于鼓动话语这个概念，但其涵盖的范畴相较于第四章所述更为广泛。这里关注的是社会模式及其与更广泛的制度模式的联系，特别强调知识与政府治理技术（governmental technology）。研究工作主要集中于使用话语分析（例如，参见 Fairclough 和 Fairclough，2012）来理解话语模式，同时也借鉴人文学科的进路，如叙事分析或戏剧学分析，寻找角色塑造、故事线索或情节线索以及戏剧性的发展等。哈耶尔（Hajer）将故事线索的识别作为其对环境规划进行分析的关键焦点，以此作为理解酸雨问题的政治和政策发展的途径（Hajer，1995）。还有一种可能性，就是追溯到某些经典的前身以寻找论证的模式，比如说可能使用修辞分析方法来识别这些论证是如何运行的。这种修辞分析可能涉及对辩论套路的识别，对提喻和转喻等修辞手法的运用，对特定道德情操的唤起以及终结辩论的方式等（Myerson 和 Rydin，1996）。此外，还可以分析各种图形图像，例如图画、照片和漫画等在创造话语中的作用。

随着话语材料的大量收集，Atlas-ti 或 NVivo 等专业软件被越来越多地运用到对这些材料进行形式化编码之中。这些软件包通常易于使用且灵活，允许分析者设定分析编码，并能在分析过程中进行调整。尽管这些话语分析软件十分有用，但它们并没有取代仔细阅读或审视文本与图像的核心任务。几个世纪以来，文字的细读一直是人文学科研究的核心活动。文本和图像旨在面向读者或观众，因此他们的反应至关重要。研究者扮演着观众的角色，试图考虑可能的反应。软件的编码和使用只是记录这种反应的一种方式，以便日后在庞大的数据库中进行比较。编码的运行使得大量材料得以筛选，从而选出合理数量的材料进行深入阅读和批判性分析。最终，分析者要推导出关键主题以便于区分各种话语，并考虑它们如何产生影响，特别是要关注与这些主题相关的微观实践。

关键理论阅读材料

Campbell and Fainstein (2003), Ch. 17.

Mandelbaum et al. (1996), Chs. 14, 16 and 17.

Hillier and Healey (2008), Ch. 8.

关键研究阅读材料

Berthou, S.K.G., and B.V. Ebbesen. 2016. Local Governing of Climate Change in Denmark: Recasting Citizens as Consumers. *Journal of Environmental Planning and Management* 59(3): 501–517.

Certomà, C., and B. Notteboom. 2017. Informal Planning in a Transactive Governmentality. Re-reading Planning Practices through Ghent's Community Gardens. *Planning Theory* 16(1): 51–73.

Daly, G. 2016. The Neo-liberalization of Strategic Spatial Planning and the

Overproduction of Development in Celtic Tiger Ireland. *European Urban Studies* 24(9): 1643–1661.

Fuller, C., and K. West. 2017. The Possibilities and Limits of Political Contestation in Times of "urban austerity". *Urban Studies* 54(9): 2087–2106.

Lucas, C., and R. Warman. 2018. Disrupting Polarized Discourses: Can We Get Out of the Ruts of Environmental Discourses? *Environment and Planning C: Politics and Space* 36(6): 987–1005.

Rosol, M. 2014. On Resistance in the Post-political City: Conduct and Counterconduct in Vancouver. *Space and Polity* 18(1): 70–84.

Tafon, R., D. Howarth, and S. Griggs. 2018. The Politics of Estonia's Offshore Wind Energy Programme: Discourse, Power and Marine Spatial Planning. *Environment and Planning C: Politics and Space* 37(1): 157–76.

参考文献

Beck, Ulrich. 1992. *Risk Society: Towards a New Modernity; translated by Mark Ritter*. London: Sage Publications.

Berthou, Sara Kristine Gløjmar, and Betina Vind Ebbesen. 2016. Local Governing of Climate Change in Denmark: Recasting Citizens as Consumers. *Journal of Environmental Planning and Management* 59(3): 501–517.

Bresnihan, Patrick. 2019. Revisiting Neoliberalism in the Oceans: Governmentality and the Biopolitics of 'Improvement' in the Irish and European Fisheries. *Environment and Planning A: Economy and Space* 51(1): 156–177.

Callon, Michel. 2010. Performativity, Misfires and Politics. *Journal of Cultural Economy* 3(2): 163–169.

Campbell, Scott, and Susan Fainstein, eds. 2003. *Readings in Planning Theory*. 2nd ed. Oxford: Blackwell.

Certomà, Chiara, and Bruno Notteboom. 2017. Informal Planning in a Transactive Governmentality. Re-Reading Planning Practices through Ghent's Community Gardens. *Planning Theory* 16(1): 51–73.

Daly, Gavin. 2016. The Neo-Liberalization of Strategic Spatial Planning and the

Overproduction of Development in Celtic Tiger Ireland. *European Planning Studies* 24(9): 1643–1661.

Douglas, Mary. 1966. *Purity and Danger: An Analysis of Concepts of Pollution and Taboo*. London: Routledge and Kegan Paul.

Etherington, David, and Martin Jones. 2018. Re-Stating the Post-Political: Depoliticization, Social Inequalities, and City-Region Growth. *Environment and Planning A: Economy and Space* 50(1): 51–72.

Fairclough, Norman, and Isabela Fairclough. 2012. *Political Discourse Analysis*. London: Routledge.

Flyvbjerg, Bent. 1998. *Rationality and Power: Democracy in Practice*. Trans. Steven Sampson. Chicago; London: University of Chicago Press.

Foucault, Michel. 2010. *The Government of Self and Others: Lectures at the Collège de France, 1982–1983*. Ed. Frédéric Gros and Trans. Graham Burchell. Basingstoke: Palgrave Macmillan.

Friedmann, John. 1987. *Planning in the Public Domain: From Knowledge to Action*. Princeton: Princeton University Press.

Fuller, Crispian, and Karen West. 2017. The Possibilities and Limits of Political Contestation in Times of 'Urban Austerity'. *Urban Studies* 54(9): 2087–2106.

Hajer, Maarten A. 1995. *The Politics of Environmental Discourse: Ecological Modernization and the Policy Process*. Oxford: Clarendon Press.

Hillier, Jean, and Patsy Healey, eds. 2008. *Contemporary Movements in Planning Theory*. Aldershot: Ashgate.

Jasanoff, Sheila. 2015. Serviceable Truths: Science for Action in Law and Policy. *Texas Law Review* 93(7): 1723.

Leigh Star, Susan. 2010. This Is Not a Boundary Object: Reflections on the Origin of a Concept. *Science, Technology, & Human Values* 35(5): 601–617.
Lucas, Chloe, and Russell Warman. 2018. Disrupting Polarized Discourses: Can We Get out of the Ruts of Environmental Conflicts? *Environment and Planning C: Politics and Space* 36(6): 987–1005.

Lukes, Steven. 2005. *Power: A Radical View*. 2nd ed. Basingstoke: Palgrave Macmillan.

Mandelbaum, Seymour, Luigi Mazza, and Richard Burchell, eds. 1996. *Explorations in Planning Theory*. Rutgers, NJ: The State University of New Jersey.

Miller, Peter, and Nikolas Rose. 2006. Governing Economic Life. *Economy and Society* 19(1): 1–31.

Myerson, George, and Yvonne Rydin. 1996. *The Language of Environment: A New Rhetoric*. Vancouver: UBC Press.

Raco, Mike. 2003. Governmentality, Subject-Building, and the Discourses and Practices of Devolution in the UK. *Transactions of the Institute of British Geographers* 28(1): 75–95.

Raco, Mike, and Rob Imrie. 2016. Governmentality and Rights and Responsibilities in Urban Policy. *Environment and Planning A* 32(12): 2187–2204.

Rosol, Marit. 2014. On Resistance in the Post-Political City: Conduct and Counter-Conduct in Vancouver. *Space & Polity* 18(1): 70–84.

Rydin, Yvonne, Lucy Natarajan, Maria Lee, and Simon Lock. 2018a. Black-Boxing the Evidence: Planning Regulation and Major Renewable Energy Infrastructure Projects in England and Wales. *Planning Theory & Practice* 19(2): 218–234.

———. 2018b. Local Voices on Renewable Energy Projects: The Performative Role of the Regulatory Process for Major Offshore Infrastructure in England and Wales. *Local Environment* 23(5): 565–581.

Sager, Tore. 2015. Ideological Traces in Plans for Compact Cities: Is Neo-Liberalism Hegemonic? *Planning Theory* 14(3): 268–295.

Sharp, Liz, and Tim Richardson. 2001. Reflections on Foucauldian Discourse Analysis in Planning and Environmental Policy Research. *Journal of Environmental Policy & Planning* 3(3): 193–209.

Swyngedouw, Erik. 2009. The Antinomies of the Postpolitical City: In Search of a Democratic Politics of Environmental Production. *International Journal of Urban and Regional Research* 33(3): 601–620.

———. 2011. *Designing the Post-Political City and the Insurgent Polis*. London: Bedford Press.

Tafon, Ralph, David Howarth, and Steven Griggs. 2019. The Politics of Estonia's Offshore Wind Energy Programme: Discourse, Power and Marine Spatial Planning. *Environment and Planning C: Politics and Space* 37(1): 157–176.

Tozer, Laura. 2018. Urban Climate Change and Sustainability Planning: An Analysis of Sustainability and Climate Change Discourses in Local Government Plans in Canada. *Journal of Environmental Planning and Management* 61(1): 176–194.

De Wilde, Mandy, and Thomas Franssen. 2016. The Material Practices of Quantification: Measuring 'Deprivation' in the Amsterdam Neighbourhood Policy. *Critical Social Policy* 36(4): 489–510.

World Commission on Environment and Development. 1987. *Our Common Future*. Oxford: Oxford University Press.

第九章
关系进路：装配理论、物质性与权力

构建研究

20 世纪初，规划研究领域出现了显著的发展，这标志着相较于早期规划研究产生了根本的转变。早期的规划研究倾向于寻找变化（change）的特定模式或原因，并聚焦于规划过程中由理论所提及的某些方面。当时的研究旨在寻找因果关系，以进一步阐明规划的动力过程（dynamics of planning）。然而，德勒兹和加塔利（Deleuz 和 Guattari，1988）所进行的哲学探索，代表了一种研究转向，即不再聚焦于寻找此类有限因果关系，而是逐渐认识到变化往往是由于许多不同要素在特定时间和特定地点的组合引起的。因此，重点在于理解这些不同要素之间的整体关系，这些关系被认为是理解变化、影响力和权力的关键。

采取这一进路的许多理论家和研究人员认为该进路的另一个显著特点，是强调非人类行动者（non-human actors）的重要性（Rydin，2014）。到本章为止，本书讨论的所有进路都考虑了行动者（无论是个人还是集体）如何塑造规划讨程。这些行动者可能是人、团体、组织，他们都是在社会世界中的社会性角色。他们可能会对经济、政治、社会或文化因素做出响应，或者受这些因素的影响，但很少有人考虑到行动者及其所处世界的物质性（materiality）。鉴于每个人既是社会实体又是物理实体，并且我们生活在一个既是社会性也是物理性的世界，因此，"物质转向"（material turn）促使研究者考虑物质性涉及人及其所处世界这两个方面。这一呼吁带来了一些富有成果的研究回应。

这些理论转变塑造了规划研究的学术讨论大格局，同时，规划政策与实践的语境也在发生转变。比如，我们可以强烈地感受到规划人员作为行动者的权力在减弱，人们对于运行在正式国家结构之外的规划实践越来越感兴趣。正如在第五章提到的那样，规划治理的发展趋势导致更多的行动者被吸引到规划实践中。但现在看来，一些有趣且创新的规划行动似乎发生在民间内部或通过非正式机制得以实现。这种转变与一种认识有关，即"北方"或高收入国家的规划体系可以从"南方"国家学习到很多东西，当然也包括存在如下特点的一些国家，也即在这些国家中，通过非正式和自下而上的行动，一方面可以主导城市的重塑，另一方面也可以抵抗市场主导发展带来的各种负面影响。

在 20 世纪早期至中期，规划研究对国家主导的规划能够实现的愿景表现出了极大的乐观和热情。但是，针对现实城市规划实践的经验研究反复证明了规划体系无法兑现其承诺，并揭示了内部和外部因素给规划人员带来的挑战。本书中探讨的许多概念性进路（从第四章开始），都给出了理解和研究规划实践的局限性的进路。关系规划（relational planning），就是将规划视为更大拼图的一部分的另一种探索方式。

这样一来，人们不再将规划解决方案视作由国家主导的政策、项目和倡议，即便这些方案是与其他行动者合作来实施的。相反，相较于国家层面的事务而言，规划更多涉及小规模、策略性工作，甚至完全在国家系统之外进行。伴随着这种关系视角的，是对非正式城市变迁、实验性城市主义（experimental urbanism）以及城市自组织理念的日益增长的兴趣。这些都挑战了贯穿本书许多其他章节的规划理念。规划不再被视为旨在实现某种效果的干预措施，而是被重新考虑如何在自组织中发挥作用，支持小规模的倡议，并提供恰到好处的干预，以在城市和环境系统中促成理想结果的实现。

然而，相较于规划研究焦点转移，更为重要的或许是在关系视角的启示下人们对规划的特性的理解所发生的转变。各种关系进路（relational approach）对所有不同的实体及其过程都持有共同的本体论，重点关注不同要素如何汇聚成总体（collectivity），这通常被称为装配体。这些装配体并不是社会网络分析（SNA，参见第五章）中的紧密网络，也不是治理术进路所言的僵化系统（参见第二章）。相反，这些网络是由聚集在一起的不稳定要素的集合所定义的。这些要素并非节点和链接，而是对不同的解读开放。由此产生的总体可以被多种方式描述，包括装配体和网络，还包括块茎（rhizome）甚至是黏状物（goo）。

关系进路的关键洞见在于，认识到各种要素之间可以形成相互关联，并且这种关联可以带来某些效应（可参考如下各种示例：Merriman，2019；Richmond，2018）。在这种框架下，某个事件的结果是由这些关联的建立（或未建立）所决定的，因此，能动作用（agency）被视为这些关联的分布式效应，而非限定在某个个体行动者或行动者联盟及其相关资源之中。因此，变化、能动作用乃至权力都是涌现的结果，而非特定链接或资源行使的效应。而且，行动者本身也不是固定的实体。行动者由装配体共同定义，即总体塑造了各个要素，而各个要素合在一起又塑造了装配体。在某些话语中，个体行动者本身可以被分解成一个网络、一个组合和一系列关联，呈现出一种分形的推理形式（fractal form of reasoning）。

这可能是一种相当棘手的理论化（theorising）模式与分析模式，因为这些概念的一般化水平和论证方式的水平都相当高。然而，它还是被用来理解规划的过程和结果，主要是充分考虑到各种要素是以一种偶然的方式组合在一起的。这意味着，如本章后面讨论的实例所示，相关经验研究往往具有相当的特定性，这似乎与上文所言的一般化水平较高有些矛盾。在规划研究中，装配体、偶然性能动作用和关系权力等宽泛概念被用来解释城市更新项目的命名，解释开发提案的地方公投或者解释水产养殖中数据使用，而这些主题通常是其他规划研究进路中所忽略的。在所有情形下，规划体系、规划过程和行动者都不是研究的重点，而是推动变革（或阻止变革）的集体中的一个要素。更广泛意义上的城市系统、环境系统和社会生态系统则被看作是一种框架，研究的问题就是讨论在一个或多个特定情境下规划是如何在这种框架下运行的。

确立规划体系、规划过程及规划人员扮演的角色的确非常困难，这与将规划视为深陷复杂性泥潭的观念有关。下文将进一步探讨复杂系统，但它们与那些通过多种工具和手段识别并可干预因果联系的简单系统有所不同。理解复杂性意味着对规划所能实现的目标报以更为谦逊的认知态度，以及认识到实现这一目标需要通过更为间接的方式。这也与在城市系统、环境系统和社会生态系统中寻找韧性，并试图利用规划来增强这种韧性的努力有关。稍后将对这一点展开讨论。

分析的动力过程与关键概念

本小节将探讨关系思维（relational thinking）的三个关键方面：复杂性思维的重要性、规划中所涉及的装配体和网络本质，以及物质转向的意义。

复杂性之下的规划

在某种程度上，规划意味着试图对建成环境和自然环境施加一定程度的控制，并管理相关的变化。第二章所讨论的公共管理框架最能体现这一观点。然而，正如第二章及后续章节所讨论的，规划人员和规划组织实现这种控制及管理的能力受到诸多限制。理解这一点的一个途径，可以从对第二章概述的简单系统进路的批判开始，即一套能够根据预期目标来实施特定干预从而施加影响的线性因果关系。复杂性理论已经改写了这种系统观。它强调了系统中因要素之间的相互关联而产生的多种特征，这些特征打破了这种简单的因果关系模型。这些特征包括以下几点。

第一，系统内部的关系本质上往往是非线性的，因此系统某一部分的某一量级的变化可能会产生许多倍的放大或缩小效应。反之，初始变化幅度与结果变化幅度之间的关系可能会随着初始刺激的增加而发生变化。因此，某一初始变化，例如对棕地开发的补贴，可能一开始会产生很大的影响，但随着补贴的增加，这种影响可能会逐渐减弱。

第二，某些非线性关系也可能表现出阈值效应，即一旦刺激的强度超过某一阈值，因果关系将发生根本性变化。举例来说，一个变化在达到阈值之前可能以一种可预测的方式引发双倍的后果，而一旦超过阈值，同样的变化所产生的影响将变得极为不稳定。在考虑动植物栖息地及其受人类活动变化的影响时，这种情况可能发生。

第三，系统可能包含多个反馈回路，这使得因果关系变得复杂。初始刺激可能产生效应，但该效应可能启动一个反馈回路，从而产生新的刺激并进一步引发效应，如此循环往复。反馈回路可能放大初始刺激的结果，甚至导致效应失控，或者减弱初始刺激的影响。这两种情况都表明，识别反馈回路后，确定特定刺激可能产生的影响将不再那么简单。另一个复杂因素是前馈回路的识别。前馈回路是指初始刺激产生的效应不反馈至刺激源，而是影响系统其他部分的回路。它们可能影响由初始刺激带来的在多个链条环节中的变化。城市系统的复杂性意味着这种多重反馈与前馈回路通常显而易见。

第四，存在所谓的"鸡尾酒效应"的可能性。当两种或多种刺激物同时作用时，其效果并非各自单独作用时效果的简单相加，这种情况在受污染物影响的环境系统中非常普遍。因此，大气中的多种添加物可能会相互作用，导致在空气污染方面产生显著且常被放大的后果。

在一个系统内，上述这些类型相互关系的复杂性，意味着预测特定刺激的结果变得非常困难。这直接动摇了规划的根本基础，因为不再可能以任何程度的确定性来阐述某一规划政策或决策的具体影响。在最坏的情况下，系统可能会因受到刺激而表现出混沌行为的某些特征，以难以预测的方式在不同的状态间切换。这要求我们重新思考有效规划的构成要素（Chettiparamb，2019；McGreevy，2018；Skrimizea 等，2018）。

对复杂系统本质的认识，给我们提出了关于规划是如何运行的这样一个重大问题，这一认识不仅没有提升规划组织的地位，反而引发了对于增强系统韧性的呼吁。如果复杂系统无法被规划或管理，那么至少可以使系统对变化更具韧性。实际上，规划的目标是帮助塑造系统，使其能够在实现更理想的结果方面进行自我管理，并且特别重要的是，规避那些不太理想的结果。

因此，问题转化为如何理解"韧性"以及创造韧性的条件。近年来，"韧性"这一术语本身也经历了转变。最初，它侧重于所谓的工程学定义，即一个系统如果在受到冲击后能恢复其原始状态，就被认为是具有韧性的。然而，人们越来越认识到，这可能不是最佳选择，因为它可能使系统再次暴露于类似的冲击。因此，有人建议，如果系统能够自我改变，并且在发生此类冲击时具有更强的应对能力，将更为理想。一个简单的例子就是城市应对洪水的能力。将一个被淹没的城市恢复至洪水淹没前的状态，并不会使城市更具韧性。更好的做法是，通过结合硬性和软性工程措施、改变集水区的地面管理以及为当地居民和企业提供实用的保护场所信息，使城市能够有效适应并抵御洪水。

因此，韧性被理解为在自然或人造环境系统中构建的一种能力，以应对冲击而不会产生过多的负面后果（Janssen 等，2006）。这些冲击可能是环境方面的，也可能是社会或经济方面的。这些"冲击"既可以被视为随时间推移的慢性变化，也可以被视为短期的灾难性事件。一个有韧性的系统也被视为能够通过持续调整来自组织和应对这些不同的冲击和压力。因此，规划只是这些调整的一部分。这导致了以城市和环境系统的自创生（autopoiesis）为框架的规划方法的兴起。对韧性的理解的拓宽，也扩大了用于构建韧性的行动范围。因此，主要的关注点不再是将环境恢复至灾前状态的大型工程，而是要注重助长系统应对未来不确定性的能力。韧性理论认为，系统的某些特征能使系统更具韧性，这些特征主要集中在以各种方式来达到更多的更多样性上面。因此，隐藏在这种理解之中的规划转变表现为：过去的规划是一种宏大的总体规划和总体控制，并且集中在某一个组织手中，而现在则要求规划编制和管理变得更加分散。

正是在这里，自组织和非正式性的概念开始发挥作用。其核心思想是，通过在国家内部以及日益增加的国家外部的行动，使城市和自然环境实现局部的自组织，进而使它们更能抵御未来的变化，无论是缓慢的还是突然的变化（Eizenberg，2019；Moroni 等，2019；Nunbogu 和 Korah，2017；Portugali，2008）。自组织视角所关注的关键动力过程，涉及内生性、小规模、自下而上和局部性倡议的作用（Devlin，2018；Meijer 和 Ernste，2019；Silva 和 Farrall，2016；Song，2016）。在这一视角下，基于社区的行动似乎变得更为重要，而问题在于规划如何能够促进这种行动。

关系进路的启示

关系进路不仅强调要素在特定环境下偶然组合的方式，还强调为了产生这一结果，这些特定要素必须以某种特定方式进行排列。它关注结果的偶然性，即它们如何在特定时间和特定环境下产生。为了尝试给这一概念提供一些概念性框架，已经发展出了各种分析术语，否则这一概念可能显得相当松散和包罗万象。例如，德兰达（De Landa）利用计算机科学的语言来表明某些要素能够从一个装配体中被移除，在另一个装配体中插入，并产生新的后果（De Landa，2006）。他使用"他者性"（alterity）和"内在性"（interiority）这两个术语来描述这一点，还强调了识别装配体中的稳定因素和破坏因素的重要性。来自地理学的麦克法兰（McFarlane）使用关系进路来讨论地方（place）作为关系的、多尺度的、暂时性的、在政治上强大的意义网络（networks of meaning），地方是高密度且高度不稳定的一种安排，其中边界作为一种强大的调解力量，对地方认同产生影响（McFarlane，2018）。

拉图尔（Latour）和卡隆（Callon）的行动者网络理论（ANT）牢固地建立在关系进路的基础上，它通过追溯错综复杂的联系线索来理解特定事件的发生（Rydin 和 Tate，2016）。在促成变革的意义上理解的能动作用，源自不同要素之间的相互关联方式。因此，受这一进路启发的规划研究，其首要任务，是识别那些引发变革的网络以及装配体等对象。但行动者网络理论也拥有一套可用于描述这些关联如何发生的概念性工具，这些工具也被证明是有用的。

比如说转译（translation）这个术语，它描述了两种要素如何结合在一起的方式，这可能涉及多种工作。它包括数学意义上的转换，即移动和改变形状以建立连接；也包括语言意义上的翻译，因为要建立这种连接，可能需要使用不同的语言和其他交流形式。在这里使用"转译"一词可能略显牵强，因为它具有特定含义。但在行动者网络理论中，重点是建立连接的各种方式，以及在牢固建立连接之前需要完成的各种工作。

另一个关键术语是招募（enrolment），它关注的是要素之间的连接如何共同形成一个网络（或装配体、根状结构）。在此，重要的是要区分 ANT 的网络与社会网络分析（SNA）的网络，后者在第五章中讨论。在那里，网络是由边连接的节点集合。而在这里，网络只是要素间关联集合的隐喻，仅此而已。它不是一个可以测量的固定实体，拉图尔曾对"网络"一词可能暗示的稳定性表示遗憾。

最后，应当概述 ANT 的平本体论（flat ontology）思想。ANT 的网络根据需要延伸至各个领域，以解释关联过程及其结果。这里没有层次或等级观念。链接可以跨越不同尺度，并不存在较高尺度以某种方式塑造较低尺度的观念。相反，结果这些跨尺度链接的产物，就好比结果是源于同一尺度内链接一样。这代表了一种更为彻底的跨尺度运行的观念，与第五章所讨论的多层级治理有所不同。

这些术语旨在描述规划过程中发生的一系列活动，但它们的意义远不止于此，它们还描述了规划过程中需要完成的工作。在 ANT 理论中，网络始终处于不稳定状态，需要付出努力才能使之暂时稳定。因此，拉图尔指出，社会是一个需要解释的实体，即事物以可预测方式表现出来的行为模式，尽管这常是一种幻觉（拉图尔，2005）。在 ANT 的分析中，一个关键部分是理解某些链接如何使网络更加稳定，或者相反，如何加剧其不稳定性。向网络中添加更多要素可能在创造稳定性或不稳定性的过程中发挥重要作用。因此，将其他要素带入到网络之中，即所谓的招募（enrolment），在将网络嵌入存在的各种社会方式（social networks of being）方面扮演着重要角色。

这可能是规划人员通过稳定网络来产生所期望的可能结果，进而实现规划贡献的关键方式。但这是一项非常精细的工作，它需要充分理解网络以确定需要增加（或移除）什么要素来产生期望的能动作用和结果。规划人员并不直接拥有权力，因为权力被看作是分散在网络之中（类似于福柯所言的毛细权力），但他们可以通过这种"招募"活动产生影响。他们可以直接作为调解员或中间人，促进此类"招募"并将新要素连接到网络。他们也可以利用规划成果等调节物或中介物来帮助建立这些链接。规划工作确实涉及各种各样的此类人造物——规划方案、地图、照片、模型、环境评估、噪声建模、统计展示等。这些都可以作为调节物或中介物，在创建新的网络连接和改变整体网络的稳定性和效果方面发挥作用。

物质性的能动作用

如前所述，21 世纪初，规划研究领域的一些研究者开始拥抱"物质转向"（material turn），试图将物质要素更核心地融入他们的理论构建之中。这与早期（19 世纪和 20 世纪初）对物质的介入截然不同。早期的物质介入通常采取环境决定论的形式，当时的规划人员试图通过干预物理环境，包括人造和自然环境，来塑造社会行为和经济决策。物质被视为决定社会经济动力过程的关键因素，但仅作为这些动力过程的背景或容器。当前的物质转向与之大相径庭，它受到了布鲁诺·拉图尔（Bruno Latour）及其同事米歇尔·卡隆（Michel Callon）和约翰·劳（John Law）的著作的影响（见 Law 和 Hassard，1999）。最初，他们关注的是科学知识生成的过程，这与第八章讨论的福柯进路有很强的联系，其中权力和知识被视为同一枚硬币的两面。然而，由此产生的行动者网络理论（ANT）发展出了自己独特的演化轨迹，采用了一些上文讨论过的具体分析工具。

可以说，ANT 最具争议的方面是其激进的对称性（radical symmetry），它试图平等对待社会和物质要素，创造了术语"行动体"（actant）来描述这一点，而不是："行动者"（actor）。这意味着物质性的各个方面都可以进入网络关联，从而为能动作用作出贡献。规划的许多方面都表现出了物质性，因此可以说它们都为规划过程的能动作用作出了贡献。比如，有物理环境（自然的和人造的，或通常是两者的结合），这是规划所针对的对象，即场所及其背景。此外，城市发展和变化的许多影响，如对各种媒介的污染和特定道路上的交通拥堵，都具有物质性。发展，作为规划愿景和决策的核心，也具有物质性。

规划过程本身也具有物质性（Rydin 和 Natarajan，2016）。规划过程在特定的场所和领域内进行，例如办公室、公众咨询的公共大厅以及供公众参与的社区会堂。它包括实地考察以及穿越开发地点和城市区域的行程。如前所述，规划还涉及一系列对辩论、审议和决策至关重要的物质人造物：地图、规划图、报告、建模演练、三维模型等。其中许多都承载了关键的知识主张，并作为知识（knowledge）进入规划过程的一种渠道。

这些人造物有时起到黑箱的作用（Rydin 等，2018a）。ANT 概念认为，网络的一些部分可能被聚集并隐藏在黑箱中，以至于创建这些关联的工作被遗忘或不可见。实际上，规划人员可能用来尝试塑造网络的许多制品本身就是黑箱。一份统计报告、对景观的评估、对零售业变化或特定生境的分析，都是某个特定网络产生的结果。在规划过程中，这种对结果的强调导致了这一点的缺失。

最后，社会行动者，包括规划人员、开发商和社区等，本身是具有物质性的实体，他们的物质性可以被视为规划中一个重要的组成部分。上述提及的实地考察不仅涉及场地的物质性，还包括参与这些活动的社会行动者的物质性体验。实际上，强调社会行动者的物质性，突出了所有这些行动者都可以被视为社会物质。人类是具有物质性的存在，而世界上没有任何物质要素能够逃脱社会建构过程，这个建构过程定义并呈现了它们。

研究实践中的研究主题

这里选出来的论文主要用来作为关系进路的示例，聚焦于三个主题：描绘装配体、探索新型权力形式以及实验与自组织的作用。

描绘装配体

研究装配体颇为复杂，需要界定边界。在描绘联系与链接时，应深入到何种程度？

怀德曼（Wideman）和增田（Masuda）（2018）采用了一种创新性进路来探讨装配理论，他们通过批判性地名学（critical toponymy）的视角（即探究地名命名的历史和政治含义）来切入。这一做法将装配理论与第八章所讨论的话语理论紧密联系起来了。在地名学领域，命名被视为一种社会建构的话语权力（discourse power）过程，但这一过程可以通过装配理论进行透视和分析。因此，研究者们考察了加拿大温哥华市中心东区（Downtown Eastside）的一个地方规划过程，将此过程看作是一个地名学装配体（toponymic assemblage），其中命名这个过程的关系活动（relational activity）成为权力和能动作用的源泉。这一规划过程发生在 2011—2014 年间，尽管宣称旨在参与式规划，但该地方规划"因其可能引发由资本主导的剧烈变革而遭到了利益相关者的嘲弄"（2018：1）。地名学装配体的分析旨在理解为何会出现这种情况。

该研究方法基于参与式行动研究，与包括代表低收入家庭、日裔加拿大人社区以及心理健康和住房部门在内的多个组织合作。通过对城市规划人员和相关规划委员会成员进行 14 次访谈，以描述地名学模式（toponymic pattern）。同时，还分析了大约 194 份规划文件。整个分析围绕地方规划过程中出现的话语主题、审美和物质性等方面展开。这被概念化为一个"生成性的、不稳定性的和关系性的过程，对市中心东区地名的集合进行了再加工。"（2018：6）。研究人员对地方规划过程如何"作为一个参与性但具有排他性的装配体制造的竞技场"（assemblage-making arena）感兴趣。他们提出的问题是：地名是如何使某些社区行动分子的主张去政治化并鼓励市场主导的发展的。这为去政治化过程提供了另一个分析视角。

分析的关键焦点在于命名行为的发生以及使用地图来定义和命名空间。这些物质人造物被视为在如下方面具有高度的重要性：确立市中心东区的公认性质、界定和包含特定社区（尤其是低收入社区）和以高度种族化的方式预设拟议中的"日本城"的审美。他们注意到，该地区的命名如何从"市中心东区"（Downtown Eastside）（一个围绕劳工运动而凝聚的政治装配体，重点关注住房、人权、社会服务和社会正义，但也曾被用来贬低该地区，将其视为一个受毒品滥用、贫困、无家可归和暴力影响的区域）转变为"市中心东区社区"（Downtown Eastside Community）"基于社区的发展区"（Community Based Development Area）以及"日本城"（Japantown）等名字。

该分析还特别关注了边界的转变，考察了它们如何因地名命名而发生了改变，以及这种改变如何影响地方认同并产生了相应的后果。"尤其是，规划地图对边界进行了尺度重建和结构重构，它们为对该地区进行去政治化的技术理性描绘提供了合法性"。因此，地图被视为物质性的存在，是装配体中的关键要素，同时也是政府治理术（再次呼应了福柯的方法论），因为它们影响了身份认同："地图是极具争议性的政府治理术（在多个尺度上运行，由多个行动者部署），它们有助于强化地名学界定的装配体边界，甚至是地图自身就作为边界，维持着一种不稳定并有待修正的状态"。

他们的发现分为四个方面。首先，他们发现本地的规划过程产生了新的领地冲突；其次，它努力使低收入社区中被边缘化的居民的社区行动非政治化；再次，它通过使用"日本城"这一转义词语来刺激城市变革，从而抹平一段基于种族和阶级的驱逐和剥夺的历史；最后，一个未预料到的影响激发了反对绅士化的政治运动，包括社区行动主义和新联盟的形成。因此，他们发现命名被用来以压迫和边缘化的方式建构地方，但也产生了解放效果。后者的影响与地方的命名产生的如下结果有关：政治团结、地方依附和社会凝聚力以及污名化、剥夺和冲突等。

关注命名有助于塑造对装配体的描述，并识别出通过装配体中各要素之间的关联而产生能动作用的某些关键动力过程。在此情境下，该能动作用被视为支持了种族化和社区的流离失所，但矛盾的是，它也支持了社区行动主义和社区抵抗。

装配理论这一框架的微妙之处在于强调政策流动性（policy mobility）的观念。这一框架考察了关于城市发展和城市变革的理想形式的想法如何在国际上传播并产生全球影响的方式。例如，旗舰建筑作为城市更新工作的支撑，城市公共空间设计的日益标准化，利用滨水区项目来塑造城市，以及可持续城市或可持续城市发展项目等。这些关于城市应呈现何种面貌以及应如何变革的规范性话语，对全球的规划实践产生了影响，并与涉及如下多个方面的装配体有关：

特定的图像和修辞、国际咨询或建筑公司的微观实践、全球经济利益与国家/地方政府的互动。费尔班克斯（Fairbanks，2019）利用这一概念研究了美国近海水产养殖治理，特别关注政策模式和观念如何跨越地理、时间和体制尺度而发生移动的。他注意到政策观念并非简单的转移而是被转译，且任何相关政策装配体的稳定性往往是暂时的。

这项研究历时三年，其研究方法是通过国家结构和国家进程进行"向上研究"（study up），同时跨越时间、空间和尺度进行"向外研究"（study out）。在此期间，对1970—2015年期间的相关政策文件进行了研究，涉及公共和私营部门的报告、提案和通过的立法、历史文件和政府内部文件、听证会记录、会议记录和公众评论等。此外，还对政府、企业和其他行动者进行了65次深入的半结构化访谈。这些访谈记录被编码为"共同的主题、观念和话语，以及有关政策的发展和流动性的描述性信息"。除了对全国尺度的关注之外，该研究还使用了两个政策文件的发展作为案例研究：《2006年加利福尼亚可持续海洋法案》和《2009年墨西哥湾规范美国近海海洋水产养殖的渔业管理规划》。

费尔班克斯在近海水产养殖政策装配体中发现了三个新兴的改革建议：第一，联邦立法提案，尽管该立法没有成功通过，但为近海商业开发构建了一个有利的框架。第二，区域管理策略，采用了理性化的进路，也与新自由主义观点保持了一致，但同时为社区参与和考虑社会问题预留了空间。第三，行政合作机制，将行政合作纳入基线政策框架，并承诺了一种多级治理形式。这三个方面是不稳定的、相互关联的，既不是线性的，也不是排他性的，由此形成了许多"迭代的、关系性的政策过程，在此过程中，不同时间、地点和规模的活动相互影响"。费尔班克斯强调，在此过程中，装配体将其关注的中心从一个政策理念转移到另一个政策理念，并在此过程中对其进行不断的改造。

分析还强调了政策的社会物质性（socio-materiality），指出"政策和治理正以不同的地方化、领地化和装配化的形式出现，这取决于所涉及的行动者、空间和环境"。其结论是，这些政策的流动性导致了如下行动：国家层面提出了预防性措施，国家海洋和大气管理局对该政策的权威性进行了批判性的重新解读，激发了国家对贝类水产养殖行业的跨尺度行政合作的更大的兴趣。尽管政策装配体仍然是暂时性的，但此分析为规划和监管提供了新的方向。

这可被视为对装配理论的一种分析性而非批判性的应用，研究者们利用此框架来识别不同要素（包括政策理念）是如何在不同尺度上以不同方式组合在一起的。这为通过在边缘上对装配体进行调整以优化政策过程提供了可能的建议范畴。

权力的新形式

正如第八章讨论的福柯进路一样，关系视角提供了分析权力的一种新视角，它将权力看作是行动者之间以及行动者与事物（以及事物与事物）之间的关系和链接的产物。能动作用是这些关系的综合结果，因此权力是分散的，而不是行动者及其所掌握的资源带来的结果。有许多研究论文都试图运用这一新的见解来开展研究。

在另一个水产养殖例子中，阿斯奎（Ascui）等人（2018）研究了大数据在环境治理中的作用，专门考察了澳大利亚的麦夸里海港（Macquarie Harbour）三文鱼水产养殖管理这个案例。他们以卡隆等人关于扇贝捕捞管理的经典论文为研究背景（Callon 等，2017），在此基础上分析了大数据是如何成为环境治理中的一个重要角色的。这是由于在鱼类身上使用传感器以提供实时数据，从而提高环境管理中信息的空间和时间分辨率。他们认为，大数据现在占据了"中心舞台"，其后果是许多具有历史性影响的联盟的瓦解，从而导致更大的不确定性并塑造该行业往后的合法性。

该研究使用的数据是在 20 个月内收集的各种文件（关于案例的学术文献、政府和行业报告以及来自在线、电视和印刷媒体的资料）以及与渔业科学家（3 人）、渔业管理人员（3 人）、可持续发展认证机构（2 人）和一家环境非政府组织（1 人）进行的 9 次访谈资料。除此之外，还和环境大数据专家开展了 17 次广泛访谈，并举行了由 30 位受邀专家参加的为期两天的研讨会。最后，运用卡隆的经典论文框架对这些资料进行了系统性分析，具体步骤包括：问题化（problematisation）阶段，明确行动者与强制通行点；利害关系化（interessement）阶段，界定行动者的角色；招募（enrolment）阶段，涉及协商和角色分配；动员（mobilisation）阶段，构建利益代表。通过这种方式，研究人员就能够描述并由此确定大数据的能动作用，而非仅仅视其为被动的输入或影响。

他们首先确定了关键行动者（三文鱼养殖户、三文鱼、地方社区、监管机构和科学界）和强制通行点（对捕捞活动扩张的监管）。此时，"可持续承载能力"（sustainable carrying capacity）的理论构建因其对发展建立联盟的重要性而被确定。然后，他们研究了行动者是如何被纳入联盟的，特别是 ECO 实验室（ECO Lab）的"可持续承载能力"评估模型在协调行动者方面所起的作用。下一步则涉及对发生的谈判的详细说明，以及这一过程如何促使不同角色被赋予不同的行动者。特别是农场经营者被赋予了通过监督而承担起环境监管的角色。通过监督活动，他们使用当前流行的环境模型，并运用必然有所偏颇的三个参数来描述"水质"：硝酸盐、溶解氧和氨。

就水质而言，监督模型似乎是一个黑匣子，即通过一个隐藏的复杂过程将输入转化为简单的输出。然而，这种方式的"动员"只是暂时的，因为出现了不符合模型的数据——"不合作的数据"，这导致了抗议和争议。一种反叙事出现了，主要是对使用公共水道为公众谋利的说法提出了批判，并在参议院的一次质询中给予了公开。尽管质询的结果支持了鱼类养殖场的开发商，但质询也导致了后来的政治行动，即呼吁对所有三文鱼租约进行独立的实时监测。通过运用类似卡隆的分析方式，让各种要素集聚在一起形成装配体，进而逐步涌现出权力和能动作用，而关系进路则使研究人员能够识别出这些权力和能动作用。如此一来，则使研究者能够进一步识别特定数据的能动作用，进而显现其政治启示。

同样以水为分析对象，但研究的地点转移至非洲。维辛（Wissing，2019）提供了一个叙事，在这个叙事中，权力的物质性占据了中心地位，她着眼于分析加纳的沃尔特河（Volta River）周围的各种争议关系以及阿科松博大坝（Akosombo Dam）的建设问题。恩克鲁玛（Akrumah）试图通过控制水来重塑加纳南部地区社会，这个大坝被视为这一尝试的核心表征。该地区是阿夸穆人（Akwamu people）的传统领地和家园，维辛强调，他们对如何控制水以及由谁控制水有不同的看法，认为神灵在人类与水的相互作用中起着核心权威作用。因此，对于水的社会性，阿夸穆人的理解与恩克鲁玛的愿景之间存在冲突。这是一项着眼于 20 世纪 60 年代发展的历史研究，研究方法虽未详尽阐述，但叙事基础在于对以前的研究和叙事的复述，论文偶尔提及未具名的"知情者"。在这些复述中，故事的不同方面以一种原始的方式相互对立又相互关联。因此，历史学和人类学的研究相互补充，使得各种关系，特别是水的物质性能够得以描述，这进一步凸显了水本身的能动作用。

维辛从自传开始，讲述了她在加纳日常通勤时遭遇倾盆大雨进而认识到水的物质性这样一个事件，这为分析奠定了基调。然后，她详述了恩克鲁玛想通过水电实现加纳现代化的愿景，并拣选出了与非洲传统有关的一些关联关系，如开坝仪式的关联性。接着，她关注在奥德维拉节（Odwira festival）中进行的阿夸穆净化仪式，该节日旨在表彰传统领袖，过去用于颠覆社会凝聚力，当前则是为了恢复社会凝聚力。多年来，完整的奥德维拉节一直没有举行，但其中的一些要素仍然存在，包括使用某些河流的水进行净化和祝福。奥德维拉节举行的仪式体现在阿夸穆人与水，特别是与沃尔特河之间所存在的一系列复杂的文化和物质关系中。维辛认为，"阿夸穆人与水及其神灵之间排他性的关系，可以用来抵抗国家对水和人类的控制观念"。

在叙述过程中，维辛讲述了2015年干旱（以及随后的停电）期间如何运用净化仪式来面对干旱。停电原因是降雨量低，导致阿科松博大坝蓄水量不足，即"水的非合作性"。她认为这破坏了大坝建设和管理所隐含的水力控制模型，并重申了水的物质能动作用："从水的不稳定性、不守规矩的性质中，我们看到了地方抵抗（而不是加强国家/全球对水的控制）提供了创造性机会，也看到了在这种抵抗框架下开展应对气候变化工作的创造性机会"（2018：15）。水的物质能动作用被用于应对国家对水和人的控制的政治挑战，这样的行为是以地方人与水之间长期存在的文化、精神和宗教上的互动为背景的。这些要素带来的规划启示存在如下可能："为了寻求水资源管理的解决方案，将神圣保护者的观念融入人类与环境的关系中，并加强人类的介入使得水成为更伟大的水电资源"。

这是对水资源规划的重新叙述，它使人们能够重新解读理性的现代主义规划的努力，同时也启迪人们在充分认识到水的物质性能动作用的基础上提出替代性规划模式。

梅泽尔等人（Metzger 等，2017）将权力理解为社会进程的一种结果而不是社会过程背后的原因变量，这一思路与 ANT 的关系观点是一致的。他们研究了一项公投事件，这个公投针对的是斯德哥尔摩北部的乌普兰斯韦斯比（Upplands Väsby）的一个重大城市发展项目。具体提案是在梅拉伦湖（Lake Mälaren）附近建立一个名为韦斯比斯约斯塔德（Väsby Sjöstad）的新区（new urban area）。绿党对此持反对意见，2010年反对派活动家提议对此事举行公投。2014年9月，在举行国家大选的同时，该公投提议得以通过并实施。公投结果显示，民众反对该开发项目，因此城市开发规划就被搁置起来了。他们研究的核心问题是：权力是如何介入并影响对这一城市提案的抵制活动的。

为探究此问题，研究团队于2014年10月—11月后不久进行的17次半结构化访谈。访谈的问题是想诱导出一些一般信息，但同时还聚焦于此过程的各种细节，包括：从地方以外引入了哪些新管辖权，支持开发和反对开发的根据是什么，开发的动机是什么，提出公民的动机是什么，公民投票组织的细节是什么。关注这些细节的目的是为了揭示权力的微观政治，拒绝假设存在主导的经济力量或预先存在的行动者联盟。所有访谈都被记录下来并转录以供分析。

在分析中，研究人员发现了"赢家"是如何通过利用意想不到的资源、建立意想不到的关联、替代和转译来取得成功的。这些做法导致了一系列新的关系被建立和重构，进而可以被用来解释公投的结果。例如，反对派（即最终赢家，为明确起见）组织了一场抵制地方食品店的行动，原因是店主参与了开发规划。这次抵制导致店主退缩，扮演了更为被动的角色，并抑制了其他地方企业参与赞成派。同时，反对派利用地方媒体向居民传播新故事，将拟议的开发项目描述成为富人的"精英项目"（elite project）或在自然区里面的"水泥项目"（concrete project），并将其与著名的哈姆巴比·斯约斯塔德（Hammarby Sjöstad）进行对比，后者通常被视为可持续发展的典范。

研究人员还发现了其他的例证，表明"反对派"以因势利导的方式不断改变公众对于发展的立场，包括在联盟中协调不同的利益，迫使行动者在发展的"支持与否"之间作出明确的选择，从而排除了妥协的可能性，就地方的地理边界和相关的价值观进行重新谈判，使地方社区参与的努力失去合法性。因此，分析揭示了最终规划的形成机制以及动员联盟的详细细节，展示了某项活动或决策如何随其他活动或决策的变动而变动。

然而，从关系视角来看，他们强调了"所利用的资源中没有一个是躺在那里等待被利用的'权力工具'（power tools），也没有一个是来自等待被利用的'权力库'"。相反，他们强调行动者的创造力以及超越地方开发公投期望的能力。他们认为，尽管这种情况发生在行动者角色不对称的条件下，但"创造性和创新性实践可能会破坏和颠覆现有的权力关系"。对装配体中的权力和能动作用的关注为新的偶然性关系形式的出现留下了余地。

自组织与实验

本部分要讨论的最后一组论文，主要着眼于城市自组织和实验的实例。在这里，关系视角所强调的不稳定性和创造性将被用于探讨各种新颖的规划形式，而无需预先设定这些形式的运行方式以及其成功的先决条件。这是一种非常开放的研究形式，适合于实验性案例。

在对大曼彻斯特（Greater Manchester）可持续交通实验的研究中，霍德森等人（Hodson 等，2018）探讨了地方优先事项与国家利益之间的联系。他们的研究认为，国家对地方优先事项的优先化约束了该城市实验的发展。他们通过设定优先事项、相关规定和资助资金来限定该项实验的各种可能结果。实验的模式，特别是相关的政治优先事项等随后最大限度地嵌入到了城市的发展之中。在此过程中，已经建立起来的治理能力和构建能力发挥了重要作用。这是研究人员提出的一个关键论点，即需要对实验进行深度思考，并基于此框架将开发工作从纯粹的地方化项目中剥离出来。他们进一步认为，反馈回路在国家层面上的表现很弱，导致通过实验获得的认知非常有限。

在这项经验研究中，他们提出的研究问题包含以下两个方面：

1. 多尺度城市治理结构如何塑造基于地方的可持续交通优先事项？
2. 开辟了哪些类型的可持续交通实验空间，它们分别涉及哪些社会利益，产生了什么影响？（他们补充说，这些实验最终带来了什么教训？）

霍德森等人所采用的方法，主要基于文件分析（特别是国家和城市区域层面）以及对交通部门官员、地方当局官员、非政府组织、交通行动者和"其他人"的访谈。通过将大曼彻斯特作为"关键"案例，"在国家空间和治理结构调整的背景下向我们展示了地方优先事项和实验等内容"。据推测，该研究还建立在他们与地方相关机构的长期联系之上，也建立在研究人员对其所在大学的城市发展情况的持续观察之上。他们重点关注的具体实验涉及的是自行车基础设施问题：让市中心的自行车枢纽（Cycle Hub）提供停车设施、骑行者的淋浴和储物柜等设施；在威尔姆斯洛路（Wilmslow Road）沿线建设一条隔离的自行车道，包括自行车道和道路之间"浮动"的公交车站。

分析强调了五个主题，并由此形成了调节实验的五个要素。第一，对以物质性嵌入实验中的基础设施，必须将基于工具化测量形式的实验与更灵活的试错评估结合在一起；第二，在实验中，有必要限制地方对实验调节的自由裁量权，以支持国家大力推广（和资助）的举措；第三，在实验中，缩小可持续性的含义，从而在实验中突出经济效益；第四，在实验中，虽然有一个整体上的战略愿景，但因条件而变的偶发性供资意味着基础设施不够完整；第五，有时为了维持实验所得现状，不得不中断试验。

在所有这些方面，国家利益和优先事项对大曼彻斯特可持续城市交通方案实验的影响是显而易见的，因此，我们不能依赖于该实验来"有效地和战略性地重构现有的城市治理"。虽然影响实验的条件多种多样，但实验中所牵涉的过程对更主要的条件影响非常有限。研究人员得出结论，各种实验介入了治理的动力过程，但在此过程中，责任被下放到了地方政府而资金却没有下放到地方政府。如此一来，这就鼓励城市进入"一个竞争激烈的博弈，他们必须创造一种创新的叙事（narrative of innovation）来获得资金"。其结果是带来一种"不平衡"的实验形式，就是促进"在学习过程中创新的生产"。

在研究香港和阿布扎比的马斯达尔城（Masdar City）时，库古鲁洛（Cugurullo，

2018）使用了“弗兰肯斯坦城市主义”（Frankenstein Urbanism）这一术语来描述实验对城市变化的影响。特别是，他研究了生态城市和智慧城市的概念是如何在全球范围内被用作实验城市主义（experimental urbanism）的代表性类型。这项研究的框架是建立在对不完整性的理解之上的，研究认为不完整性是智慧城市和生态城市项目的特征，一方面，将智慧城市和生态城市看作是宏大历史趋势的一部分，是各种力量塑造下而形成的“不完整的人造物”；另一方面，也将智慧城市和生态城市看作是个案研究的特殊性产物。

案例的研究方法基于 14 个月的实地调查，包括对参与项目的关键行动者进行的 24 次半结构化和 18 次结构化访谈，涉及公共部门政策制定者、开发商、地方议会空间规划人员、建筑师、投资公司和清洁技术跨国公司。该项研究还基于对大量文件的审阅，包括：总体规划、发展议程和环境报告。由于所涉及的项目具有争议性，因此访谈和引文必须匿名。库古鲁洛相当谦虚地认为，这项研究贡献了“一个‘中级水平的公式’，其解释力仍然是开放和可修改的”。

他首先指出，这些智慧城市和生态城市项目都是作为同一种类型的开发项目给予展现的，都是按照总体规划以系统的方式实施开发的，这与城市实验之间存在极大的不同，这是因为城市实验从根本上讲具有不完整性、差异性和混乱性。这些案例研究都是参照上述对城市实验的概念化理解，以揭示城市实验是“大量子工程”（plethora of sub-projects）的本质。因此，这就使得两个案例研究的叙事大为不同。

在马斯达尔城，很明显所谓的生态城市的建设不是由一个连贯而精确的总体规划引导的。库古鲁洛将其描述为一个“由不同利益方开发、各种不协调部分拼凑而成的城市”。尽管有人宣称这个新的城市发展策略具有可持续潜力，但结果却非常有限。例如，公共快速交通系统和电动汽车项目一样运行良好，但其中一个似乎对另一个造成了破坏作用。在香港，也存在类似的碎片化现象，“许多智能建筑、基础设施和技术没有整合到一个更广泛的系统中，而是各自作为独立实体运作”。这导致了与智能城市概念在生态维度上的脱节，在开发过程中往往只关注办公楼和实时智能监控的使用，而忽视了它们与更广泛的城市背景的联系。

这些项目的失败与没有把城市当作一个有机体有关，这往往导致城市不可持续性和不平等。特别地，这两个城市试图将不同的要素，即空间、基础设施和技术结合起来，以创造一种新型的城市住区，实现各个要素的良好运行，但结果是各要素之间存在相互矛盾关系，这就进一步破坏了整体实验的稳定性。他用来描述其研究的术语“弗兰肯斯坦城市主义”意味着城市开发尝试在不同规模和实施程度上出现了分化，这是由于缺乏宏观而整体尺度（城市和地区）实验的补充，从而造成了各种设施建设的碎片化和相互之间的脱节。因此，他得出结论，这些类型的城市实验并没有实现城市可持续发展目标，而是"重新提出传统的、混乱的城市模型，这些模型已经存在了数千年"。

最后，张和德罗（Zhang 和 de Roo，2016）利用中国北京市内城南锣鼓巷的证据，研究了自组织和规划的相互依存关系。选择这个案例研究是因为它经历了似乎具有自组织性质的转变。它的空间品质和宜居性正在恶化，但它平衡了发展和保护的关系，并注重居民的参与，被认为是有机再生的一个成功例子。特别值得注意的是，该开发保留了主街道的历史空间格局，各种小巷子穿越了主街道；同时，其还保护了围绕内庭而组织起来的四合院。

通过案头工作和实地考察，该研究重建了该地区自 20 世纪 50 年代以来的各个发展阶段。通过问卷并辅以详细的访谈，询问了人们对空间的理解、他们的生活质量和对更新规划的态度，根本目的是了解他们对开发的态度和反应背后的动机。在 2006 年该地区复兴改造之前和之后，分别进行了两轮问卷。在2006 年的第一轮问卷中，重点集中于地方居民对生活条件的看法和对潜在变化的态度，共收到 98 份有效回复。2011 年的第二轮调查对象包括地方居民（n=169）、游客（n=81）以及店主（n=79），重点调查了各个群体对地方环境的理解和欣赏程度，对保护和开发规划了解的程度和看法，以及对未来发展的看法。

该项分析以自组织理论为基本框架，充分认识到变化的非线性特点。分析过程包含多个步骤：首先是对称性的打破，这造成一种混沌直到达到临界点。这意味着行为将发生调整，每个行为都以独立的状态对其他行为作出反应，最终导致无法预料的新格局出现。南锣鼓巷四合院住宅院落的密集化发展可以看作是这一过程的例证：开放的庭院被建筑物填满，形成了"混乱的扩建房屋和独立建筑"混合而成的"窄憋空间"。这一现象与所有权转移的两个阶段有关。1949 年之前，大多数庭院都是私有的，而且是单户的。20 世纪 50 年的国家社会主义化进程将所有权转移至国家，导致这些房产被细分为小房间，并出租给低收入租户。近年来，住房压力导致了居民的自建行为，使庭院建筑密集化，起初是试探性的，后来则规模更大。人口增长和住房压力被视为对称性的破坏因素。政策的终止引发了人们行为的改变，由此带来的自建行为导致了自发的城市形态新模式的出现。

这样的故事发生在空间规划的背景下，虽然空间规划影响了城市发展的某些方面，但在该案例中这种影响最终被自发的变化所淹没。传统空间规划的线性思维无法应对这种自组织的特点。因此，这种城市变化形式的不良后果也无法通过这种规划来管理。因此，该研究对自组织的动力过程和后果进行了探索，但得出的结论是，自组织所产生的副作用需要采用另一种规划形式来维护公共利益。

结论

在关系进路中，重点是要理解因条件而生变的复杂偶然性。这表明，要确定规划体系和规划人员在实现特定预期结果方面到底可以发挥什么作用并不容易。我们所处的世界并不是一个规划就可以轻易实现的世界。规划被简化为在行动者或行动体之间的多重关联中不断传播的人造物。当我们认识到当前情况的复杂性时，就会认识到经过多重联系之后，要看到某个单一干预与某个具体结果之间的必然相关性就变得相当困难。因此，我们不能轻易地说规划人员"导致"（cause）或"创造"（create）了城市或环境发展的某些途径。在这种框架下，规划被重新理解为"小工作"（small work），因为在网络中有许多特定的干预措施试图创建关联（associations）、链接（linkages）和联系（connections），这些关联、链接和联系可能牵涉到引起特定结果的某些链条。这不是由规划或规划人员的大声疾呼所创造的世界，但这并不意味着规划没有作用。相反，它强调了规划人员对他们试图影响的世界的理解，特别是理解这个世界是如何从复杂的网络关系中产生的。基于这种理解，规划人员可以寻求建立新的关联，将关键行动者招募进入网络，并创造某些人造物以使其在稳定网络方面发挥作用。比如，当网络似乎正在产生有益的效果时，规划人员的作用在于引入新的行动者来加强关联，从而稳定网络。

规划人员部署人造物的方式尤为重要。正如上文所强调的，规划中使用了许多不同的人造物。其中许多是以规划、报告和可视化产品等形式存在的，这些形式将创建它们的工作隐藏了起来。在人造物流通并成为联系手段的过程中，协作讨论、详细的环境或经济评估、关键图表的选择和创建等过程都被遗忘了。以这种方式运用人造物发挥作用是规划工作的关键。但这样的工作可能是有问题的，因为它隐藏了权力关系。规划人员需要意识到这种隐藏的权力。他们必须意识到部署这些人造物可能带来的后果，可能需要寻求建立其他关联来挑战它。这就特别要求研究人员不论从哪儿出发，都需要对实际问题的发展以及自己所处的位置作出积极的响应。研究人员必须乐于接受不同的研究思路，看清楚与某个行动者或行动体相关的关联会如何发展。

关键理论阅读材料

Hillier and Healey (2008) Chs 14, 21, 22, and 23.

De Roo et al. (2012) Chs 1-3, 5-11, 12, 13 and 16.

Hillier and Metzger (2015) Ch. 5.

Gunder et al. (2018) Chs 15, 18, 25, 26 and 27.

关键研究阅读材料

Ascui, F., M. Haward, and H. Lovell. 2018. Salmon, Sensors and Translations: The Agency of Big Data in Environmental Governance. *Environment and Planning D: Society and Space* 36(5): 905–925.

Cugurullo, F. 2018. Exposing Smart Cities and Eco-Cities: Frankenstein Urbanism and the Sustainability Challenge of the Experimental City. *Environment and Planning A: Economy and Space* 50(1): 73–92.

Fairbanks, L. 2019. Policy Mobilities and the Sociomateriality of U.S. Offshore Aquaculture Governance. *Environment and Planning C: Politics and Space* 37(5): 849–867.

Hodson, M., J. Evans, and G. Schliwa. 2018. Conditioning Experimentation: The Struggle for Place-Based Discretion in Shaping Urban Infrastructures. *Environment and Planning C: Politics and Space.*

Metzger, J., L. Soneryd, and K.T. Hallström. 2017. "Power" Is That Which Remains to Be Explained: Dispelling the Ominous Dark Matter of Critical Planning Studies. *Planning Theory* 16(2): 203–222.

Wideman, T., and J. Masuda. 2018. Toponymic Assemblages, Resistance and the Politics of Planning in Vancouver, Canada. *Environment and Planning C: Politics and Space.*

Zhang, S., and G. de Roo. 2016. Interdependency of Self-Organisation and Planning: Evidence from Nanluoguxiang, Beijing. *Town Planning Review* 87(3) .

参考文献

Ascui, Francisco, Marcus Haward, and Heather Lovell. 2018. Salmon, Sensors, and Translation: The Agency of Big Data in Environmental Governance. *Environment and Planning: Society & Space* 36(5): 905–925.

Callon, Michel. 2017. Some Elements of a Sociology of Translation: Domestication of the Scallops and the Fishermen of Saint-Brieuc Bay. *Logos* 27(2): 49–90.

Chettiparamb, Angelique. 2019. Responding to a Complex World: Explorations in Spatial Planning. *Planning Theory* 18(4): 429–447.

Cugurullo, Federico. 2018. Exposing Smart Cities and Eco-Cities: Frankenstein Urbanism and the Sustainability Challenges of the Experimental City. *Environment and Planning A: Economy and Space* 50(1): 73–92.

Deleuze, Gilles, and Félix Guattari. 1988. *A Thousand Plateaus: Capitalism and Schizophrenia*. London: Athlone Press.

Devlin, Ryan Thomas. 2018. Asking 'Third World Questions' of First World Informality: Using Southern Theory to Parse Needs from Desires in an Analysis of Informal Urbanism of the Global North. *Planning Theory* 17(4): 568–587.

Eizenberg, Efrat. 2019. Patterns of Self-Organization in the Context of Urban Planning: Reconsidering Venues of Participation. *Planning Theory* 18(1): 40–57.

Fairbanks, Luke. 2019. Policy Mobilities and the Sociomateriality of U.S. Offshore Aquaculture Governance. *Environment and Planning C: Politics and Space* 37(5): 849–867.

Gunder, Michael, Ali Madanipour, and Vanessa Watson, eds. 2018. *The Routledge Handbook of Planning Theory*. London: Routledge.

Hillier, Jean, and Patsy Healey, eds. 2008. *Contemporary Movements in Planning Theory*. Aldershot: Ashgate.

Hillier, Jean, and Jonathan Metzger, eds. 2015. *Connections: Exploring Contemporary Planning Theory and Practice with Patsy Healey*. Farnham: Ashgate.

Hodson, Mike, James Evans, and Gabriele Schliwa. 2018. Conditioning Experimentation: The Struggle for Place-Based Discretion in Shaping Urban Infrastructures. *Environment and Planning C: Politics and Space* 36(8): 1480–1498.

Janssen, Marco A., et al. 2006. Toward a Network Perspective of the Study of Resilience in SocialEcological Systems. *Ecology and Society* 11(1): 15.

De Landa, Manuel. 2006. *A New Philosophy of Society: Assemblage Theory and Social Complexity*. London: Continuum.

Latour, Bruno. 2005. *Reassembling the Social: An Introduction to Actor-Network-Theory*. Oxford: Oxford University Press.

Law, John, and John Hassard. 1999. *Actor Network Theory and After*. Oxford: Blackwell.

McFarlane, Colin. 2018. Fragment Urbanism: Politics at the Margins of the City. *Environment and Planning: Society & Space* 36(6): 1007–1025.

McGreevy, Michael Patrick. 2018. Complexity as the Telos of Postmodern Planning and Design: Designing Better Cities from the Bottom-Up. *Planning Theory* 17(3): 355–374.

Meijer, Marlies, and Huib Ernste. 2019. Broadening the Scope of Spatial Planning: Making a Case for Informality in the Netherlands. *Journal of Planning Education and Research*.

Merriman, Peter. 2019. Relational Governance, Distributed Agency and the Unfolding of Movements, Habits and Environments: Parking Practices and Regulations in England. *Environment and Planning C: Politics and Space* 37(8): 1400–1417.

Metzger, Jonathan, Linda Soneryd, and Kristina Tamm Hallström. 2017. 'Power' Is That Which Remains to Be Explained: Dispelling the Ominous Dark Matter of Critical Planning Studies. *Planning Theory* 16(2): 203–222.

Moroni, Stefano, Ward Rauws, and Stefano Cozzolino. 2019. Forms of Self-Organization: Urban Complexity and Planning Implications. *Environment and Planning: Urban Analytics and City Science* 47(2): 220–234.

Nunbogu, Abraham Marshall, and Prosper Issahaku Korah. 2017. Self-Organisation in Urban Spatial Planning: Evidence from the Greater Accra Metropolitan Area, Ghana. *Urban Research & Practice* 10(4): 423–441.

Portugali, Juval. 2008. Learning from Paradoxes About Prediction and Planning in Self-organizing Cities. *Planning Theory* 7(3): 248–262.

Richmond, Matthew Aaron. 2018. Rio de Janeiro's Favela Assemblage: Accounting for the Durability of an Unstable Object. *Environment and Planning D: Society and Space* 36(6): 1045–1062.

De Roo, G., J. Hillier, and J. van Wezemael, eds. 2012. *Complexity and Planning: Systems, Assemblages and Simulations*. Farnham: Ashgate.

Rydin, Yvonne. 2014. The Challenges of the 'Material Turn' for Planning Studies. *Planning Theory & Practice* 15(4): 590–595.

Rydin, Yvonne, and Lucy Natarajan. 2016. The Materiality of Public Participation: The Case of Community Consultation on Spatial Planning for North Northamptonshire, England. *Local Environment* 21(10): 1243–1251.

Rydin, Yvonne, Lucy Natarajan, Maria Lee, and Simon Lock. 2018a. Black-Boxing the Evidence: Planning Regulation and Major Renewable Energy Infrastructure Projects in England and Wales. *Planning Theory & Practice* 19(2): 218–234.

Rydin, Yvonne, and Laura Tate, eds. 2016. *Actor Networks of Planning: Exploring the Influence of ANT*. New York: Routledge.

Silva, Paulo, and Helena Farrall. 2016. Lessons from Informal Settlements: A 'Peripheral' Problem with Self-Organising Solutions. *Town Planning Review* 87(3): 297–319.

Skrimizea, Eirini, Helene Haniotou, and Constanza Parra. 2018. On the 'Complexity Turn' in Planning: An Adaptive Rationale to Navigate Spaces and Times of Uncertainty. *Planning Theory* 18(1): 122–142.

Song, Lily K. 2016. Planning with Urban Informality: A Case for Inclusion, Co-Production and Reiteration. *International Development Planning Review* 38(4): 359–381.

Wideman, Trevor J., and Jeffrey R. Masuda. 2018. Toponymic Assemblages, Resistance, and the Politics of Planning in Vancouver, Canada. *Environment and Planning C: Politics and Space* 36(3): 383–402.

Wissing, Kirsty. 2019. Assistance and Resistance of (Hydro-) Power: Contested Relationships of Control over the Volta River, Ghana. *Environment and Planning C: Politics and Space* 37(7): 1161–1178.

Zhang, Shuhai, and Gert de Roo. 2016. Interdependency of Self-Organisation and Planning: Evidence from Nanluoguxiang, Beijing. *Town Planning Review* 87(3): 253–274.

第十章
结论：论规划研究

引言

本书试图介绍各种理论性和概念性的框架、视角和进路。无论是哪一种框架、视角和进路，都会以一种独特的方式来讨论规划过程，并采用不同的框架来研究规划活动，如表 10.1 所示。对于一个研究项目，研究人员从哪里入手都会对研究结果的性质有影响。不过，一个好的研究人员应该对那些不符合他们先入为主的想法的研究结果保持警惕，包括那些通过理论阅读而形成的想法。但是，无论如何，从哪里入手都显得非常重要。阅读表 10.1 中所列内容，你可能会本能地倾向于用某一种观点来看待规划体系，或者过去你可能认为规划是一套井井有条的程序，但现在也许会被另一种不同观点所吸引。

研究规划的不同框架构建　　　　表 10.1

理论进路	规划应该被理解为……
政府模式	一套有序的部署国家资源的程序
理性选择	理性自利行动者之间的一组结构化互动
新制度主义	一套文化上适当的行为
治理理论	不同部门行动者网络内的合作
城市政治学	城市冲突干预
政治经济学	试图维持资本主义的营利能力
福柯进路	知识和自我利益建设的竞技场
关系进路	通过招募关键行动者/行动体来稳定某些网络的尝试

在担任特许勘测设计师时，我考虑攻读博士学位，最开始主要是想协助住宅开发商、超市运营商、矿物开采商和建筑协会获得开发许可，这通常需要向中央政府提出上诉。我需要花费很多天接受公众质询，听取各种专业人士宣读他们的"依据证明"，并接受他们的提问，通常是律师以交叉询问的形式向我提问。我的本科学位带给我的最大启示是，开发商在规划过程中拥有很大的权力。虽然上诉制度和公共质询的运行似乎也证明了这一点（并且我们通常会赢得地方当局的规划许可），但我有一种感觉，还有别的事情在发生。为什么这种权力被隐藏了起来，隐藏在如此之多的合法程序之下，隐藏在如此详细的依据讨论之下？事实上，我是在政治经济学进路处于上升期时完成的博士学位，但是在政治经济学进路和新兴治理进路之间两项比较之下，我的论文显得不那么顺理成章。随后，我很快就开始探索话语在规划中的作用，以及它们如何塑造规划过程。在找到并使用福柯的思想和概念以及讨论行动者网络理论（Actor-Network Theory）的迷人（对我来说）文献之前，我发现许多制度主义进路与治理理论一样令人信服。然而，采用这些不同的理论文献来理解规划的价值以及我所观察到的规划体系，也是缘于我的学术本能，即基于我认为哪些事项更值得深入探究的本能。

因此，本书的目的是向读者展示各种理论框架或概念性进路如何支持规划的经验研究，并使这种研究成为一项更有趣、更具启发性的活动。因此，在写作过程中重点突出的是展示每种方法的价值，而不是对其进行批判。不过，如第一章所述，即使有批判，这种批判也是隐含在各章的讨论之中的。在最后一章中，重点转向研究中更实际的问题，将研究设计的一些关键思想结合在一起，考虑研究人员可能问自己的一些问题，比如说哪种理论或概念框架最合适。最后，本章还探讨了如何在研究过程中容纳不可预知的变化这一问题。

走向理论启发的研究

这本书的中心论断是，采用理论框架是规划研究的基础，因为它为经验研究工作提供了框架，而且这种框架使人们在经验发现的基础上能够提出更广泛的主张。理论启发的研究有助于就规划过程如何运行展开更广泛的讨论，这种讨论具有共同的假设前提、优先事项和关键动力过程分析。这些共同点为规划研究人员之间提供了链接关系，进而支持更广泛的对话。它需要超越具体经验发现的研究结论来回答"那又怎样"（so what）的问题。在一个具体的规划过程中，存在这样或那样的细节，这有什么关系呢？我们需要回答的问题是：通过这项研究，我们对规划产生了什么更普遍的看法，这些看法将如何融入社会？但要使类似的经验研究发挥上述效用，理论指导的规划研究需要符合我所说的"金三角"（Golden Triangle），如图 10.1 所示。

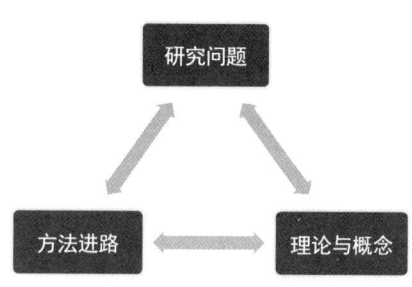

图 10.1　理论启发的规划研究金三角

在这个金三角中有三个链接关系。第一个是研究理论与研究问题之间的链接关系。这关系到理论框架和相关概念如何建构经验研究，从而确定研究的焦点，这一点体现在根据具体研究项目如何设置具体研究的问题上。精确和清晰的研究问题是社会科学研究的必要条件。它们可以表明研究的目的和贡献，并回答了第一个必要的问题：你正在研究什么，为什么？你的目标是什么？你的贡献是什么？

第二个是研究理论和研究方法之间的链接关系。本书的一个突出观点是，对规划开展经验研究，其方法必须要仔细选择，以匹配该研究的概念框架。这既包括数据收集方法，也包括数据分析方法。注意，这两者之间存在重要区别，但往往被忽视。用于收集数据的技术允许建立数据集，这些数据集不一定是定量数据，也不需要用电子表格来存储。数据集指的是为分析而收集的全部材料，而不应该是随机选择的某些数据。相比之下，方法则应该确保数据能够支撑该项研究所需要的分析，而这些分析有助于回答预先设定的研究问题。

在数据收集完以后，则需要使用不同的技术对这些数据集进行分析。数据收集的方式决定了数据分析的可能性。如果你在访谈中没有问到关于组织结构的问题，你就无法通过分析这些访谈了解组织结构是否重要，以及它如何影响规划过程。因此，数据收集和数据分析技术都需要考虑到理论框架，否则就不可能对研究结果进行连贯的分析，并利用理论的视角将研究从详细的经验描述转移到对规划更广泛的理解上。

第三个是研究问题和研究方法之间的联系。数据收集和数据分析方法需要能够回答具体的研究问题。理论框架并不能单独设定具体的研究问题，只有在考虑规划过程中初步观察时所发现的问题时，理论框架才能够有针对性地提出问题。如果理论框架与采用的数据收集方法、分析方法之间存在很强的联系，那么这就可以形成一个闭环。每个研究问题必须要有一个答案，这是为什么研究目标能够实现的原因。

从本质上讲，金三角所关注的是研究设计的重要性。其必要性在于，能够在经验研究之前确保所有不同的研究要素保持一致，这也是研究设计的任务。它可能不仅仅涉及"采用"某个特定的框架，具体的研究可能会稍微改变所采用的理论框架，比如根据特定的地理背景等稍作改变，使其与不同的背景关联起来。研究人员也可能会寻求将不同的理论框架进行结合，进而使用更复杂和成熟的方式来描述规划，但是需要注意的是不要将不相容的理论框架组合在一起。每种理论都有其特定的本体论根源（对世界的看法）以及认识论根源（对如何认识世界的看法）。如果跨越了不同的本体论和认识论的界限，就会产生不连贯的框架。

需要明确的是，这里讲的对理论的运用，并不像参照食谱来寻求做菜方案那样简单。其要点是，通过分析研究结果并使用理论框架来建立论点，并利用理论框架提供的概念使论点在从经验数据到一般发现的过程中具有说服力（由此不断反复）。理论不可能永远停留在经验分析之外，它会受到经验研究的启发。经验研究的结果可以对理论进路提出修正建议，至少在研究特定的案例或问题时是这样。这是开展理论驱动型经验研究的又一个兴奋点。

激活研究的金三角

那么，要形成这样一个金三角需要从哪里开始呢？正如上面所建议的，起点必须是人们在规划实践或政策领域中看到并认为有趣的东西。一般来说，一项研究往往开始于某一个问题、难题或谜题。但作为一项学术活动，其初始阶段即需与现有的知识谱系形成对话关系。现实中完全没有被研究过的问题是极少的，也许确切的主题稍微偏向一边，或者案例的地理位置不同，但研究项目的早期任务总是要看看针对这个问题已经做了些什么。这部分的工作，一是为了理解规划在这方面的现状，二是为了思考在这一方面的研究空白、研究矛盾和研究不足等。通过这种方式，规划研究则有助于加深我们对规划的理解，而不是做一些重复性工作。

通过对规划领域的困惑的了解和对已有研究成果的深度阅读，则有望产生新的研究问题。通过规划研究来构建某种规划观点具有一定的诱惑性，其要点不在于严格使用数据来探索可能的解释，而是扩展自己已经持有的观点。当然，正如我们反复强调的那样，研究课题和理论框架的选择，实际上反映了研究者的价值观和兴趣。不过，如果研究要有别于其他说明性的作品，研究者就需要对数据的解读持开放态度，从而得出新的不同结论。这就意味着，对于研究问题，必须容许其以各种不同方式得到回答。这些问题的存在，并不是为了展示，也不是为得到某种证明。

研究问题往往（或可视为总是）需要在一段时间内进行不断地精炼，这通常源于研究主题新信息的涌现：或是为了使研究更具原创性，避免重复既有发现，或是基于更广泛的文献阅读后，确定了一个更有趣的研究角度。研究文献不是研究结果的堆积，每一个规划研究都会内含一种概念性进路，无论是显性的还是隐性的，即使该项研究是一种经验主义的研究。广泛的文献综述可以把各种理论视角的文献集中到一起，这可能有助于我们对想要解决的问题进行调整。

因此，相关研究文献的研读与研究问题的反复精炼是一个必然过程。就研究问题而言，有些可能是更具描述性的，有些可能是更具分析性的，有些则可能是更具理论性的。例如，关于可再生能源项目的治理研究中，有些研究问题可能是要描绘该项目所涉及的范围和性质，另一些问题可能要考虑治理网络及不同行动者之间的互动方式，还有一些问题可能会考虑规划协作是否通过此类网络得到了有效运行，或者考虑是否需要超越协作治理的概念来重新定义规划过程。然而，在任何研究项目中都有一个关键时刻，那就是当研究问题变得稳定（至少在当下如此）并且其与理论框架的关系得到澄清的时候。一旦确定了研究问题和理论框架，就有可能设计出用于数据收集和数据分析的相关方法。本书中梳理和讨论的研究示例使用了多种方法，尽管案例研究［参照 Yin（2017）的分类］、文件分析、调查和访谈等方法可能占主导地位，但这些方法均可运用到不同的理论框架之中。不同的理论框架可能也会拥有独特的研究方法，因为这些方法特别适合这样的理论进路，表 10.2 对这些方法进行了总结。依据理论框架相应地使用这些独特的方法，并将其纳入研究设计中通常是有益的，因为这样可以确保相应的概念进路得到最大限度的利用。

关键在于，理论进路和它所使用的相应概念应该能够给出使用这些不同方法的具体细节。例如，它们可以就访谈的形式和编码的时间安排给出建议。比如说，如果采用福柯的进路，可能就需要确定政府治理技术（governmental

	与不同理论进路相匹配的差异化研究方法	表 10.2

理论进路	差异化的研究方法
政府模式	政策评估方法；对利用相关者所使用的现有的／新的程序和工具进行测试
理性选择	将规划建模为博弈过程，包括激励／支出矩阵等；开展实验博弈
新制度主义	对组织制度进行图式化描述，辅以话语分析或解释性政策分析
治理理论	对利益相关者进行图式化描述，包括资源相互依赖关系；网络分析（正式或非正式）
城市政治学	通过行动研究或者从行动者角度嵌入人种志研究，从而实现对冲突问题的研究
政治经济学	使用经济数据进行历史研究，特别是要包括繁荣和危机时期，并确定资本流动的方向
福柯进路	通过包括分类在内的多种方法，探究构建知识和运用政府治理技术的微观实践
关系进路	描述涉及社会和物质行动者的关联关系，并"跟随行动者"以识别关联关系的结构及其带来的能动作用

technology）的不同方面，比如统计指标和计算实践的作用，以及它们是如何运行的。若采用政治经济学的进路，则需详述不同形式的资本以及它们是如何投资的，解析新自由主义的普遍观点及其如何被用来讨论国家角色。理论上，可以从这些数据的收集和分析细节中确立需要采用的概念框架，而不是泛泛地依赖于定性或定量研究方法。在这里，细节确实会决定成败。尽管伦理审批（ethics approval）过程经常被视为繁琐的官僚程序而令人沮丧，但实际上，由于它通常要求研究人员提供关于研究项目独特性的详细描述，因此反而有助于研究的深入。

选择合适的理论框架

本书始终强调了选择理论框架的重要性。但是，如何选择理论框架呢？如果研究课题的选择是基于一个人所注意到的有趣的、令人困惑的或引人入胜的内容，那么是什么指导了一个人选择特定的概念和理论思想来研究这个问题呢？表 10.3 总结了各种理论框架，概述了运用这些理论框架开展研究时需关注的研究重点，以及它们在理论化规划过程的动力特征。如此一来，每种理论框架的独特性就得到了充分说明。

理论进路	研究的焦点	规划的动力过程特征
政府模式	规划政策如何制定和实施	努力实现公共政策目标
理性选择	在规划体系中行动者如何追求他们的利益	追求某个目标，涉及竞争或战略合作
新制度主义	组织文化和广泛意义上的文化如何塑造规划人员的行动	遵循规范和惯例的适当的行为，这些行为由相应世界观塑造
治理理论	行动力是如何通过网络建构起来的	认识到相互依存和相互作用关系，包括交往行为，这可能会在网络中产生社会资本
城市政治学	社会冲突如何塑造规划的过程和结果	不同社会群体（基于阶级、种族等）之间的冲突及不同社区群体与国家之间的冲突，以及相关的直接行动
政治经济学	资本主义如何决定规划体系的行为活动	推动资本积累，在不同形式的资本之间进行转换，应对经济危机
福柯进路	社会话语如何创建一个更加分散化的权力变动过程	通过微观实践和特定技术的作用，完成话语的社会建构，特别是围绕知识的社会建构
关系进路	异质性的要素之间的关联关系如何产生能动作用	稳定网络（或装配体）内含的特定关联关系以及与物质要素相关的特殊能动作用

由此带来的相关问题是：某个特定理论框架所持的观点如何与研究者在某个方面所持的更普遍观点保持一致？为此，研究人员不妨问自己以下几个问题：

- 你是对个体规划人员或规划组织的工作感兴趣，还是对他们与社会建立关系的方式感兴趣？
- 你对规划体系中发现的冲突和紧张关系更感兴趣，还是对改革规划体系的可能性更感兴趣？
- 你倾向于强调改变的可能性，还是专注于事物保持不变的原因？
- 你倾向于关注结构方面的问题还是更关注行动者的能动作用？换个说法，你认为更广泛意义上的社会和经济变革就可以解释各种事情，还是你更关注个人和组织采取的行动？
- 考虑到行动者的利益，你认为行动者会根据他们的利益作出决策吗？
- 你是否假定了行动者知道他们的兴趣是什么？你是否理所当然地认可他们所断言的个人利益？你是否有兴趣探究这些断言背后的原因？
- 你对权力的看法是什么？你是否倾向于识别强大的行动者，并考虑他们所做的事情，同时考虑到他们所掌握的资源？

- 或者你认为能动作用是考虑事情发生原因的更好方式，并将其视为在特定时点以欧陆风的方式（译者注：指法国的福柯进路）从关系之中产生的？
- 在你的经验分析中，你是希望放大正在发生的事情的细节，还是缩小这些事情从而呈现问题的全貌？
- 你是倾向于考虑日常、正常或平常模式如何塑造规划体系这个问题，还是关注不寻常、非典型和实验性的那些模式如何塑造规划体系这个问题？

对这些问题的答案进行反思，可以帮助我们确定哪种概念框架更切合要研究的问题，进而使研究人员对规划过程有更深入的理解。

最后，它还可以帮助研究人员考虑自己的写作风格以及哪些研究论文最接近于此（或思考要模仿哪一篇论文）。毕竟，研究结果最后会变成一种写作任务。正如本书中讨论的各种论文所示，每种理论框架都会使得对经验研究项目的叙事方式略有不同。反思写作风格可以帮助厘清哪种理论方法最有可能帮助研究人员写出一个令人感到舒适和自信的故事。

为研究中的变化留下余地

最后，我们以这样一种观点结束本书：在研究过程中需要保持一定程度的灵活性。研究设计强调，要确保研究中的研究问题、理论框架和方法论的一致性。要做到这一点，则需要在开展经验研究的特定背景下进行深入思考。这种设计可能会出现在研究方案、资助申请、博士论文或研究进展报告等文件中。一旦研究设计以这种方式确定，它就应该成为后续研究工作参照的模板，并且是不能更改的。然而，事情可能会发生变化，并且随着研究的进行，可能有必要调整研究设计，导致相关变化的原因有很多。

首先，如果一个人正在研究当代规划过程，而当今世界瞬息万变，这就可能使研究方案变得不那么相关。例如，一项关于规划体系如何促进住房市场稳定的政治经济学研究可能会受到经济危机的影响，从而造成房价暴跌和开发用地的弃置。在这种情况下，政治经济学框架可能仍然看起来完全相关，但研究问题需要重新构建，以捕捉国家行动和资本积累之间不断变化的关系，一个重要表现就是住房部门资本明显快速贬值。当下形势的变化可能意味着概念框架需要调整，并且在概念框架设计上需要更多地考虑这些不断变化的情况。

其次，还有一种可能，就是经验研究的结果表明有必要改变研究的概念性导向。如果通过利益相关者关系的治理分析，我们认识到知识在这些关系中的构建方式的重要性，也认识到这些知识主张如何塑造这些关系，那么我们可能就需要考虑如何利用福柯的观点来为分析提供帮助。这可能就会导致对研究设计的重新审视，可能会增加新的研究问题，可能为经验研究提出新的路径，并由此调整理论框架。关键在于：理论框架是否能有效解读数据和研究背景？若不能，则需要寻求创新路径，而对框架进行细微调整也构成了研究的一个重要内容。

再次，在数据收集过程中遇到的各种困难（在数据分析中较为少见）也会促使人们重新思考研究框架。一般来说，经验研究经常会面临困难和阻碍。比如说：人们不愿意接受采访，调查回复率低，无法获得观察研究的许可等。更严重的是，实地调查地点可能因公共卫生危机（如我写作时流行的冠状病毒）、政治动荡或经济危机（影响项目预算或研究可行性）而超出我们能够到达的范围。有时，应对这些困难只需要重新调整项目规模（如下文讨论的个人情况变化），但在一些其他情况下，其挑战在于需要进行彻底反思。在这种情况下，如何调整项目以应对挑战才是一个真正的问题。需要注意，在进行修改和调整时，也很容易忽视保持研究金三角的一致性。然而，如果没有这种一致性，研究解答问题的能力可能会受到严重损害。

最后，个人情况的变动也会要求改变研究设计。任何研究项目都有其实践性的一面，要求在应对具体项目进展（或缺乏进展）时采取一定程度的实用主义做法。在这种情况下，可能需要缩减研究规模或以其他方式调整研究设计。然而，这种变化不应改变研究问题、理论进路和方法论方面的一致性。比如说，我们可以只进行一个案例研究，也可以进行两个案例研究，或者可以将案例研究的位置改为更方便的地方。研究的目标可能受到限制，但项目的本质应保持不变。

研究是一个艰难的过程，挑战是巨大的。但就思想发展和理解力提高而言，回报也是巨大的。希望理论导向的研究过程将有助于你理解我们复杂的规划体系及其运行方式。最后，祝您好运！

参考文献

Yin, R. (2017). *Case Study Research and Applications: design and methods*. 6th ed. London: Sage Publications.

参考文献

Agyeman, Julian. 2005. *Sustainable Communities and the Challenge of Environmental Justice.* New York: New York University Press.

Ambrose, Peter J., and Bob Colenutt. 1975. *The Property Machine.* Harmondsworth: Penguin.

Anderson, Matthew B., et al. 2018. Prior Appropriation and Water Planning Reform in Montana's Yellowstone River Basin: Path Dependency or Boundary Object? *Journal of Environmental Policy & Planning* 20(2): 198–213.

Ascui, Francisco, Marcus Haward, and Heather Lovell. 2018. Salmon, Sensors, and Translation: The Agency of Big Data in Environmental Governance. *Environment and Planning: Society & Space* 36(5): 905–925.

Bache, Ian, and Matthew Flinders, eds. 2004. *Multi-Level Governance.* Oxford: Oxford University Press.

Bachrach, Peter, and Morton S. Baratz. 1963. Decisions and Nondecisions: An Analytical Framework. *The American Political Science Review* 57(3): 632–642.

———. 2012. Two Faces of Power. *The American Political Science Review* 56(4): 947–952.

Balaban, Utku. 2011. The Enclosure of Urban Space and Consolidation of the Capitalist Land Regime in Turkish Cities. *Urban Studies* 48(10): 2162–2179.

Barrett, Susan, and Colin Fudge, eds. 1981. *Policy and Action: Essays on the Implementation of Public Policy.* London: Methuen.

Beaumont, Justin, and Maarten Loopmans. 2008. Towards Radicalized Communicative Rationality: Resident Involvement and Urban Democracy in Rotterdam and Antwerp. *International Journal of Urban and Regional Research* 32(1): 95–113.

Beck, Ulrich. 1992. *Risk Society: Towards a New Modernity; translated by Mark Ritter.* London: Sage Publications.

Beebeejaun, Yasminah. 2006. The Participation Trap: The Limitations of Participation for Ethnic and Racial Groups. *International Planning Studies* 11(1): 3–18.

———. 2017. Gender, Urban Space, and the Right to Everyday Life. *Journal of Urban Affairs* 39(3): 323–334.

Berthou, Sara Kristine Gløjmar, and Betina Vind Ebbesen. 2016. Local Governing of Climate Change in Denmark: Recasting Citizens as Consumers. *Journal of Environmental Planning and Management* 59(3): 501–517.

Bickerstaff, Karen, and Gordon Walker. 2005. Shared Visions, Unholy Alliances: Power,

Governance and Deliberative Processes in Local Transport Planning. *Urban Studies* 42(12): 2123–2144.

Bisschops, Saskia, and Raoul Beunen. 2018. A New Role for Citizens' Initiatives: The Difficulties in Co-Creating Institutional Change in Urban Planning. *Journal of Environmental Planning and Management* 62(1): 72–87.

Blum, Elizabeth D. 2008. *Love Canal Revisited: Race, Class, and Gender in Environmental Activism*. Lawrence, KS: University Press of Kansas.

Boamah, Emmanuel Frimpong, and Clifford Amoako. 2020. Planning by (Mis) Rule of Laws: The Idiom and Dilemma of Planning within Ghana's Dual Legal Land Systems. *Environment and Planning C: Politics and Space* 38(1): 97–115.

Booth, Philip. 2011. Culture, Planning and Path Dependence: Some Reflections on the Problems of Comparison. *Town Planning Review* 82(1): 13–28.

Bresnihan, Patrick. 2019. Revisiting Neoliberalism in the Oceans: Governmentality and the Biopolitics of 'Improvement' in the Irish and European Fisheries. *Environment and Planning A: Economy and Space* 51(1): 156–177.

Broadbent, Thomas Andrew. 2007. *Planning and Profit in the Urban Economy*. London: Routledge.

Brownill, Sue. 2009. The Dynamics of Participation: Modes of Governance and Increasing Participation in Planning. *Urban Policy and Research* 27(4): 357–375.

Bulkeley, Harriet, and Michele Betsill. 2003. *Cities and Climate Change: Urban Sustainability and Global Environmental Governance*. London；New York: Routledge.

Bulkeley, Harriet, Vanesa Castán Broto, and Gareth A.S. Edwards. 2015. *An Urban Politics of Climate Change: Experimentation and the Governing of Socio-Technical Transitions*. London: Routledge.

Bunker, Raymond. 2012. Reviewing the Path Dependency in Australian Metropolitan Planning. *Urban Policy and Research* 30(4): 443–452.

Burayidi, Michael, Adriana Allen, John Twigg, and Christine Wamsler. 2019. *The Routledge Handbook of Urban Resilience*. London: Routledge.

Butler, Chris. 2012. *Henri Lefebvre Spatial Politics, Everyday Life and the Right to the City*. New York: Routledge.

Callon, Michel. 2010. Performativity, Misfires and Politics. *Journal of Cultural Economy* 3(2): 163–169.

———. 2017. Some Elements of a Sociology of Translation: Domestication of the Scallops and the Fishermen of Saint-Brieuc Bay. *Logos* 27(2): 49–90.

Campbell, Scott, and Susan Fainstein, eds. 2003. *Readings in Planning Theory*. 2nd ed. Oxford: Blackwell.

Campbell, Heather, Malcolm Tait, and Craig Watkins. 2014. Is There Space for Better Planning in a Neoliberal World? Implications for Planning Practice and Theory. *Journal of Planning Education and Research* 34(1): 45–59.

Cantzler, Julia Miller, and Megan Huynh. 2015. Native American Environmental Justice as Decolonization. *The American Behavioral Scientist* 60(2): 203–223.

Castells, Manuel. 1977. *The Urban Question: a Marxist Approach, translated by Alan*

Sheridan. London: Edward Arnold.

———. 1983. *The City and the Grassroots: a Cross-Cultural Theory of Urban Social Movements*. London: Edward Arnold.

Catney, Philip, and John Henneberry. 2012. (Not) Exercising Discretion: Environmental Planning and the Politics of Blame-Avoidance. *Planning Theory & Practice* 13(4): 549–568.

Certomà, Chiara, and Bruno Notteboom. 2017. Informal Planning in a Transactive Governmentality. Re-Reading Planning Practices through Ghent's Community Gardens. *Planning Theory* 16(1): 51–73.

de Chastenet, Cédissia About, et al. 2016. The French Eco-Neighbourhood Evaluation Model: Contributions to Sustainable City Making and to the Evolution of Urban Practices. *Journal of Environmental Management* 176: 69–78.

Chettiparamb, Angelique. 2019. Responding to a Complex World: Explorations in Spatial Planning. *Planning Theory* 18(4): 429–447.

Chiu, Ching-Pin, and Shih-Kung Lai. 2009. An Experimental Comparison of Negotiation Strategies for Siting NIMBY Facilities. *Environment and Planning: Planning and Design* 36(6): 956–967.

Clifford, Ben, and Mark Tewdwr-Jones. 2013. *The Collaborating Planner?: Practitioners in the Neoliberal Age*. Bristol: Policy Press.

Cugurullo, Federico. 2018. Exposing Smart Cities and Eco-Cities: Frankenstein Urbanism and the Sustainability Challenges of the Experimental City. *Environment and Planning A: Economy and Space* 50(1): 73–92.

Dahl, Robert Alan. 1998. *On Democracy*. New Haven；London: Yale UP.

Daly, Gavin. 2016. The Neo-Liberalization of Strategic Spatial Planning and the Overproduction of Development in Celtic Tiger Ireland. *European Planning Studies* 24(9): 1643–1661.

Davoudi, Simin. 2006. Evidence-Based Planning: Rhetoric and Reality. *disP - The Planning Review* 42(165): 14–24.

Deas, Iain, Stephen Hincks, and Nicola Headlam. 2013. Explicitly Permissive? Understanding Actor Interrelationships in the Governance of Economic Development: The Experience of England's Local Enterprise Partnerships. *Local Economy* 28(7–8): 718–737.

Deleuze, Gilles, and Félix Guattari. 1988. *A Thousand Plateaus: Capitalism and Schizophrenia*. London: Athlone Press.

Devine-Wright, Patrick. 2009. Rethinking NIMBYism: The Role of Place Attachment and Place Identity in Explaining Place-Protective Action. *Journal of Community & Applied Social Psychology* 19(6): 426–441.

Devlin, Ryan Thomas. 2018. Asking 'Third World Questions' of First World Informality: Using Southern Theory to Parse Needs from Desires in an Analysis of Informal Urbanism of the Global North. *Planning Theory* 17(4): 568–587.

Domptail, Stephanie, Marcos H. Easdale, and Yuerlita. 2013. Managing Socio-Ecological Systems to Achieve Sustainability: A Study of Resilience and Robustness. *Environmental Policy and Governance* 23(1): 30–45.

Douglas, Mary. 1966. *Purity and Danger: An Analysis of Concepts of Pollution and Taboo*. London: Routledge and Kegan Paul.

Dowding, Keith, Patrick Dunleavy, Desmond King, Helen Margetts, and Yvonne Rydin. 1999. Regime Politics in London Local Government. *Urban Affairs Review* 34(4): 515–545.

Dryzek, John S. 2000. *Deliberative Democracy and Beyond: Liberals, Critics, Contestations*. Oxford: Oxford University Press.

———. 2005. *The Politics of the Earth: Environmental Discourses*. 2nd ed. Oxford: Oxford University Press.

Dunleavy, Patrick. 1980. *Urban Political Analysis*. London: Macmillan.

———. 1991. *Democracy, Bureaucracy and Public Choice: Economic Explanations in Political Science*. London: Prentice Hall.

Eizenberg, Efrat. 2019. Patterns of Self-Organization in the Context of Urban Planning: Reconsidering Venues of Participation. *Planning Theory* 18(1): 40–57.

Elander, Ingemar, and Eva Gustavsson. 2019. From Policy Community to Issue Networks: Implementing Social Sustainability in a Swedish Urban Development Programme. *Environment and Planning C: Politics and Space* 37(6): 1082–1101.

Etherington, David, and Martin Jones. 2018. Re-Stating the Post-Political: Depoliticization, Social Inequalities, and City-Region Growth. *Environment and Planning A: Economy and Space* 50(1): 51–72.

Fairbanks, Luke. 2019. Policy Mobilities and the Sociomateriality of U.S. Offshore Aquaculture Governance. *Environment and Planning C: Politics and Space* 37(5): 849–867.

Fairbrass, J., and A. Jordan. 2004. *Multi-Level Governance*. In *Multi-Level Governance*, ed. I. Bache and M. Flinders. Oxford: Oxford University Press.

Fairclough, Norman, and Isabela Fairclough. 2012. *Political Discourse Analysis*. London: Routledge.

Faludi, Andreas. 1973. *Planning Theory*. Oxford: Pergamon.

Filion, Pierre, Michelle Lee, Neluka Leanage, and Kent Hakull. 2015. Planners' Perspectives on Obstacles to Sustainable Urban Development: Implications for Transformative Planning Strategies. *Planning Practice and Research* 30(2): 202–221.

Fisher, Susannah, David Dodman, Marissa Van Epp, and Ben Garside. 2018. The Usability of Climate Information in Sub-National Planning in India, Kenya and Uganda: The Role of Social Learning and Intermediary Organisations. *Climatic Change* 151(2): 219–245.

Flyvbjerg, Bent. 1998. *Rationality and Power: Democracy in Practice*. Trans. Steven Sampson. Chicago; London: University of Chicago Press.

Flyvbjerg, Bent, Todd Landman, and Sanford Schram, eds. 2012. *Real Social Science: Applied Phronesis*. Cambridge: Cambridge University Press.

Foucault, Michel. 2010. *The Government of Self and Others: Lectures at the Collège de France, 1982–1983*. Ed. Frédéric Gros and Trans. Graham Burchell. Basingstoke: Palgrave Macmillan.

Fougère, L., and S. Bond. 2018. Legitimising Activism in Democracy: A Place for Antagonism in Environmental Governance. *Planning Theory* 17(2): 143–169.

Friedmann, John. 1987. *Planning in the Public Domain: From Knowledge to Action*. Princeton: Princeton University Press.

Fuller, Crispian, and Karen West. 2017. The Possibilities and Limits of Political Contestation in Times of 'Urban Austerity'. *Urban Studies* 54(9): 2087–2106.

Furlong, Casey, Saman De Silva, Lachlan Guthrie, and Robert Considine. 2016. Developing a Water Infrastructure Planning Framework for the Complex Modern Planning Environment. *Utilities Policy* 38: 1–10.

Giddens, Anthony. 1986. *The Constitution of Society: Outline of the Theory of Structuration*. Cambridge: Polity Press.

Goodman, Robin, Robert Freestone, and Paul Burton. 2017. Planning Practice and Academic Research: Views from the Parallel Worlds. *Planning, Practice & Research*: 1–12.

Gosden, Chris. 2004. Grid and Group: An Interview with Mary Douglas. *Journal of Social Archaeology* 4(3): 275–287.

Gualini, Enrico, and Irene Bianchi. 2015. Space, Politics and Conflicts: A Review of Contemporary Debates in Urban Research and Planning Theory. In *Planning and Conflict: Critical Perspectives on Contentious Urban Developments*, ed. Enrico Gualini. New York: Routledge.

Gualini, Enrico, and Carola Fricke. 2019. 'Who Governs' Berlin's Metropolitan Region? The Strategic-Relational Construction of Metropolitan Scale in Berlin–Brandenburg's Economic Development Policies. *Environment and Planning C: Politics and Space* 37(1): 59–80.

Gunder, Michael, Ali Madanipour, and Vanessa Watson, eds. 2018. *The Routledge Handbook of Planning Theory*. London: Routledge.

Gurran, Nicole, Glen Searle, and Peter Phibbs. 2018. Urban Planning in the Age of Airbnb: Coase, Property Rights, and Spatial Regulation. *Urban Policy and Research* 36(4): 399–416.

Hajer, Maarten A. 1995. *The Politics of Environmental Discourse: Ecological Modernization and the Policy Process*. Oxford: Clarendon Press.

Hall, Peter A., and Rosemary C.R. Taylor. 1996. Political Science and the Three New Institutionalisms. *Political Studies* 44(5): 936–957.

Han, Heejin. 2019. Governance for Green Urbanisation: Lessons from Singapore's Green Building Certification Scheme. *Environment and Planning C: Politics and Space* 37(1): 137–156.

Hartmann, Thomas, and Barrie Needham, eds. 2012. *Planning by Law and Property Rights Reconsidered*. Farnham: Ashgate.

Harvey, David. 1982. *The Limits to Capital*. Oxford: Basil Blackwell.

———. 1985. *The Urbanization of Capital*. Oxford: Blackwell.

———. 1988. *Social Justice and the City*. Oxford: Basil Blackwell.

———. 2010. *The Enigma of Capital and the Crises of Capitalism*. London: Profile.

Healey, Patsy. 1997. *Collaborative Planning: Shaping Places in Fragmented Societies*. Basingstoke: Macmillan.

Heinelt, H. Local Democracy and Citizenship. In *The Oxford Handbook of Urban Politics*, ed. K. Mossberger, S. Clarke, and P. John. Oxford: OUP.

Henly-Shepard, Sarah, Steven A. Gray, and Linda J. Cox. 2015. The Use of Participatory Modeling to Promote Social Learning and Facilitate Community Disaster Planning. *Environmental Science & Policy* 45: 109–122.

Hettinga, Sanne, Peter Nijkamp, and Henk Scholten. 2018. A Multi-Stakeholder Decision Support System for Local Neighbourhood Energy Planning. *Energy Policy* 116(May): 277–288.

Hill, Michael. 1997. Implementation Theory: Yesterday's Issue? *Policy & Politics* 25(4): 375–385.

Hillier, Jean, and Patsy Healey, eds. 2008. *Contemporary Movements in Planning Theory*. Aldershot: Ashgate.

Hillier, Jean, and Jonathan Metzger, eds. 2015. *Connections: Exploring Contemporary Planning Theory and Practice with Patsy Healey*. Farnham: Ashgate.

Hodson, Mike, James Evans, and Gabriele Schliwa. 2018. Conditioning Experimentation: The Struggle for Place-Based Discretion in Shaping Urban Infrastructures. *Environment and Planning C: Politics and Space* 36(8): 1480–1498.

Holden, Meg. 2008. Social Learning in Planning: Seattle's Sustainable Development Codebooks. *Progress in Planning* 69(1): 1–40.

Holman, Nancy. 2007. Following the Signs: Applying Urban Regime Analysis to a UK Case Study. *Journal of Urban Affairs* 29(5): 435–453.

———. 2013. Effective Strategy Implementation: Why Partnership Interconnectivity Matters. *Environment and Planning C: Government and Policy* 31(1): 82–101.

Hooghe, Liesbet, and Gary Marks. 2001. *Multi-Level Governance and European Integration*. Lanham, MD: Rowman & Littlefield Publishers.

Imran, Muhammad, and Nicholas Low. 2007. Institutional, Technical and Discursive Path Dependence in Transport Planning in Pakistan. *International Development Planning Review* 29(3): 319–352.

Innes, Judith E., David E. Booher, and Sarah Di Vittorio. 2010. Strategies for Megaregion Governance. *Journal of the American Planning Association* 77(1): 55–67.

Janssen, Marco A., et al. 2006. Toward a Network Perspective of the Study of Resilience in Social Ecological Systems. *Ecology and Society* 11(1): 15.

Jasanoff, Sheila. 2015. Serviceable Truths: Science for Action in Law and Policy. *Texas Law Review* 93(7): 1723.

Jayne, Mark. 2003. Too Many Voices, 'Too Problematic to Be Plausible': Representing Multiple Responses to Local Economic Development Strategies? *Environment and Planning A* 35(6): 959–981.

Kaza, Nikhil. 2019. Vain Foresight: Against the Idea of Implementation in Planning. *Planning Theory* 18(4): 410–428.

Kingdon, John. 2003. *Agendas, Alternatives, and Public Policies*. 2nd ed. New York: Longman.

Kontokosta, Constantine E. 2018. Urban Informatics in the Science and Practice of Planning. *Journal of Planning Education and Research*.

Koontz, Tomas M. 2013. Social Learning in Collaborative Watershed Planning: The Importance of Process Control and Efficacy. *Journal of Environmental Planning and Management* 57(10): 1572–1593.

Krueger, Rob, David Gibbs, and Constance Carr. 2018. Examining Regional Competitiveness and the Pressures of Rapid Growth: An Interpretive Institutionalist Account of Policy

Responses in Three City Regions. *Environment and Planning C: Politics and Space* 36(6): 965–986.

Kumar, Parveen, Davide Geneletti, and Harini Nagendra. 2016. Spatial Assessment of Climate Change Vulnerability at City Scale: A Study in Bangalore, India. *Land Use Policy* 58: 514–532.

Lafferty, William M., and Katarina Eckerberg. 1998. *From the Earth Summit to Local Agenda 21: Working towards Sustainable Development*. London: Earthscan.

Laffin, Martin. 2016. Planning in England: New Public Management, Network Governance or Post-Democracy? *International Review of Administrative Sciences* 82(2): 354–372.

De Landa, Manuel. 2006. *A New Philosophy of Society: Assemblage Theory and Social Complexity*. London: Continuum.

Latour, Bruno. 1987. *Science in Action: How to Follow Scientists and Engineers through Society*. Cambridge, MA: Harvard University Press.

———. 2005. *Reassembling the Social: An Introduction to Actor-Network-Theory*. Oxford: Oxford University Press.

Lauermann, John, and Anne Vogelpohl. 2017. Fragile Growth Coalitions or Powerful Contestations? Cancelled Olympic Bids in Boston and Hamburg. *Environment and Planning A* 49(8): 1887–1904.

Law, John, and John Hassard. 1999. *Actor Network Theory and After*. Oxford: Blackwell.

Lefebvre, Henri. 2008. *Critique of Everyday Life*. Trans. John Moore. London: Verso.

Leigh Star, Susan. 2010. This Is Not a Boundary Object: Reflections on the Origin of a Concept. *Science, Technology, & Human Values* 35(5): 601–617.

Leontidou, Lila. 2010. Urban Social Movements in 'Weak' Civil Societies: The Right to the City and Cosmopolitan Activism in Southern Europe. *Urban Studies* 47(6): 1179–1203.

Levy, Charmain, Anne Latendresse, and Marianne Carle-Marsan. 2017. Gendering the Urban Social Movement and Public Housing Policy in São Paulo. *Latin American Perspectives* 44(3): 9–27.

Li, Bin, and Chaoqun Liu. 2018. Emerging Selective Regimes in a Fragmented Authoritarian Environment: The 'Three Old Redevelopment' Policy in Guangzhou, China from 2009 to 2014. *Urban Studies* 55(7): 1400–1419.

Lichfield, Nathaniel, Peter Kettle, and Michael Whitbread. 1975. *Evaluation in the Planning Process*. Oxford: Pergamon.

Lindblom, Charles E. 2010. The Science of 'Muddling' Through. *Emergence: Complexity and Organization* 12(1): 70.

Lord, Alex. 2012. *The Planning Game: An Information Economics Approach to Understanding Urban and Environmental Management*. London: Routledge.

Lord, Alex, and Philip O'Brien. 2017. What Price Planning? Reimagining Planning as 'Market Maker'. *Planning Theory & Practice* 18(2): 217–232.

Lucas, Chloe, and Russell Warman. 2018. Disrupting Polarized Discourses: Can We Get out of the Ruts of Environmental Conflicts? *Environment and Planning C: Politics and Space* 36(6): 987–1005.

Lukes, Steven. 2005. *Power: A Radical View*. 2nd ed. Basingstoke: Palgrave Macmillan.

Ma, Xin, Martin de Jong, and Harry den Hartog. 2018. Assessing the Implementation of the Chongming Eco Island Policy: What a Broad Planning Evaluation Framework Tells More than Technocratic Indicator Systems. *Journal of Cleaner Production* 172: 872–886.

MacDonald, Heather. 2019. Planning for the Public Benefit in the Entrepreneurial City: Public Land Speculation and Financialized Regulation. *Journal of Planning Education and Research.*

Mandelbaum, Seymour, Luigi Mazza, and Richard Burchell, eds. 1996. *Explorations in Planning Theory.* Rutgers, NJ: The State University of New Jersey.

March, James G., and Johan P. Olsen. 1989. *Rediscovering Institutions: The Organizational Basis of Politics.* New York; London: Free Press.

Martínez, Joyde Giacomini, Ingrid Boas, Jennifer Lenhart, and Arthur P.J. Mol. 2016. Revealing Curitiba's Flawed Sustainability: How Discourse Can Prevent Institutional Change. *Habitat International* 53: 350–359.

Massey, Doreen, and Alejandrina Catalano. 1978. *Capital and Land: Landownership by Capital in Great Britain.* London: Edward Arnold.

Mayer, Margit. 2010. The 'Right to the City' in the Context of Shifting Mottos of Urban Social Movements. *City* 13(2–3): 362–374.

Mbiba, Beacon. 2017. Idioms of Accumulation: Corporate Accumulation by Dispossession in Urban Zimbabwe: Idioms of Accumulation. *International Journal of Urban and Regional Research* 41(2): 213–234.

McFarlane, Colin. 2018. Fragment Urbanism: Politics at the Margins of the City. *Environment and Planning: Society & Space* 36(6): 1007–1025.

McGreevy, Michael Patrick. 2018. Complexity as the Telos of Postmodern Planning and Design: Designing Better Cities from the Bottom-Up. *Planning Theory* 17(3): 355–374.

McLoughlin, J. Brian. 1969. *Urban and Regional Planning: A Systems Approach.* London: Faber.

McNiff, Jean. 2013. *Action Research Principles and Practice.* 3rd ed. Hoboken: Taylor and Francis.

Meijer, Marlies, and Huib Ernste. 2019. Broadening the Scope of Spatial Planning: Making a Case for Informality in the Netherlands. *Journal of Planning Education and Research.*

Merriman, Peter. 2019. Relational Governance, Distributed Agency and the Unfolding of Movements, Habits and Environments: Parking Practices and Regulations in England. *Environment and Planning C: Politics and Space* 37(8): 1400–1417.

Metzger, Jonathan, Linda Soneryd, and Kristina Tamm Hallström. 2017. 'Power' Is That Which Remains to Be Explained: Dispelling the Ominous Dark Matter of Critical Planning Studies. *Planning Theory* 16(2): 203–222.

Miller, Peter, and Nikolas Rose. 2006. Governing Economic Life. *Economy and Society* 19(1): 1–31.

Molotch, Harvey. 1993. The Political Economy of Growth Machines. *Journal of Urban Affairs* 15(1): 29–53.

Moroni, Stefano, Ward Rauws, and Stefano Cozzolino. 2019. Forms of Self-Organization: Urban Complexity and Planning Implications. *Environment and Planning: Urban Analytics and City Science* 47(2): 220–234.

Mossberger, Karen, and Gerry Stoker. 2016. The Evolution of Urban Regime Theory. *Urban Affairs Review* 36(6): 810–835.

Mouffe, Chantal. 2013. *Agonistics: Thinking the World Politically*. London: Verso.

Murray, Cameron K., and Paul Frijters. 2016. Clean Money, Dirty System: Connected Landowners Capture Beneficial Land Rezoning. *Journal of Urban Economics* 93: 99–114.

Myerson, George, and Yvonne Rydin. 1996. *The Language of Environment: A New Rhetoric*. Vancouver: UBC Press.

NÆss, Petter, and Inger-Lise Saglie. 2000. Surviving Between the Trenches: Planning Research, Methodology and Theory of Science. *European Planning Studies* 8(6): 729–750.

Nicholls, Walter J. 2008. The Urban Question Revisited: The Importance of Cities for Social Movements. *International Journal of Urban and Regional Research* 32(4): 841–859.

Nilsson, Måns. 2005. Learning, Frames, and Environmental Policy Integration: The Case of Swedish Energy Policy. *Environment and Planning C: Government and Policy* 23(2): 207–226.

Nobre, Silvana, Ljusk-Ola Eriksson, and Renats Trubins. 2016. The Use of Decision Support Systems in Forest Management: Analysis of FORSYS Country Reports. *Forests* 7(12): 72.

Nunbogu, Abraham Marshall, and Prosper Issahaku Korah. 2017. Self-Organisation in Urban Spatial Planning: Evidence from the Greater Accra Metropolitan Area, Ghana. *Urban Research & Practice* 10(4): 423–441.

O'Connor, James. 1973. *The Fiscal Crisis of the State*. New York & London: St. Martin's Press and St. James Press.

O'Neill, Phillip. 2017. Managing the Private Financing of Urban Infrastructure. *Urban Policy and Research* 35(1): 32–43.

Oxley, Michael. 2004. *Economics, Planning and Housing*. Basingstoke: Palgrave Macmillan.

Pasternak, Shiri, and Tia Dafnos. 2017. How Does a Settler State Secure the Circuitry of Capital? *Environment and Planning D: Society & Space* 36(4): 739–757.

Pennington, Mark. 2000a. *Planning and the Political Market: Public Choice and the Politics of Government Failure*. London: Athlone Press.

———. 2000b. Public Choice Theory and the Politics of Urban Containment: Voter-Centred Versus Special-Interest Explanations. *Environment and Planning C: Government and Policy* 18(2): 145–162.

Pierre, Jon, ed. 1998. *Partnerships in Urban Governance: European and American Experience*. Basingstoke: Palgrave.

———. 2014. Can Urban Regimes Travel in Time and Space? Urban Regime Theory, Urban Governance Theory, and Comparative Urban Politics. *Urban Affairs Review* 50(6): 864–889.

Pinho, Paulo. 1997. Local Planning and National Environmental Assessment Procedures: The Developer's Mitigated Role in Disjointed Negotiation Processes. *Urban Studies* 34(12): 2037–2052.

Portugali, Juval. 2008. Learning from Paradoxes About Prediction and Planning in Self-organizing Cities. *Planning Theory* 7(3): 248–262.

Poulton, Michael C. 1997. Externalities, Transaction Costs, Public Choice and the Appeal of Zoning: A Response to Lai Wai Chung and Sorensen. *Town Planning Review* 68(1): 81–92.

Quick, Kathryn S. 2018. The Narrative Production of Stakeholder Engagement Processes. *Journal of Planning Education and Research*.

Raco, Mike. 2003. Governmentality, Subject-Building, and the Discourses and Practices of Devolution in the UK. *Transactions of the Institute of British Geographers* 28(1): 75–95.

———. 2014. The Post-Politics of Sustainability Planning. In *The Post-Political and Its Discontents: Spaces of De-politicisation, Spectres of Radical Politics*, ed. Japhy Wilson and Eric Swyngedouw. Edinburgh: Edinburgh University Press.

Raco, Mike, and Rob Imrie. 2016. Governmentality and Rights and Responsibilities in Urban Policy. *Environment and Planning A* 32(12): 2187–2204.

Ravazzi, Stefania, and Silvano Belligni. 2016. Explaining 'Power To': Incubation and Agenda Building in an Urban Regime. *Urban Affairs Review* 52(3): 323–347.

Reeve, Andrew. 1986. *Property*. London: Macmillan.

Rhodes, Rob. 1997. *Understanding Governance: Policy Networks, Governance, Reflexivity and Accountability*. Maidenhead: Open University Press.

Richmond, Matthew Aaron. 2018. Rio de Janeiro's Favela Assemblage: Accounting for the Durability of an Unstable Object. *Environment and Planning D: Society and Space* 36(6): 1045–1062.

Robbins, Paul. 2012. *Political Ecology: A Critical Introduction*. 2nd ed. Chichester: Wiley-Blackwell.

Rogers, Dallas. 2016. Monitory Democracy as Citizen-Driven Participatory Planning: The Urban Politics of Redwatch in Sydney. *Urban Policy and Research* 34(3): 225–239.

De Roo, G., J. Hillier, and J. van Wezemael, eds. 2012. *Complexity and Planning: Systems, Assemblages and Simulations*. Farnham: Ashgate.

Rosol, Marit. 2014. On Resistance in the Post-Political City: Conduct and Counter-Conduct in Vancouver. *Space & Polity* 18(1): 70–84.

Rydin, Yvonne. 2003. *Conflict, Consensus, and Rationality in Environmental Planning: An Institutional Discourse Approach*. Oxford: Oxford University Press.

———. 2013. The Issue Network of Zero-Carbon Built Environments: A Quantitative and Qualitative Analysis. *Environmental Politics* 22(3): 496–517.

———. 2014. The Challenges of the 'Material Turn' for Planning Studies. *Planning Theory & Practice* 15(4): 590–595.

Rydin, Yvonne, and Nancy Holman. 2004. Re-Evaluating the Contribution of Social Capital in Achieving Sustainable Development. *Local Environment* 9(2): 117–133.

Rydin, Yvonne, and Lucy Natarajan. 2016. The Materiality of Public Participation: The Case of Community Consultation on Spatial Planning for North Northamptonshire, England. *Local Environment* 21(10): 1243–1251.

Rydin, Yvonne, and Laura Tate, eds. 2016. *Actor Networks of Planning: Exploring the Influence of ANT*. New York: Routledge.

Rydin, Yvonne, Lucy Natarajan, Maria Lee, and Simon Lock. 2018a. Black-Boxing the Evidence: Planning Regulation and Major Renewable Energy Infrastructure Projects in

England and Wales. *Planning Theory & Practice* 19(2): 218–234.

———. 2018b. Local Voices on Renewable Energy Projects: The Performative Role of the Regulatory Process for Major Offshore Infrastructure in England and Wales. *Local Environment* 23(5): 565–581.

Sager, Tore. 2002. *Democratic Planning and Social Choice Dilemmas: Prelude to Institutional Planning Theory*. Aldershot: Ashgate.

———. 2015. Ideological Traces in Plans for Compact Cities: Is Neo-Liberalism Hegemonic? *Planning Theory* 14(3): 268–295.

Salet, Willem, Andy Thornley, and Anton Kruekels, eds. 2003. *Metropolitan Governance and Spatial Planning: Comparative Case Studies of European City-Regions*. London: Spon Press.

Sanderson, Ian. 2002. Evaluation, Policy Learning and Evidence-Based Policy Making. *Public Administration* 80(1): 1–22.

Savini, F., and M.B. Aalbers. 2016. The De-Contextualisation of Land Use Planning Through Financialisation: Urban Redevelopment in Milan. *European Urban and Regional Studies* 23(4): 878–894.

Schlosberg, David. 1999. *Environmental Justice and the New Pluralism: The Challenge of Difference for Environmentalism*. Oxford: Oxford University Press.

Schon, Donald A. 2008. *Reflective Practitioner How Professionals Think In Action*. New York: Basic Books.

Sharp, Liz, and Tim Richardson. 2001. Reflections on Foucauldian Discourse Analysis in Planning and Environmental Policy Research. *Journal of Environmental Policy & Planning* 3(3): 193–209.

Shatkin, Gavin. 2016. The Real Estate Turn in Policy and Planning: Land Monetization and the Political Economy of Peri-Urbanization in Asia. *Cities* 53: 141–149.

Silva, Paulo, and Helena Farrall. 2016. Lessons from Informal Settlements: A 'Peripheral' Problem with Self-Organising Solutions. *Town Planning Review* 87(3): 297–319.

Skrimizea, Eirini, Helene Haniotou, and Constanza Parra. 2018. On the 'Complexity Turn' in Planning: An Adaptive Rationale to Navigate Spaces and Times of Uncertainty. *Planning Theory* 18(1): 122–142.

Smith, Neil. 1996. *The New Urban Frontier: Gentrification and the Revanchist City*. London: Routledge.

Smith, Mark C. 2018. Revisiting Implementation Theory: An Interdisciplinary Comparison between Urban Planning and Healthcare Implementation Research. *Environment and Planning C: Politics and Space* 36(5): 877–896.

Song, Lily K. 2016. Planning with Urban Informality: A Case for Inclusion, Co-Production and Reiteration. *International Development Planning Review* 38(4): 359–381.

Sorensen, Andre. 2014. Taking Path Dependence Seriously: An Historical Institutionalist Research Agenda in Planning History. *Planning Perspectives* 30(1): 17–38.

Speake, Janet. 2017. Urban Development and Visual Culture: Commodifying the Gaze in the Regeneration of Tigné Point, Malta. *Urban Studies* 54(13): 2919–2934.

Stoker, Gerry, ed. 2000. *The New Politics of British Local Governance*. Basingstoke:

Macmillan Press.

Stone, Clarence N. 1989. *Regime Politics: Governing Atlanta, 1946–1988*. Lawrence, KS；London University Press of Kansas.

Swyngedouw, Erik. 2009. The Antinomies of the Postpolitical City: In Search of a Democratic Politics of Environmental Production. *International Journal of Urban and Regional Research* 33(3): 601–620.

———. 2011. *Designing the Post-Political City and the Insurgent Polis*. London: Bedford Press.

Tafon, Ralph, David Howarth, and Steven Griggs. 2019. The Politics of Estonia's Offshore Wind Energy Programme: Discourse, Power and Marine Spatial Planning. *Environment and Planning C: Politics and Space* 37(1): 157–176.

Tajima, Ryo, and Thomas B. Fischer. 2013. Should Different Impact Assessment Instruments Be Integrated? Evidence from English Spatial Planning. *Environmental Impact Assessment Review* 41: 29–37.

Taylor, Zack. 2013. Rethinking Planning Culture: A New Institutionalist Approach. *Town Planning Review* 84(6): 683–702.

Taylor, Elizabeth Jean. 2016. Urban Growth Boundaries and Betterment: Rent-Seeking by Landowners on Melbourne's Expanding Urban Fringe: Urban Growth Boundaries and Betterment. *Growth and Change* 47(2): 259–275.

Tewdwr-Jones, Mark, and Phil Allmendinger. 2016. Deconstructing Communicative Rationality: A Critique of Habermasian Collaborative Planning. *Environment and Planning A* 30(11): 1975–1989.

Tozer, Laura. 2018. Urban Climate Change and Sustainability Planning: An Analysis of Sustainability and Climate Change Discourses in Local Government Plans in Canada. *Journal of Environmental Planning and Management* 61(1): 176–194.

Trapenberg Frick, Karen. 2018. No Permanent Friends, No Permanent Enemies: Agonistic Ethos, Tactical Coalitions, and Sustainable Infrastructure. *Journal of Planning Education and Research*.

Tulumello, Simone. 2015. Reconsidering Neoliberal Urban Planning in Times of Crisis: Urban Regeneration Policy in a 'Dense' Space in Lisbon. *Urban Geography* 37(1): 117–140.

Uysal, Ülke Evrim. 2012. An Urban Social Movement Challenging Urban Regeneration: The Case of Sulukule, Istanbul. *Cities* 29(1): 12–22.

Vogelpohl, Anne, and Tino Buchholz. 2017. Breaking With Neoliberalization by Restricting The Housing Market: Novel Urban Policies and the Case of Hamburg. *International Journal of Urban and Regional Research* 41(2): 266–281.

Webster, Christopher J., and Lawrence Wai-Chung Lai. 2003. *Property Rights, Planning and Markets: Managing Spontaneous Cities*. Cheltenham: Edward Elgar.

De Weerdt, Julie, and Marisol Garcia. 2015. Housing Crisis: The Platform of Mortgage Victims(PAH) Movement in Barcelona and Innovations in Governance. *Journal of Housing and the Built Environment* 31(3): 471–493.

Wenger, Etienne. 1998. *Communities of Practice: Learning, Meaning, and Identity*. Cambridge: Cambridge University Press.

Wideman, Trevor J., and Jeffrey R. Masuda. 2018. Toponymic Assemblages, Resistance, and the Politics of Planning in Vancouver, Canada. *Environment and Planning C: Politics and Space* 36(3): 383–402.

De Wilde, Mandy, and Thomas Franssen. 2016. The Material Practices of Quantification: Measuring 'Deprivation' in the Amsterdam Neighbourhood Policy. *Critical Social Policy* 36(4): 489–510.

Willems, Jannes, Tim Busscher, Margaretha van den Brink, and Eric Arts. 2018. Anticipating Water Infrastructure Renewal: A Framing Perspective on Organizational Learning in Public Agencies. *Environment and Planning C: Politics and Space* 36(6): 1088–1108.

Wissing, Kirsty. 2019. Assistance and Resistance of(Hydro-) Power: Contested Relationships of Control over the Volta River, Ghana. *Environment and Planning C: Politics and Space* 37(7): 1161–1178.

World Commission on Environment and Development. 1987. *Our Common Future.* Oxford: Oxford University Press.

Yamamoto, Arata D. 2017. Why Agonistic Planning? Questioning Chantal Mouffe's Thesis of the Ontological Primacy of the Political. *Planning Theory* 16(4): 384–403.

Zhang, Shuhai, and Gert de Roo. 2016. Interdependency of Self-Organisation and Planning: Evidence from Nanluoguxiang, Beijing. *Town Planning Review* 87(3): 253–274.

Zhou, Xiaoping, Xiao Lu, Hongpin Lian, Yuchen Chen, and Wu Yuanqing. 2017. Construction of a Spatial Planning System at City-Level: Case Study of 'Integration of Multi-Planning' in Yulin City, China. *Habitat International* 65: 32–48.

索引

Categorisation 类型化

Civil society 市民社会

Climate change 气候变化

Cluster analysis 聚类分析

Coalition 联盟

Coding 编码

Cognitive mapping 认知地图

Collaboration 合作

Collective action problem 集体行动的问题

Commodification 商品化

Community 共同体

Community of practice 实践社区

Complex systems 复杂系统

Consensus 共识

Content analysis 内容分析

Corporate interest 公司利益

Corruption 腐败

Crisis 危机

D

Data 数据

Decision support system (DSS) 决策支持系统

Deliberation 协商

Discourse 话语

Discourse analysis 话语分析

Discourse coalition 话语联盟

Dispossession 剥夺

Document analysis 文件分析

Douglas, Mary 玛丽·道格拉斯

E

Eco-city 生态城市

Economic planning 经济规划

Energy 能源

Entrepreneurial state 企业型国家

Environmental Impact Assessment 环境影响评价

Environmental justice 环境正义

Ethnography 民族志

Evaluation 评价

Evidence-based planning 基于依据的规划

Experiment 实验

Expertise 专业知识

Externalities 外部性

F

Faludi, Andreas 安德烈亚斯·法卢迪

Feedback loop 反馈圈

Fieldwork 田野调查

Financialisation 金融化

First mover problem 第一推动者问题

Fishing 捕鱼

Forestry 林业

Foucault, Michel 米歇尔·福柯

Framing 建立框架

G

Game theory 博弈论

Geddes, Patrick 帕特里克·盖迪斯

Gentrification 绅士化

GIS (Geographic Information System/Science) 地理信息系统 / 科学

Governance 治理

Governmental approach 政府管理方法

Governmentality 治理术

Governmental technology 政府治理技术

Gramsci, Antonio 安东尼奥·葛兰西

Grid-group 网格—组群

H

Habermas, Jürgen 于尔根·哈贝马斯

Harvey, David 大卫·哈维

Healey, Patsy 帕齐·希利

Historical data 历史数据

Housing 住房

I

Ideal speech 理想的演说

Identity 身份

Implementation 实施

Indicator 指标

Informality 非正规性

Infrastructure 基础设施

Institution 机构

Institutional capacity 机构的能力

Institutional economics 制度经济学

Interpretive approach 解释性方法

Interview 访谈

J

Justice 正义

O

Observation 观察

P

Participatory observation 参与式观察

Path dependency 路径依赖

Performativity 表演性

Phronesis 实践性

Plan 规划

Planning theory 规划理论

Policy formulation 政策制定

Policy integration 政策整合

Political economy 政治经济学

Politics 政治

Pollution 污染

Power 权力

Practitioner 实践者

Pressure group 压力群体

Principal-agent problem 委托—代理问题

Privatisation 私有化

Profession 职业

Property ownership 财产所有权

Property right 产权

Public administration 公共管理

Public goods 公共物品

Public interest 公共利益

Q

Qualitative 定性的

Quantitative 定量的

Questionnaire 问卷

R

Racism 种族主义

Rational choice 理想选择

Rational planning 理性规划

Reciprocity 互惠性

Reflective practitioner 反思型从业者

Regime 政体

Region 区域

Relational approach 基于关系的进路

Rent-seeking 寻租

Research design 研究设计

Research question 研究问题

Resilience 韧性

Resistance 抵抗

Resource-interdependency 资源相互依赖性

Resource management 资源管理

Right to the City 城市权利

Risk 风险

Routine 常规

S

Scenario 情景

Self-organisation 自组织

Self-rcsponsibilisation 自我责任

Social capital 社会资本

Social constructivism 社会建构主义

Social learning 社会学习

Social Network Analysis (SNA) 社会网络分析

Spatial planning 空间规划

Squatting 擅自占用

Stakeholder 利益相关者

State 国家

Storyline 故事情节

Strategic Environmental Assessment (SEA) 战略性环境评估

Survey 调查

Sustainability 可持续性

Sustainability Appraisal (SA) 可持续性评估

Sustainable development 可持续发展

T

Tourism 旅游业

Transcript 副本

Transport 交通

Trust 信任

U

Urban activism 城市行动主义

Urban containment 城市遏制

Urban design 城市设计

Urban gardening 城市园林

Urban growth 城市增长

Urban regeneration 城市更新

Urban regime 城市政体

Urban social movement (USM) 城市社会运动

V

Value 价值

Vulnerability 脆弱性

W

Water 水

Workshop 工作坊

Worldview 世界观